Charles Burney, Christoph Daniel Ebeling

Tagebuch einer Musikalischen Reise durch Frankreich und Italien

Charles Burney, Christoph Daniel Ebeling

Tagebuch einer Musikalischen Reise durch Frankreich und Italien

ISBN/EAN: 9783741165399

Hergestellt in Europa, USA, Kanada, Australien, Japan

Cover: Foto ©Angelika Wolter / pixelio.de

Manufactured and distributed by brebook publishing software (www.brebook.com)

Charles Burney, Christoph Daniel Ebeling

Tagebuch einer Musikalischen Reise durch Frankreich und Italien

Carl Burney's
der Musik Doctors
Tagebuch
einer
Musikalischen Reise
durch
Frankreich und Italien

welche er unternommen hat
um zu
einer allgemeinen
Geschichte der Musik
Materialien zu sammlen.

Aus dem Englischen übersetzt
von
C. D. Ebeling
Aufsehern der Handlungsakademie zu Hamburg.

Hamburg, 1772.
Bey Bode.

Vorrede des Uebersetzers.

Gegenwärtiges Buch sollte schon vorige Ostermesse herauskommen, allein wichtigere Geschäfte liessen mir nicht Zeit genug, die Uebersetzung desselben eher zu vollenden, und ohne die gütige Hülfe meines Freundes, des Herrn Bode, der selbst einige Bogen übersetzt hat, wäre sie noch itzt nicht fertig. Diese Verzögerung ist mir um des Verfassers willen leid, der sich freundschaftlich gegen mich darüber beklagt, weil er glaubt, daß ihm seine itzige musikalische Reise durch Deutschland durch die frühere Bekanntmachung dieses Werks oftmals wäre erleichtert worden. Wie gern hätte ich diesem würdigen Manne den Dienst erwiesen! Doch hoffentlich wird die Lesung dieses Tagebuchs die Freunde der Tonkunst, welche seine Bekanntschaft gemacht haben, oder auch andere, die wichtige Materialien zur Geschichte der deutschen Musik besitzen, noch itzt aufmuntern, sie ihm so dienstwillig mitzutheilen, als es die Italiäner in Ansehung ihrer Musik gethan haben, und noch immer zu thun fortfahren.

Einige Anmerkungen, welche ich hinzugefügt habe, werden vielleicht für verschiedene Leser nicht ganz unnütz seyn; zwar enthalten sie nicht allemal unbekannte Wahrheiten, allein gewisse Sachen kann man beynahe nicht oft genug wiederholen. Ich habe ihrer nicht mehr machen

Vorrede.

machen mögen, damit man nicht glaubte, ich wollte mich dem Verfasser oder den Lesern zum Lehrer aufdringen, da ich nur ihr Dollmetscher seyn soll. Von der einen, S. 139. argwohne ich so schon, daß sie nicht völlig richtig sey, wenigstens ist mir seit der Zeit eingefallen, daß der von Nicolaus Jenson gedruckte Decor puellorum als das älteste in Italien gedruckte Buch angegeben wird. Maittaire hat dieß Buch beschrieben, allein ich habe ihn nicht bey der Hand. Auch bemerke ich eben, daß die Note S. 203. einige Leser wider meine Absicht verleiten könnte, den Palestrina und Pränestinus für zwey verschiedene Komponisten zu halten.

Die angehängten Lebensbeschreibungen hatte der Verfasser, den auf jener Seite angeführten alten Kirchenmusiken beygefügt; sie können, wie dieß Tagebuch,

buch, zum Beweise dienen, wie viel Gutes und Lesenswürdiges man von seiner allgemeinen Geschichte der Musik erwarten dürfe. Der Eifer dieses Mannes für sein Unternehmen hat wenig seines gleichen; ich weiß, daß er selbst aus Amerika, ja sogar aus der neu entdeckten Insel Otaiti, Materialien dazu sich zu verschaffen gewust hat. Um destomehr verdient er eine allgemeine Unterstützung, vornehmlich da sein Eifer mit Einsicht, Geschmack und Unpartheylichkeit verbunden ist.

Einleitung.

Es ist etwas Sonderbarer, daß unter der Menge von Reisenden, welche das reizende Land Italien aus verschiedenen, entweder neugierigen oder gewinnsüchtigen Ursachen, besucht, und ihre gemachten Anmerkungen haben drucken lassen, sich bisher noch keiner befunden hat, der seine Absichten und Untersuchungen auf den Ursprung und Fortgang, oder den gegenwärtigen Zustand der Musik in dem Theile der Welt eingeschränkt hätte, woselbst solche mit so vielem Glücke kultivirt worden, und woher das übrige Europa nicht nur mit den besten Komponisten und musikalischen Künstlern versehen worden, sondern von dem es sogar seine Be-

griffe

griffe vom Schönen und Vortreflichen in dieser Kunst entlehnt hat.

Es ist wohl kein einziges Gemählde, keine Statue oder kein merkwürdiges Gebäude vorhanden, die nicht beschrieben, oder eine Inscription zu finden, die nicht abgeschrieben worden, indessen daß der Conservatorien oder Musikschulen, der Opern oder Oratorien kaum beyläufig erwähnt wird: und obgleich jeder Buchladen oder jede Bibliothek eine Menge von Geschichten der Mahlerey und andrer Künste sowohl, als Lebensbeschreibungen der berühmtesten Künstler vorzuweisen hat: so hat man doch die Musik und ihre Künstler gänzlich übergangen. Dieser Umstand ist um besto unerklärbarer, in sofern gegenwärtig keine von den schönen Künsten mit so vielem Fleiße getrieben wird, oder die Italiäner in irgend einer Sache über das übrige Europa sich eines solchen Vorzugs rühmen könnte, als in ihren musikalischen Erfindungen und Ausübungen; denn weder ihre Mahler, Bildhauer,

Einleitung.

hauer, Baumeister, Geschichtschreiber, Dichter noch Philosophen, des gegenwärtigen, Jahrhunderts, übertreffen ihre Zeitgenossen jenseits der Alpen soweit, um eine grosse Begierde zu erwecken, zu ihnen zu reisen und ihren Unterricht zu suchen.

Die Musik aber lebt bis auf den heutigen Tag in Italien, da schon die andern Künste eine todte Sprache reden; welche zwar freylich gelehrt und klassisch ist, aber auch weniger lieblich und nützlich für angehende Künstler, als zu Leo des X. Zeiten, als Italien einen eben so grossen Vorzug vor der übrigen Welt hatte, und deswegen eben so sehr verdiente, daß man es besuchte, als Griechenland zu den Zeiten Perikles oder Alexanders.

Zu sagen, daß die Musik über ganz Europa niemals in einem so hohen Werthe gehalten, oder so gut verstanden worden, als in unsern Tagen, das hiesse bloß etwas vorbringen, das

eben

eben so unwidersprechlich ist, als die bekannte Wahrheit, daß itzt die Menschen in Europa, überhaupt genommen, gesitteter und civilisirter sind, als in irgend einer andern Periode der Geschichte der Menschheit.

Vielleicht daß finstre Weisen die Musik als eine eitle und weibischmachende Ergötzung betrachten; allein Montesquieu hat schon zu ihrer Vertheidigung gesagt: „Sie ist die einzige „von allen Künsten, welche das Gemüth „nicht verdirbt.„ (*) Der Elektricität räumt man es allgemein ein, daß sie eine unterhaltende und bewundernswürdige Erscheinung sey; man hat aber auch häufig darüber geklaget, daß sie noch niemals mit Gewißheit zu irgend einem sehr nützlichen Zwecke angewendet worden. Eben dieselbe Anmerkung, hat man ohne Zweifel, oft in Ansehung der Musik gemacht. Für den reichen und üppigen Theil der Welt ist es ein vortrefliches Zufluchtsmittel, in einer müßigen Stunde,

(*) Esprit des Loix.

Einleitung.

Stunde. Allein, sagte der Milzsüchtige und der Mann von Geschäften, was für Nutzen bringt sie dem übrigen Menschenkindern? Hierauf kann man antworten, daß es leicht ist, (vielleicht in England mehr, als in einem andern Reiche,) die wichtigen und menschenfreundlichen Zwecke anzuzeigen, zu welchen man sie angewendet hat. Der ehrwürdigste Orden in diesem Königreiche hat ihren Beystand zu Hülfe gerufen, um die Beutel der Reichen, zur Unterstützung der dürftigen Nachkommenschaft ihrer verstorbnen Brüder zu öfnen. (*) Manche Waise findet durch ihren Einfluß Beystand. (**) Die Schmerzen der Gebährerinnen werden durch die Wirkung ihrer Macht gemildert, und weniger gefährlich und fürchterlich gemacht. (***) Sie trägt das ihrige

(*) Beym Feast of the sons of the Clergy, oder der Kinder der Geistlichen.

(**) Alle Jahre wird das Oratorium: der Meßias, für das Fündlingshospital aufgeführt.

(***) Für das Spital der armen Wöchnerinnen in Brownlow street, wird jährlich ein Concert gegeben.

ihrige bey, wo möglich der verwüstenden Seuche Einhalt zu thun, welche selbst die Quelle des Lebens antastet. (*) Und endlich setzt sie ihre eignen Künstler in den Stand, das zu thun, wessen sich wenige andre rühmen können — ihre eigne Armen zu unterhalten, und zwar durch das vortrefliche, und schön dirigirte Institut, welches unter dem Namen: The Society for the Support of decayed Musicians and their Families. (**) bekannt ist.

Die Musik ist noch immer das Vergnügen vortreflicher Prinzen, und der wohlgewählteste Zeitvertreib der gesittesten Höfe gewesen: Gegenwärtig aber ist sie dergestalt sowohl mit wichtigen und heiligen Dingen, als mit unsern vernünftigen Ergötzlichkeiten verwebt, daß es scheint, die Menschen würden gänzlich unfähig seyn, ihrer zu entbehren. Sie macht einen ansehnlichen Theil

---

(*) Das Concert für das Lockhospital.

(**) Die Gesellschaft zur Unterhaltung zurückgekommener Musiker und ihrer Frauen und Kinder.

Einleitung.

Theil unsers Gottesdienstes in unsern Kirchen aus: Sie ist der militarischen Einrichtung wesentlich; und ohne Musik würden unsre Schaubühnen sehr langweilig seyn. Man setze noch hinzu, daß in einer gesitteten Nation schwerlich eine Familie seyn wird, die nicht ihre Flöte, Geige, Clavier, oder Zither habe; daß sie zur Arbeit Munterkeit giebt, die Schmerzen lindert; und dadurch der Menschheit noch wohlthätiger wird, daß sie uns von der Grausamkeit entwöhnt, oder auch die Last der Sorgen erleichtert.

Hätten mir die Bücher, die ich bisher in nicht geringer Anzahl zu Rathe gezogen habe, die Nachrichten an die Hand gegeben, welcher ich zu der Geschichte der Musik, worauf ich so lange bedacht gewesen, benöthigt bin: so hätte ich keine Reise unternommen, die mir so viele Beschwerlichkeiten, Unkosten und Versäumung andrer Geschäfte verursachen mußte.

Allein

Allein diese Bücher sind, überhaupt genommen, eins dem andern so getreulich nachgeschrieben, daß man nur zwey oder drey lesen darf, um das wesentlichste zu wissen was in so viel hunderten steht. In der Hofnung also, meiner vorhabenden Geschichte einiges Originalgepräge, oder wenigstens einen Stempel der Neuheit aufzudrücken, entschloß ich mich, meinen Durst nach Wissenschaft an der Quelle zu löschen und in Italien solche Züge zu schöpfen, welche in England nicht zu finden sind. Dort, beschloß ich, mit meinen eignen Ohren zu hören, und mit meinen eignen Augen zu sehen; und, wo möglich, nichts zu hören und nichts zu sehen als Musik. Ich hätte freylich meine Zeit sehr angenehm mit Untersuchung von Gemählden, Statuen und Gebäuden zubringen können: allein, da ich für alle diese Sachen nicht Muße genug erübrigen konnte, ohne das vornehmste Geschäfte meiner Reise zu verabsäumen; so war ich meinem Vorsatze getreu: mich von meinem Zwecke, durch keine andre Neubegierde oder Forsch-

Einleitung.

Forschsucht, abwendig machen zu lassen. (*)

Mit diesen Absichten verließ ich London im Anfang des Monats Junius 1770. Und da mein Vorsatz nicht war, daß mein Werk lokal seyn sollte: so beschloß ich, auf meinem Wege nach Italien, so viel Materialien, als möglich, zu einer Geschichte, die französische Musik betreffend, zu sammlen, und zugleich nach ihrem gegenwärtigen Zustande mich selbst zu erkundigen. Ich würde aber zugleich verwegen und ungerecht gewesen seyn, wenn ich dieses nach den wenigen Wochen hätte wagen wollen, die ich mich in Frankreich aufhalten konnte, wäre ich nicht vorher

───────────────

(*) Während meiner Reise nachher, war mirs gleichwohl sehr lieb, als ich fand, daß ich meiner Liebe zur Mahlerey und Bildhauerkunst, selbst beym Aufsuchen musikalischer Materialien einiges Genügen leisten konnte. Denn eben von ihnen habe ich meine Ideen und Zeichnungen der Instrumente, sowohl der Alten, als der Frühzeitigsten unter den Neuern, erworben.

her schon zweymal zu Paris gewesen, zu welcher Zeit ich die öffentlichen Oerter daselbst sehr fleißig besuchte, und hätte ich nicht seit den letzten zwanzig Jahren, die Werke der besten Komponisten, und die Schriften der besten Autoren, über die Musik in diesem Reiche, beständig zugesandt erhalten.

Gegenwärtiger Zustand der Musik
in Frankreich und Italien.

Lisle.

Da ich mich nirgends lange aufgehalten hatte, bis ich diesen Ort, die Hauptstadt im französischen Flandern erreichte: so machte ich hier den Anfang meiner Untersuchungen. Ich bemühete mich zuerst die Art, den gregorianischen Gesang zu singen, welcher durch ganz Frankreich in den Dom- und Stifts-Kirchen üblich ist, ausfindig zu machen. Er wird öfter ohne Orgel, als mit derselben gesungen; und obgleich hier und im ganzen Königreiche in allen grossen Kirchen Orgeln sind, so finde ich doch, daß man sie, wie in unsern Pfarrkirchen nur des Sonntags und an hohen Festen gebraucht. Ich bin überzeugt, daß unsre alten Kirchengesänge und Antiphonen nicht von Tallis zur Zeit der Reformation neu gesetzt, sondern nur nach den englischen Worten eingerichtet worden; denn das Bischen Melodie, welches darin liegt, ist beynahe mit der in allen auswärtigen catholischen Kirchen einerley. Bloß des Sonntags und an Festtägen fügt man zu dem Choralgesange, (Canto fermo oder plain chant) noch mehr Stimmen hinzu; sonst singen alle im Einklange. Die Bücher,

cher, woraus die Priester singen, sind durchgehends auf Pergament in gregorianischen Noten, das ist, mit den alten rautenförmigen Notenzeichen, bloß auf vier Linien und Zwischenräumen geschrieben. Um mich hievon näher zu unterrichten, machte ich mit Herr Devillers, Organisten bey der Hauptkirche zu St. Peter, einem angenehmen und in seiner Kunst geschickten Manne Bekanntschaft. Ich hatte mit ihm eine lange Unterredung über den Gebrauch des Choralgesanges, wovon er mir erzählte, daß die Chorknaben ihn nach den gregorianischen Noten erlernten, und daß keine andere bey den Geistlichen gebräuchlich wären.

Man hat in den französischen Kirchen auf beyden Seiten des Chors ein Instrument, welches ohne Zweifel seiner Gestalt wegen Serpent (*) genannt wird, weil es einer sich bewegenden Schlange ähnlich sieht. Es giebt beym Singen den Ton, und man spielt den Baß darauf, wenn in verschiedenen Stimmen gesungen wird. Meistentheils wird es schlecht gespielt, doch könnte es, mit Verstande gebraucht, gute Wirkung thun. Allein so wird es gewöhnlich überblasen, und seine Begleitung ist für die Stimmen zu stark: Sonst vermischt es sich besser mit ihnen, als die Orgel, indem es den Ton verstärken oder schwächen kann, und weniger Gefahr dabey ist, daß eine schlechte Temperatur die Vollkommenheit, deren

(*) In Kircheri Musurgia T. I. p. 505. steht eine Beschreibung und Abbildung davon.

deren die Menschenstimme allein fähig ist, unterdrücke oder zerstöre.

Die Orgel in dieser Kirche ist doppelt und sehr groß. Sie hat vier Claviere und vier und sechzig Register, und dabey, welches etwas Ausserordentliches ist, dreyzehn Reihen Pfeiffen im Gesichte. Sie ist vor etwa sechzig Jahren gebauet worden. Das Gehäuse ist artig verziert, und die Vorderpfeiffen sind, wie überhaupt hier zu Lande, weiß und von der natürlichen Farbe des Metalls; da man sie hingegen in England vergulden muß, damit sie nicht anlaufen. Ich habe durchgehends gefunden, daß man von der Orgel in Frankreich nur wenigen Gebrauch macht, selbst an den Tagen, wenn man sich ihrer noch am meisten bedient. Das Serpent erhält die Sänger im Tone.

Da eben ein Jubiläum (*) war, als ich nach Lisle kam, so hoffte ich beßre Musik, als die gewöhnliche zu hören, aber ich fand mich in meiner Hoffnung betrogen.

Herrn Amreuse, Organisten an der Marienkirche, welcher blind ist, habe ich nicht kennen lernen. Ich wünschte auch seines Unterrichts zu ge-

_____
(*) Ein Jubiläum nennt man gewöhnlich ein Kirchenfest, welches angestellet wird, um Ablaß vom Pabste zu erhalten. Ausserdem giebt es besondere Jubelfeste in einigen Städten, wenn gewisse Feyertage zusammen fallen, z. E. wenn Maria Verkündigung auf den stillen Freytag, oder Johannistag auf das Frohnleichnamsfest fällt. S. Encyclopedie. Art. Jubilée.

genießen; denn ich habe immer gefunden, die beste Weise, von der itzigen Musik Nachricht zu erhalten, sey die, mit itzlebenden Musikern darüber zu sprechen. Gelehrte Männer und Bücher können von der alten Musik Nachricht geben. Doch kostete mich meine Methode, wenn ich keine Empfehlungsschreiben hatte, Geld, Dreistigkeit und sehr viel Mühe.

Diejenigen, welche der Mahlerey, Bildhauerey und Baukunst wegen, nach Italien reisen, thun wohl, dasjenige vorher zubesehen, was diese Künste in Frankreich hervorbringen, denn sonst werden sie so eckel werden, daß ihnen nur weniges von den französischen Werken der Kunst gefallen wird. Damit ich nicht bey meiner Zurückkunft aus Italien von eben solchen Vorurtheilen oder Empfindungen hingerissen würde, hielt ich für gut, der französischen Musik zuerst in der Hauptstadt, und sodann an den beyden äussersten Enden des Königreichs, zu Lisle und Lyon ein geneigtes Gehör zu geben. Ich lag zu Cambray still, besah die dasigen Kirchen, aber ward in der Hoffnung, daselbst bessere Musik zu hören, betrogen; denn der Gottesdienst ward ganz ohne Gesang und ohne Orgel gehalten. Man sagte mir, des Nachmittags würde gesungen werden, allein ich konnte mich nicht dabey aufhalten, und die Ideen, welche mir einige Einwohner von den Sängern machten, reizte mich auch eben nicht; ich gieng also gerades Weges nach

Paris.

Nachdem ich hier den gröſten Theil des erſten Tages zugebracht hatte, mich nach Büchern zu erkundigen, gieng ich des Abends am 12ten Jun nius nach dem Bouleward, weil ſich mir ſonſt keine beſſere Unterhaltung weder in der Comödie, noch in der Oper anbot. Das Bouleward iſt ein Platz auſſerhalb der Stadt, der öffentlichen Be luſtigungen gewidmet iſt. Er iſt mit Spatzier gängen verſehen, und mit Bäumen beſetzt. Mit ten durch geht ein breiter Weg für Kutſchen, und zur Seiten ſind Coffeehäuſer und Taſchenſpieler, nebſt andern Dingen, die zur Schau ſtehen.

An den Sommerabenden ſind die Spatzier gänge voller wohlgekleideten Leute, und der Fahr weg voll prächtiger Kutſchen. Hier ſah ich auch das ſo genannte neue Vauxhall; welches aber dem engliſchen ſo wenig ähnlich iſt, als der Pal laſt des chineſiſchen Kaysers. Eben ſo wenig iſt es Vauxhau gleich; obgleich bey dem Eingauge eine kleine Rotunda mit Gallerien rundherum an gelegt worden, welche gut erleuchtet und verzieret iſt. Gleich dabey iſt ein viereckichter Platz unter freyem Himmel, wo bey warmen Wetter getantzt wird; er kann gleichfalls erleuchtet werden, und hat Gallerien, welche zu einem Saale führen, der noch gröſſer iſt, als der erſte, von zwey Rei hen Corinthiſcher Säulen umgeben wird, und mit Blumengehängen und Kronleuchtern gezieret iſt. In dieſem ſchönen Zimmer tantzt man Me nuetten, Allemanden, Cottilions und Contra tänze,

tänze, wenn es kalt Wetter ist, welches damals recht sehr der Fall war. Dennoch fand ich hier eine grosse Menge wohlgekleideter Leute. Durch den Namen des Platzes ward ich bewogen, mich nach einem Garten umzusehen, aber es war keiner zu finden.

In den Coffeehäusern des Boulewards, welche sehr häufig besucht werden, giebt es Musikanten und Sänger, wie die Banden in Sablers-Well zu London, aber noch schlechter. Die Sängerinnen gehen hier mit einem Teller herum, und sammlen etwas für ihre Arbeit ein. Ungeachtet sie hier oft Arien à l'Italienne singen; so hängt ihnen in Ansehung des Ausdrucks die Erbsünde noch eben so sehr an, als unsern englischen Sängern an dergleichen Orten.

Mittwochs den 13ten.

Den Vormittag brachte ich in der Bibliothek des Collegiums des quatre nations zu, welches Cardinal Mazarin gestiftet hat. Sie ist sehr schön. Ich sah die Catalogen nach, und fand verschiedene von den mir fehlenden Büchern.

Des Abends sah ich auf dem italiänischen Theater zwey Schauspiele, worin der Gesang das Schlechteste war. Ungeachtet die neuern französischen Componisten alles nachzuahmen wagen, was die Italiäner in diese Kunst eingeführt haben, so wird es doch schlecht vorgetragen, und die Zuhörer verstehen so wenig davon, daß es gar keinen Eindruck macht. Man hat itzt auch arie di bravura, oder fertige schwere Arien versucht, aber sie

sie werden so elend ausgeführt, daß niemand, der den wahren italiänischen Gesang gewohnt ist, auf: fer den Worten und der Action das Geringste davon loben wird. Eins von diesen Stücken war neu, und stellte eine comische Oper vor. Man hatte nehmlich zu französischen Worten italiänische Musik nach neu französischer Art (das ist im italiänischen Styl componirte Musik) gesetzt. Recitative waren gar nicht darin; das ganze Gespräch und der erzählende Theil ward gesprochen. Dies Stück ward so stark ausgepfiffen, als je eins. Ich bildete mir ein, daß ein französisches Parterre sein Mißfallen nie so laut würde auszudrücken wagen, als bey dieser Gelegenheit geschah. Es war ein eben so starkes mit überlautem Gelächter vermischtes Geräusch, als ich je in Druryplane und Coventgarden gehört habe. Kurz, das Stück ward völlig auf englische Art verworfen, ausgenommen, daß man weder Bänke, noch den Schauspielern die Köpfe zerbrach, und beständig hisch rief, anstatt daß wir hissen. Der Verfasser des Textes hatte sich zum Glücke oder sehr weislich nicht genannt; der Componist aber, Herr du St. Amant, war sehr zu bedauren; denn er hatte eine Menge wirklich guter Musik bey schlechten Worten und für Zuschauer verschwendet, die vornemlich in den beyden letzten Akten (es waren ihrer drey) gar nicht geneigt waren, nur eine Weile ruhig zu zuhören. Doch war die Musik, ungeachtet sie mir ihren Text weit zu übertreffen schien, nicht ohne Fehler;

die

die Modulation war zu studirt, ja nicht selten unnatürlich, und that dem Gehör nie ein Genüge. Die Anfangssymphonie war hingegen recht gut gesetzt, voll reiner Harmonie, hatte eine gefällige niedliche Melodie, und viele Stellen voller Ausdruck. Der Hoboist bey diesem Theater ist vortreflich; ich habe nicht leicht einen so angenehmen Ton oder Spielart gehört. Einige Arien wären auch vortreflich gewesen, wenn sie mit wahren italiänischen Ausdrücken wären gesungen worden. Allein die französischen Stimmen kommen bloß aus der Kehle; auf keiner Bühne wird man hier eine Voce del petto oder ein gehöriges portamento oder Tragen der Stimme antreffen. Zwo sind verschiedene von den hiesigen Theatersängern Italiäner, aber sie sind seit ihrem Hierseyn so ausgeartet, daß ihre Vorstellung mich nimmermehr überredet hätte, sie für Italiäner zu halten. Das neue Stück enthielt verschiedene Arien, so wie man sie in der ernsthaften Oper zu hören pflegt; denn das ganze Stück war in Versen und aufßerordentlichen ernsthaften Inhalts, einige lustige Stellen in Calliots (*) Rolle ausgenommen, welche dennoch die Zuschauer nicht abhielten, es für detestable zu erklären.

Don-

(*) Calliot ist mit Recht der Lieblings-Actör und Sänger in der comischen Oper zu Paris. Seine Stimme, die er, nach Belieben, als Baß und als Tenor brauchen kann, ist vortreflich, und er ist in allem Betrachte ein sehr anziehender und unterhaltender Schauspieler.

Donnerstag, den 14ten.

Da dieses Fete Dieu oder Frohnleichnamstag und eines von den höchsten Festen im ganzen
Jahre war, so ging ich aus, um die Procesionen
zu sehen, und die hohe Messe in der Kirche de notre Dame anzuhören. Ich hatte viele Mühe,
hahin zu kommen. Keine Kutsche darf sich regen,
bis alle Procesionen, deren eine Menge in der ganzen Stadt herum schwärmet, vorbey sind. Die
Strassen wodurch sie auf dem Wege zu den Kirchen
kommen, sind ganz mit Tapeten, oder in Erman-
gelung derer mit Bettgardinen und alten Weiber-
röcken behangen. Die feinern Leute (les gens
comme, il faut) gehen in diesen Tagen alle aus
der Stadt um dem embarras des Meßgehens oder
dem ennui des Hausitzens auszuweichen. So
oft die Procesion wegen des Gedränges still halten muß, welches nicht selten geschieht, so singen
die Priester einen Psalm, und alles Volk fällt mitten auf der Strasse, sie mag rein oder kothigt seyn,
auf die Knie. Ich trug kein Bedenken, diese
Ceremonie mitzumachen, um niemand anstößig
zu werden, oder Aufsehn zu machen. In der That
beschloß ich schon, da ich ausging auf den Strassen
und in der Kirche alles mit zu machen; denn sonst
hatte ich da nichts zu thun. Daher sahe ich mich
genöthigt einige zwanzig mahl nieder zu knien,
ehe ich Notre Dame erreichte. Dieß ward mir
um desto weniger beschwerlich, da ich sahe daß
jedermann es so machte, und manche weit besser
gekleidete Leute sich ganz niederwarfen, indem ich nur

mit einem Knie die Erde berührte. Endlich erreichte ich die Kirche, wo ich gleichfals ein Tonsorrist war; inzwischen gieng ich hier doch fleißig ums Chor und in dem grossen Creußgange herum, wie auch andere thaten. Ich machte meine Anmerkungen über die Orgel, den Organisten, den Choralgesang und die Motteten. Ungeachtet dieß ein sehr hohes Fest war, so begleitete die Orgel den Chor nur wenig. Sie ward nur vornehmlich dazu gebraucht, die Melodie der Gesänge vorzuspielen, ehe sie gesungen ward. Ich fragte einen jungen Abbé den ich als meinen nomenclaror mitgenommen hatte, wie das hieße? C'est proser, antwortete er mir. Es scheint, als ob das englische Wort prosing von dieser ungeschickten und albernen Art des Vortrages herkäme. Die Orgel ist recht gut, allein wenn sie vollstimmig gespielet ward, war die Zurückprallung des Echo so stark, daß man nichts deutlich vernahm; jedoch konnte ich in dem Rückpositive und den Echor:Registern alle Noten deutlich hören. Der Organist hatte eine feine vernünftige Manier die Orgel zu schlagen; aber seine Gedanken waren altmodig. Wenigstens schien dasjenige was er während des offertorio spielte, welches sechs bis acht Minuten währte, zu steif und regelmäßig für eine Fantasie zu seyn. Der Chor sang auch verschiedne Motteten, welche aber öfter vom Serpent als von der Orgel begleitet wurden. Ungeachtet ich beym ersten Eintritte in die französischen Kirchen das Serpent oftmals für eine Orgel gehalten habe; so

fand

fand ich doch bald, daß es bald bessere, bald schlechtere Wirkung that, als dieß Instrument. Diese Compositionen sind unsern alten Kirchenmusikern sehr ähnlich, voller Fugen und Nachahmungen; und enthalten mehr Erfindung und Arbeit, als Melodie. Ich werde täglich mehr und mehr von der Wahrheit meiner Anmerkung, daß Tallis zur Zeit der Reformation bloß englische Worte dem alten canto fermo untergelegt habe, überzeugt; und es scheint nur daß die Musik in unsern Dom-Kirchen weniger verbessert ward, als der übrige Theil der Litturgie.

Um fünf Uhr gieng ich zu dem Concert spirituel, welches die einzige an diesen hohen Festen erlaubte öffentliche Belustigung ist. Dies Concert wird in dem grossen Saale des Louvre gehalten, und die Vocalmusik darin besteht aus einzelnen Stücken lateinischer Kirchenmusiken. Ich will die verschiedenen Stücke nennen, welche aufgeführt wurden, und offenherzig sagen, was für Wirkung sie so wohl auf mich, als das übrige Auditorium hatten, so weit nehmlich ein Zuschauer dieß entdecken konnte. Das erste Stück war eine Mottete von de la Lande Dominus regnauit, welche vornehmlich aus Chören bestund, die mit mehr Kraft als Gefühl gesungen warden. Die ganze Musik war in dem Style der alten französischen Oper, und, das zweyte Chor ausgenommen, welches eine ziemlich neue und angenehme Wendung hatte und feurig gesetzt war, für mich ganz unausstehlig. Die Zuhörer aber gaben dem Stücke
ihren

ihren ganzen Beyfall, empfanden seine Schönheiten und bewunderten es so sehr als sich selbst, weil sie in einem Lande gebohren waren, das solche Meisterstücke der Setzkunst und so ausgesuchte Spieler hervorzubringen vermogte. Hierauf folgte ein Hobbenconcert von Bezozzi einem Neffen der berühmten Hoboen-und Bassonspieler dieses Nahmens zu Turin. Zur Ehre der Franzosen kann ich nicht umhin zu bemerken, daß dieß Concert grossen Beyfall erhielt. Es ist ein Schritt näher zur Reformation, wenn man anfängt das zu dulden, was eingeführt werden sollte. Dieser Virtuos hat manches in seinem Geschmacke und Ausdrücke, das wirklich vortreflich ist; aber ich glaube, er ist nicht immer gleich vollkommen. Er braucht die Doppelzunge sehr häufig, welches vielleicht öfter ein Gekreisch des Rohres verursacht, als man wünschen mögte; auch ist sein Ton nicht stark genug, wenn er ihn nicht erzwingt, welches er hier vermuthlich deswegen für nöthig hielt, weil das Zimmer groß war. Indessen machte mir sein Spiel überhaupt viel Vergnügen. Es ist schwer von dem weit ausgebreiteten Beyfalle der Franzosen Rechenschaft zu geben, oder anzunehmen, daß Leute so entgegengesetzte Dinge als Licht und Finsterniß, gleich stark billigen können. Ist die französische Musik gut, und ihr Ausdruck natürlich und gefällig, so muß die italiänische schlecht seyn; oder umgekehrt, wenn die italiänische Musik alles hat, was ein unverwöhntes, wohl geübtes Ohr wünschen kann: so läßt sich nicht ver-

mu-

muthen, daß die französische Musik, einem sol=
chen Ohre eben so viel Vergnügen machen werde.
Die rechte Wahrheit ist, daß die Franzosen die
italiänische Musik nicht leiden mögen; daß sie
vorgeblich sie annehmen und bewundern; daß aber
alles bloße Affectation ist. Nach diesem vollkom=
menen Stücke von Bezozzi schrie Mademoiselle
Delcambre ein Exaudi Deus mit aller Kraft der
Lunge, deren sie habhaft werden konnte, und er=
hielt so viel Lob, als wenn Bezozzi nichts gethan
hätte. Hiernächst spielte Signor Traversa, erster
Violinist des Herzogs von Carignan, ein recht gu=
tes Concert auf der Geige; er trug manche Stellen
mit Zärtlichkeit, gutem Tone und das Schwere
mit leichter Ausführung vor; aber alles das ward
nicht so bewundert, als das vorhergehende Exandi.
Ja ich konnte sogar in den Gesichtern der Unwesenden,
und der Art wie sie zuhörten, erkennen, wie wenig sie
es gefühlt hatten. Madam Philidor sang hierauf
eine Mottete von ihres Mannes Composition, der
tief aus Welschlands Quellen trinkt; allein unge=
achtet dieß mehr als alle vorige Singstücke, gutem
Gesange und guter Musik ähnlich war, so erhielt
es doch nicht den feurigen Beyfall, der keinem
Zweifel übrig läßt, daß es aus Herz gedrungen
sey. Das ganze Concert endigte sich mit Beatus
Vir einer Mottete die aus vielstimmigen Chören,
mit Solos und Duetten untermischt, bestund.
Der erste Alt hatte einige Zeilen Solo zu singen,
welche er mit solcher Gewalt heraus schrie, als
wenn er unter dem Messer an der Kehle, um Hül=
fe

ſe rieſe. Allein ſo betäubt ich auch davon ward, ſo
ſah ich doch deutlich an dem Lächeln der unausſprech-
lichen Zufriedenheit, das ſich in neun und neunzig
von hundert Geſichtern in der Geſellſchaft zeigte,
und hörte, in den lauteſten Tönen des Beyfalls,
welchen ein entzücktes Auditorium geben kann,
daß dieß gerade das war, was ihr Herz empfand und
ihre Seele liebte. C'eſt ſuperbe! hallte durch
das ganze Haus von einem zum andern wieder.
Doch mit dem letzten Chore nahm das Concert ein
Ende mit Schrecken; es übertraf an Geſchrey,
alles Lärm, was ich je in meinem Leben gehört
hatte. Ich habe manchmahl gedacht, daß die
Chöre in unſern Oratorien wohl zu laut und ſtark
wären; doch mit dieſen verglichen, ſind ſie eine
ſo ſanfte Muſik, daß man dadurch die Heldin
eines Trauerſpiels in dem Schlaf ſingen könnte.

Freytags, den 15ten.

Als ich dieſen Morgen die königliche Bibliothek
beſuchte, ſo fand ich, daß meine Reiſe über die Alpen annöthig ſeyn würde, wenn ich mich mit dem
todten buchſtäblichen Unterricht, ſo wie man
ihn bloß aus Büchern erhalten kann, begnügen
wollte; denn die Anzahl der hier befindlichen zu
meinem Zwecke gehörigen Bücher, iſt beynahe
unendlich. Die Handſchriften waren das erſte,
wornach ich mich bey dem Bibliothekär erkundigte,
und ich fand, daß bloß das Verzeichniß davon vier
Bände in Folio ausmachte. Dieſe betreffen freylich

lich nicht alle die Mufik, doch ift diefe Wiffenfchaft von dem Samlern diefer Bibliothek gar nicht vernachläßige worden. Die älteften Schriften welche mit der Mufik zu thun haben (die fieben griechifchen Schriftfteller ausgenommen, welche Meibom herausgegeben hat) find die Liturgien und Kirchenagenden, nemlich die Miffalen, Graduaſen, Brevlarien, und Pfalter, fowohl in griechifcher als Lateinifcher Sprache; doch von diefen fünftig, wenn ich von der Mufik der vergangenen Zeiten handeln werde. Von ihrem hiefigen gegenwärtigen Zuftande glaubte ich keinen beffern Unterricht erlangen zu können, als wenn ich in die Oper Zaide gienge, welche diefen Abend in dem neuen Opernhaufe das an den Palais royal welcher dem Herzoge von Orleans gehöret, ftößt oder vielmehr ein Theil davon ift. Die vornahmlige Operbühne war etwa vor fechs Jahren im Feuer aufgegangen, und während der Zeit ward die Oper in dem königlichen Palafte in Louvre aufgeführt, wo noch das Concert fpirituel gehalten wird. (*) Die heutige Oper ward 1739 zum erftenmal gefpielt; nachher in den Jahren 1745, und 1756 wieder hervorgefucht, und 1770 zum

vier-

(*) Nach geendigter Oper hat man gewöhnlich im Sommer in dem Tuillerien eine der fchönften Ausfichten. Denn weil die Oper des Abends zwifchen fieben und acht Uhr aus ift, fo ergießt fich die ganze Gefellfchaft der Zufchauer, in völligem Putz, in die groffe Allee: totis vomit ædibus undam: und macht eine Affemblee, dergleichen man fonft niegends in der Welt antrift.

viertenmahle aufgeführt. Die Franzosen nennen sie ein Ballet heroique oder heroisches Ballet; indem die Tänze in die Fabel hineingewebt sind und einen wesentlichen Theil derselben ausmachen. Wie mir däucht, so ist in allen Stücken von dieser Art das Interesse des Drama's sehr unbeträchtlich; wenigstens gilt dieß von dem gegenwärtigen und verschiedenen von Rameau gesetzten. Die Musik der Zaide ist von Royer; und es ist ziemlich wunderbar, daß seitdem nichts besseres, nichts in einem modernern Geschmacke ist gesetzt worden; die musikalische Schreibart hat sich in dem ganzen übrigen Europa völlig verändert; und doch sind die Franzosen welche man mehr Leichtsinn und Wankelmuth zu haben beschuldigt, als ihre Nachbaren, die sind seit dreyßig oder vierzig Jahren in der Musik unveränderlich geblieben: ja man kann noch weiter gehen und kühnlich behaupten, daß sie in ihrer ernsthaften Oper seit Lülli's Zeiten, das ist, seit hundert Jahren nur wenige Veränderungen erlitten hat. Mit einem Worte, so viel und so gut die Franzosen auch über die Musik reden und schreiben können, so ist sie doch bey ihnen in Ansehung zweyer wesentlicher Dinge, der Melodie und des Ausdrucks, (*) noch immer in ihrer Kindheit.

Doch wieder auf Herrn Royers Oper Zaide zu kommen, welche, was die Melodie, was Licht und

(*) Die italiänische Musik, sagt Herr D'Alembert, ist eine Sprache, wovon wir noch nicht einmahl das Alphabeth haben. Melange de Litterature.

und Schatten, oder hervorstechende Mannigfaltigkeit und Wirkung anbetrift, elend und unter aller Kritik ist, so muß man doch zugleich gestehen, daß die Schaubühne nett und edel ist, daß die Kleidungen und Verzierungen artig, die Maschinereyen gut erfunden, und daß die Tänze vortreflich sind: allein dieß alles sind leider nur Gegenstände für die Augen, und eine Oper ist doch eigentlich zum Vergnügen des Ohres bestimmt. Ein musikalisches Drama, dessen Poesie nichts Anziehendes hat, wobey die Musik schlecht und das Singen elend ist, muß nothwendig keineswegs der Idee entsprechen, die man sich in andern Ländern von dieser Art Schauspielen gemacht hat.

Drey von den fünf vornehmsten Sängern in der Zalde hatte ich schon im Concert spirituel gehört, nemlich die Herrn Gelin und le Gros und Mademoiselle Du Bois; die andern beyden waren Herr und Frau L'Arrivée, die in ihrer Art zu singen, den ersten völlig gleich waren. Eins finde ich hier, das mich über den Mißbrauch der Geschenke der Natur unwillig macht: die Stimmen sind an und vor sich würklich gut und haben einen angenehmen Ton; man entdeckt dieß leicht, so sehr sie auch durch schlechte Methode und verdorbnen Ausdruck verstellt werden. Doch davon habe ich genug gesagt: nun noch ein paar Worte über ihre Komposition, und denn mag ihre Musik, wenigstens ihre Ausführung, für mich eine Zeitlang ruhen: denn sie haben einige sehr geschickte Komponisten, welche die italiänische Schreibart mit

B   gros-

groſſem Glücke nachahmen. Doch dieß iſt, we⸗
nigſtens für die gebohrnen Franzoſen, vergebens;
andere Nationen mögen vielleicht ſich beſſer dabey
befinden; allein man vereinige dieſe abſcheulige
unnatürliche Ausführung mit welcher Muſik man
will, ſo wird ſie gleich franzöſiſch. Man kann
auf die franzöſiſchen Sänger das anwenden, was
Dryden von Mac Flacno's Witze ſagt:

Sound paſs'd thro' them no longer is
the ſame
As food digeſted takes a different name.

Doch es ſcheint hier mit der ernſthaften Oper zu
gehen, wie mit den Oratorien in England. Die
Zuhörer ſind der alten müde, weil ſie ſie ſo oft
gehört haben. Die Schreibart iſt darin vielleicht
aufs höchſte getrieben und erſchöpft worden; und
doch ſchmeckt ihnen kein einziger neuer Verſuch, ih⸗
nen auf eine andere Weiſe zu gefallen. Welches
Ding in der Welt, iſt nicht der Veränderung un⸗
terworfen? Soll man denn der Muſik, die ſoviel
von der Einbildungkraft und vom Gefühl abhängt,
das Vorrecht zuſchreiben, allein unveränderlich
zu bleiben? Es giebt Perioden, wobey man viel⸗
leicht wünſchen mögte ſtille ſtehen zu können: allein
da dieß unmöglich iſt, ſo muß man gutwillig und
mit Anſtande der Nothwendigkeit nachgeben. Die
Dichtkunſt, die Mahlerey und die Bildhauerkunſt
haben ihr Wachsthum und ihre Abnahme gehabt,
ſind in Barbarey verſunken, haben ſich in der Fol⸗
ge

gezeit aus derselben wieder herausgearbeitet und sind zu einer gewissen Stuffe der Vollkommenheit gelangt, von welcher sie stuffenweise und unmerklich in das tiefste Verderben wieder herabsanken; und dennoch haben diese Künste einen Grad der Höhe unter den Ueberbleibseln des Alterthums, dessen die Tonkunst sich nicht rühmen kann. Die Dichtkunst, die Bildhauerkunst und die Architektur haben ihre clasischen Meister, denen ein jeder unter den Neuern nachzuahmen strebt; und man hält den für den vortreflichsten, der diesen Mustern am nächsten kömmt. Wer aber wollte es wagen zu behaupten, daß der Tonkünstler, der wie Orpheus oder Amphion sänge oder spielte, noch itzt nach Verdienst vielen Beyfall erhalten würde? Oder wer ist kühn genug, uns zu sagen, wie diese unsterblichen Männer spielten und sangen, da nicht eine einzige Spur von ihrer Musik, wenigstens keine uns verständliche, übrig ist? So viel wir durch Vergleichung der alten und neuen Musik urtheilen können, würden wir durch die Nachahmung nichts gewinnen. Den Canto fermo der griechischen Kirche, oder das römische Rituale, die älteste Musik die vorhanden ist, nachahmen wollen, das hieße in der Wissenschaft der Klänge oder den Künsten des Geschmacks und des Ausdrucks rückwärts gehen. Es würde den Ohren, die zu der neuern Harmonie und Melodie gewöhnt sind, wenig Vergnügen machen. Kurz, es ist kein geringes Unternehmen, die Welt in ihrem Laufe aufhalten zu wollen; vorwärts müssen

wir

wir gehen, und wer zurück bleibt, verliert nur Zeit, welche er nicht ohne grosse Mühe wieder erhalten kann.

Viele der vornehmsten Männer von Genie und Geschmack haben auch in der That die Sache aufgegeben: unter welche Diderot, D'Alembert und der Abbee Arnaud sind. Herr de la Lande und de Blainville schlagen sich auch auf die italiänische Seite; doch wie es scheint noch immer mit einiger Zurückhaltung. (*) Sie halten noch immer viel von Tänzen und Ausszierungen der Bühne; doch wie viele zur Musik geschickte Sujets werden sich zu Tänzen, die ins Drama eingewebt sind, schicken? Singen und Tanzen zugleich aber, wenn das eine so gut wäre wie das andere, würde die Aufmerksamkeit so sehr zerstreuen und theilen, daß es unmöglich wäre, eines von beyden zu geniessen: wie wenn man von zwey köstlichen Gerichten zugleich essen, oder zweyerley schönen Wein auf einmahl trinken wollte. — eins stört des andern Wirkung. Wenn die Musik wirklich gut ist, und wohl vorgetragen wird, so braucht der Zuhörer von Geschmack keine Nebenreitze, seine Aufmerksamkeit zu stärken.

Son-

(*) Voyage d'un François en Italie vom Hrn. d la Lande. Tom. VI. p. 224. und 3 B. 157. ff. S. des Volkmannischen Uebersetzung.

Sonntags

Ging ich nach St. Rocque den berühmten Balbastre Organisten dieser Kirche, wie auch zu Notre Dame und im Concert spirituel, zu hören. (*) Er hatte mir die Wahl gelassen, ihn in seinem Hause zu besuchen oder zwischen drey und vier Uhr in besagter Kirche auf ihn zu warten. Ich hielt das Leztere für besser, weil ich glaubte, es würde ihm weniger Mühe machen, da er doch ohnedem in der Kirche seyn mußte; allein ich fand, daß man ihn nicht erwartete, und daß er bloß aus Höflichkeit dahin kam. Es war sehr gütig daß er mich mit auf die Orgel nahm, wo ich sowohl sehen als hören konnte. Diese Orgel ist ein erstaunend grosses Werk, und etwa vor zwanzig Jahren gebauet; sie hat vier Manuale und ein Pedal; das Hauptwerk und Rückpositiv können gekuppelt werden; das dritte Clavier ist für die Rohrwerke, und das obere für die Echoregister. Dies Werk thut unten vortreflichen Effekt, oben aber sind die Töne unerträglich schreyend. Herr Balbastre gab sich sehr viel Mühe mich zu unterhalten; er spielte in verschiednen Stylen, indem er den Gesang des Chors begleitete. Als das Magnificat gesungen war, spielte er gleichfals einige Minuten zwischen jedem Verse, Fugen, Imitationen

---

(*) Es sind vier Organisten zu Notre Dame, die ein Vierteljahr ums andre spielen, nemlich Couperin, Balbastre, D'Aquin und Foucquet.

und allerley andere Stücke, sogar Jagdstücke und Giguen, ohne daß die Versammlung, so viel ich merken konnte, im geringsten dadurch befremdet oder beleidigt ward. Beym Prosiren fand ich, daß er den Gesang mit dem Pedale spielte, den er mit dem untern Fingern der linken Hand verdoppelte, und über diese Grundlage spielte er gelehrt und erfindungsvoll. Die Baßstimme war in Semibreven, wie unsere alten Psalmodien geschrieben. Was vom Chore ohne Orgel gesungen wurde, war mit gregorianischen Noten geschrieben.

Nach der Kirche lud Herr Balbastre mich nach seinem Hause, um einen schönen rückerischen Flügel zu sehen, den er inwendig mit eben so feinem Geschmack hatte mahlen lassen, als die schönste Kutsche oder Schnupftobacksdose, die ich irgend zu Paris gesehen habe. Auswärts sieht man die Geburt der Venus, und inwendig auf dem Deckel, die Geschichte von Rameau's berühmtester Oper, Castor und Pollux. Hier sind die Erde, die Hölle und Elysium vorgestellt worden; in dem letztern sitzt dieser berühmte Komponist selbst auf einer Rasenbank, die Leyer in der Hand; das Bildniß ist überaus ähnlich, denn ich sah Rameau im Jahre 1764. Der Ton dieses Instruments hat mehr Zärtlichkeit als Stärke; das Octävchen ist mit Ochsenleder gedämpft, aber sehr angenehm; der Anschlag ist leicht, welches von dem Besiedern kömmt, das in Frankreich immer sehr leicht geschieht.

Herr Balbastre hatte in dem nemlichen Zimmer eine sehr grosse Orgel mit einem Pedalen, dergleichen

chen einem französischen Organisten zur Uebung nöthig seyn kann; sie ist aber für ein Zimmer zu groß
und stark, und die Stimmen sind so lärmend als
die zu St. Roque. Inzwischen gab Herr Balbastre sich alle ersinnliche Mühe mich zu unterhalten, und ich hatte viel Ursache mit seiner Gefälligkeit sowohl, als mit seinem Spielen zufrieden zu
seyn.

Montags, den 18. Julius.

Diesen Abend gieng ich nach St. Gervais, um
Herrn Couperin zu hören, der ein Neffe des berühmten Hoforganisten Ludwigs des funfzehnden
und des Regenten Herzogs von Orleans ist. Da
es die Vigilie, oder der Abend vor dem Feste der
Kirchweih war, so fand ich die Kirche sehr voll.
Herrn Balbastre mit seiner Familie fand ich auch
daselbst. Dieß jährliche Fest ist, wie ich merke,
die rechte Zeit wo die Organisten ihre Talente zeigen können. Herr Couperin begleitete das Te
Deum welches bloß gesungen ward, mit vieler
Geschicklichkeit. Die Zwischenspiele zwischen jedem Verse waren meisterhaft. Er zeigte viele
Abwechselung im Registriren und im Styl, nebst
vieler Gelehrsamkeit und Kenntniß des Instruments,
und Finger die an Stärke und Geläufigkeit jeder
Schwierigkeit gewachsen waren. Er brachte viele
nachdrückliche Gedanken mit beyden Händen oben
im Discante hervor, wozu der Baß mit dem Pedal gespielt ward.

B 4   Herr

Herr Balbastre machte mich nach geendigten Gottesdienste mit Herrn Couperin bekannt. Ich freute mich, daß ich zwey vorzüglich geschickte Männer von einer Profeßion, so offen und freundschaftlich mit einander umgehen sah. Herr Couperin scheint mir zwischen vierzig und funfzig zu seyn. Sein Geschmack ist nicht völlig so modern, als er vielleicht seyn könnte; allein wenn man seinem Alter, dem Geschmacke seiner Nation, etwas zu gut hält und die Veränderungen bedenkt, welche die Musik seit seiner Jugend ausser seinem Vaterlande erlitten hat, so bleibt er immer ein vortreflicher Organist, er hat eine glänzende fertige Ausübung, ist mannigfaltig in seinen Melodien, und meisterhaft in der Modulation.

Es wäre sehr zu wünschen, daß unsre Organisten in England, die Talente und gute Instrumente besitzen, dergleichen gute Gelegenheiten, wie diese jährliche Versammlung, hätten. Dieß würde Nacheiferung erwecken und das Genie anspornen; der Spieler wäre versichert, daß man ihm zuhörte und die Versammlung würde angenehm unterhalten.

Die Orgel zu St. Gervais, welche sehr gut zu seyn schien, ist fast ganz neu, und von eben dem Herrn Cliquart erbauet, von dem die in St. Rocque ist. Das Pedal begreift drey Oktaven. Der Ton des Hauptwerks ist stark, voll und angenehm, wenn man langsam spielt; aber bey geschwinden Stellen ist der Wiederhall in diesem großen Gebäude so laut, daß alles verworren und unbeutlich wird. Der Tonkünstler darf sich bey dem Zwischenspielen sehr weit ausbreiten; nichts ist zu glänzend oder zu ernsthaft, alle Schreibarten finden hier Statt; und obgleich Herr Couperin die wahre sanfte gebundene Manier der Orgel hat, so versuchte er doch oftmals, und zwar nicht ohne Glück, eigentliche Flügelpassagen, scharf abgestoßen, in ungebunden und abgesonderten Noten.

Dienstags, den 19. Julius.

Diesen Tag brachte ich in der königlichen Bibliothek zu. Am

Mittewochen, den 20ten

hörte ich Herren Pagin auf der Geige, in dem Hause der Frau Brillon zu Passy. Sie ist eine der größten Spielerinnen auf dem Clavicymbel. Dieß Frauenzimmer trägt nicht nur die schweresten Stücke mit grosser Genauigkeit, Geschmack und Gefühl vor, sondern spielt auch vortreflich vom Blatte weg. Ich ward davon überzeugt, da ich ihr etwas von meiner Komposition gab, das sie überaus gut wegspielte. Sie setzt auch; und war so gütig, einige von ihren eignen Sonaten, so wohl auf dem Flügel als auf dem Fortepiano zu spielen, wobey Herr Pagin sie begleitete. Ihr Fleiß und Talente sind nicht bloß auf den Flügel eingeschränkt; sie spielt verschiedne andre Instrumente, und kennt die Spielart aller gebräuchlichen, welches ihr, wie sie sagte, nöthig wäre, um nicht unnatürliche oder unmögliche Sachen für dieselben zu setzen. Ausserdem zeichnet und ätzt sie sehr gut, und ist ein sehr vollkommnes und angenehmes Frauenzimmer. Verschiedene berühmte deutsche und italiänische Komponisten, die sich einige Zeit in Frankreich aufgehalten, haben dieser Dame ihre Werke zugeeignet, z. E. Schobert, und Boccherini.

Herr Pagin war ein Schüler von Tartini, und man hält ihn hier für seinen besten Lehrling; er hat viel Ausdruck und ungemeine Leichtigkeit, schwere Stellen herauszubringen; aber ich weiß nicht, ob er sich, weil das Zimmer klein war, nicht angriff, oder woher es kam, genug sein Ton war nicht stark. Er macht nun aus der Musik kein Geschäft mehr; denn er hat eine Stelle bey dem Grafen von Clermont, die ihm jährlich etwa zwey hundert und funfzig Pfund Sterling einbringt. Er hatte die Ehre in dem Concert spirituel ausgezischt zu werden, weil er es wagte im italiänischen Style zu spielen, und deswegen legte er seine Profeßion nieder.

Donnerstag.

Ich hatte die Ehre mit dem Herrn Abbee Arnaud, Mitgliede der Akademie der Inschriften und schönen Künste, Bekanntschaft zu machen.

Sein Umgang bestätigte das, was ich schon aus seinen Schriften geurtheilt hatte, nemlich, daß er nicht nur ein Mann von grosser Gelehrsamkeit, sondern auch von grossem Geschmacke sey. Seine Abhandlung von den griechischen Accenten ist sowohl sinnreich als gründlich; seine Gedanken über die Künste haben so viel Wahrheit und Richtigkeit, daß ein Verstand, der sich will überzeugen lassen, ihnen nicht widerstehen kann. Ich hatte die Ehre, mit diesem Manne verschiedene, die Musik der Alten betreffende Punkte zu untersuchen, und war so glücklich in einigen Meynungen bestärkt und in andern besser unterrichtet zu werden.

In der französischen Komödie fand ich diesen Abend bey der Vorstellung der Supprise de l'Amour und George Dandin viel Vergnügen. Das erstere Stück ist von Marivaux, und ward vortreflich gespielt; das letztere war von Moliere, und nichts als ein Possenspiel voller Narrentheidungen und Unanständigkeiten. Es geht diesem Stücke, wie einigen von Shakespear, der Nahme erhält es noch in Ansehen; denn es wäre sehr bald um die Ehre eines neuern Schriftstellers geschehen, der solche grobe Zoten und Unsinn hervorbrächte: jedoch muß man auch gestehen, daß hie und da selbst in den schlechtesten Stücken von Shakespear, Züge des Genie und starker komischer Witz herrschet, die unsterblich zu seyn verdienen. Preville spielte in beyden Stücken eine Bauernrolle ganz unvergleichlich; seine Laune ist immer leicht und natürlich, und ein allgemeines Lachen ver-

verbreitet sich unter den Zuschauern von dem Augenblicke an, da er auf die Bühne kommt, bis er wieder abtritt. Ich habe bemerkt, daß die Anfangssymphonien und die Musik zwischen den Akten allemahl entweder deutsch oder italiänisch sind; die Franzosen fangen an sich durchgehends ihrer eigenen Musik zu schämen, nur nicht in der ernsthaften Oper, und diese Veränderung ihrer Neigung ist, wie es scheint, durch Rousseau's vortrefliche Lettre sur la Musique françoise hervorgebracht worden.

Freytag.

Heute besuchte ich den Abbee Roußier und hatte eine lange Unterredung über die alte Musik mit ihm. Seine Abhandlung über diese Materie, welche eben herausgekommen war, hat ihm hier einen grossen Ruhm erworben. Er scheint in der Progression triple den wahren Grund aller griechischen Systeme gefunden zu haben. (*) Ich übernahm es auf sein Verlangen, zwey Exemplare seiner Schrift nach Bologna mitzunehmen, das eine an den Pater Martini, das andere für das Institut.

Heute fand ich beym Mittagsessen den Abbee Arnaud; Herr Gretry und der berühmte genfische Mahler, Liotard, waren mit von der Gesellschaft. Herr Gretry der beste, und itzt der mo-

---

(*) Memoire sur la Musique des Anciens. Paris. 1770.

mobigste Komponist für die komische Oper, hat acht Jahre in Italien gelebt, und ist Verfasser der Lucile, des Tableau parlant und des Huron, (*) lauter Stücke die grossen Beyfall erhalten haben. Da ich sie weder gesehn noch gehört habe, so will ich nicht bestimmen, mit wie vielem Rechte; doch nach der Beschreibung die mir Leute von gutem Geschmacke und gesundem Urtheile davon gemacht haben, erwarte ich etwas vortrefliches. Der Verfasser ist ein junger Mann, und hat ein angenehmes Ansehen und Betragen. Er bat mich, einen Brief an den Pater Martini mitzunehmen, bey dem er in Bologna studiert hat.

Es wird vielleicht nicht unrecht seyn, hier zu bemerken, daß Herr Gretry ein junger lyrischer Komponist, bey Gelegenheit einer Unterredung über die lyrischen Gedichte, welche er in Musik setzen mußte, mit mir völlig einerley Meynung war, und behauptete, daß es in Frankreich und anderwärts noch viele Dichter gäbe, die sehr schöne Verse voller Witz, Erfindung und Ausdruck der Leidenschaften machten, die sich vortreflich lesen ließen, aber sehr schlecht zur Komposition eingerichtet wären; und vielleicht mögte man sich unterstehen zu behaupten, daß unter allen geistreichen und schönen Dichtern unsrer Zeit, Meta=

(*) Seitdem hat er auch Silvain, les deux Avares 1770 und l'amitie à l'epreuve, wie auch Azor. 1771 gesetzt. Le Tableau parlant ist in Partitur heraus.

taſtaſio der beſte und beynahe einzige lyriſche Poet ſey. (*)

Eine für die Muſik geſetzte Arie ſollte nur aus einem Gegenſtande oder einer Leidenſchaft beſtehen, die in ſo wenigen und ſo ſanften Worten, als möglich, ausgedrückt wäre. Seit der Verfeinerung der Melodie, und der Abſonderung der Recitative können in einer Arie, die den Inhalt einer Scene wiederhohlt, erläutert oder mit Nachdruck beſchließt, weder epigramatiſcher Witz, noch eine Reihe mannigfaltiger Gedanken oder lautſchallende Metaphern Statt finden. Wenn der Dichter das geringſte Mitleiden mit dem Komponiſten oder einige Liebe zur Muſik hat, wenn er wünſcht auch nur einige Gelegenheit zur Symmetrie in der Melodie ſeiner Arien zu geben: ſo wiederhohle ich es, muß der Gedanke nur ein einziger und der Ausdruck ſo leicht und lakoniſch ſeyn, als möglich iſt. In unſern Arien hingegen bringt jede Zeile einen neuen Gedanken herbey; ſo daß der Komponiſt, wenn er mehr für die Ehre des Dichters, als für ſeine eigene beſorgt iſt, bey jeder Zeile ein neues Thema anbringen oder dem Dichter zuwider arbeiten muß: beydes aber iſt unerträglich. (**)

Die

(*) Unter einem lyriſchen Poeten wird hier, einer der für die Muſik ſchreibt, verſtanden.

(**) Dieß alles iſt weitläuftiger in des ſeel. Advokat Krauſens zu Berlin Abhandlung von der muſikaliſchen Poeſie, Berlin 1752. ausgeführt. Vergl. Des Grafen von C** Eſſai ſur l'union de la Poeſie et de la Muſique. Paris 1765, und deſſelben Obſervations ſur un Ouvrage nouveau, intitulé: Traité de Melodrame. Paris. 1771.

Die Leidenschaft in einer Arie kann nur durch wiederhohlte Eindrücke ans Herz bringen; und die rührendste Musik von allen ist vermuthlich die, wo ein schöner Gedanke geschickt wiederhohlt wird, und wo man auf eine einsichtsvolle Weise zu dem Thema zurückkehret, in dem es noch immer in unserm Gedächtniß schwebt und die Nerven des Gehörs noch davon erzittern. Dieß kann zu weit getrieben werden, und geschieht ohne Zweifel oftmals, aber nicht von Männern, die wirklich Genie und Geschmack besitzen.

Den Abend vor meiner Abreise aus Paris, besuchte ich die italiänische Schaubühne, und die Operette. On ne s'avise jamais de tour (*) und den Huron zu hören. Der Huron ist ein unterhaltendes aus Voltärens Ingenu genommenes Drama. Die Musik von Gretry hat viel artiges und sinnreiches, völlig in den buon gusto Italiens; welches mich überzeugte, daß dieser Tonkünstler nicht umsonst acht Jahre in diesem Lande zugebracht habe. Doch konnte ich nicht umhin, zu bemerken, daß unsere jungen Komponisten in England, die ausdrücklich die italiänische Musik nachahmen wollen, weit seltener in die bloß englische Musik verfallen, als Herr Gretry in die französische; denn einige von seinen Melodien sind durchaus französisch. Allein es scheint, die Ursache

(*) Die Musik ist von Moncigny und hätte nebst andern seiner Kompositionen verdient, umständlicher erwähnt zu werden.

ſache davon ſey leicht zu finden: in Frankreich gibt es keine ächte italiäniſche Opern, weder ernſthafte noch komiſche. Daher kann man von England, wo wir beydes in ſeiner Vollkommenheit, in italiäniſcher Sprache, von Italiänern geſetzt und vorgeſtellt ſehen, behaupten, daß es eine beſſere Schule junger Komponiſten ſey, als Frankreich; wenigſtens wird ſein Geſchmack, wenn er ihn ſchon nach dem italiäniſchen gebildet hat, nicht ſo leicht in einem Lande verderbt oder verſchlimmert werden, wo man viel guten Geſang hört, als in einem andern, wovon man ohne Ungerechtigkeit behaupten kann, daß man ihn niemals auf der Bühne antrift.

Lyon.

Weil dieſer Ort ſo nahe an Italien gränzt, ſo hätte man natürlicher Weiſe ſchlieſſen ſollen, daß hier der muſikaliſche Geſchmack mehr italiäniſches an ſich genommen habe, als zu Paris; aber ich fand gerade das Gegentheil, was zu Paris ſchlecht iſt, iſt hier noch ſchlimmer. Auf dem Theater, welches recht artig iſt, hörte ich ein abſcheuliches Geſinge: inzwiſchen unterhielt mich eine italiäniſche Familie auf dem Koffeehauſe, welche ſich gewiß in Italien nur auf der Gaſſe dürfte hören laſſen, deren Muſik aber hier ſehr reitzend war. Der Vater ſpielte die erſte Geige und zwar mit vielem Feuer, die zwepte, und das Violonſchell ſpielten ſeine beyden Söhne; die Singſtimme übernahmen

ſeine

ſeine zwo Töchter, die eins ums andere Arien und Duetten ſangen. Die Wirthinn verlangte nichts dafür, als daß man etwas verzehrte; die beyden Mädchen giengen mit einem Teller herum und ſammleten was die Freygebigkeit der neuhinzugekommenen, ihnen mittheilte; allein dieß mochte, wenn man nach der Aufmerckſamkeit der Zuhörer auf die Muſik urtheilen ſoll, ſehr wenig ſeyn; denn nie habe ich unter den geſchwätzigſten alten Weibern, ſo ein unaufhörliches Geſchwätz gehört, als die Geſellſchaft, nicht die Zuhörer hier, während der ſchönſten Stücke die geſpielt wurden, machten.

Der erſte Violinniſt dieſer Stadt iſt ein alter Venetianer, Sgr. Carminati, einer von Tartini's älteſten Schülern. Der vornehmſte Clavicembaliſt aber iſt Sgr. Leoni. Beyde ſind hier lange genug geweſen, um ſich nach der Muſik und dem Geſchmacke dieſes Landes etwas umzuformen.

Ich gieng zweymahl nach der Kathedralkirche des h. Johannes, um den plain chant à la Romaine zu hören, und fand ſowohl die Muſik, als die Kirche ſo ſimpel und ohne allen Zierrath von Gemälden, Statuen, Harmonie und Geſchmack, als ich je in einer proteſtantiſchen Kirche gefunden habe. Die Domherrn, welche hier alle Comtes genannt werden, die Canonici nebſt vier und zwanzig Chorknaben, ſangen alle im Einklange ohne Orgel oder Bücher.

Genf.

Genf.

Man hat nur wenig Gelegenheit an diesem Orte Musik zu hören, weil hier keine Schauspiele erlaubt sind; auch giebt es keine Orgeln in den Kirchen, ausgenommen in zweyen, die nur nach der alten Orthodoxie Johann Calvins bey den Psalmen gebraucht werden. Jedoch ist Herr Fritz, ein vortreflicher Violinspieler und guter Kompoist für dieß Instrument, noch immer am Leben; er hat hier an die dreißig Jahre gewohnt, und ist allen englischen Freunden der Musik, die während der Zeit Genf besucht haben, wohl bekannt. Er hat in seiner Jugend, zu Turin unter Somis studiert. Ich besuchte ihn in einem Landhause, etwa eine englische Meile von der Stadt. Er ist ein hagerer alter Mann, mit dem ich bald bekannt ward. Er war so gefällig, mir eins von seinen Solos vorzuspielen, welches zwar sehr schwer, aber dennoch gefällig war. Ungeachtet er an die siebenzig Jahr alt seyn muß, so spielt er doch mit eben so viel Eifer als ein Jüngling von fünf und zwanzig. Sein Bogenstrich und Ausdruck sind bewundernswürdig schön; und er muß selbst ein wahrer Liebhaber der Musik seyn, da er so gut sich in der Uebung erhält, ungeachtet er so wenig Gelegenheit hat, seine Talente zu zeigen und gehörig dafür belohnet zu werden. Er ist im Begriff sechs Symphonien auf Subscription heraus zu geben.

Ausser

Auſſer Herrn Fritz (*) im Practiſchen hat Genf noch einen vortreflichen Theoretiker, Herrn Serre, der zugleich ein vorzüglich guter Miniaturmaler iſt. Man hat von ihm einige gelehrte und ſinnreiche Abhandlungen über die Theorie der Harmonie. (**) Ich hatte das Vergnügen, mich mit ihm über dieſe Materie zu unterreden, und ihm den Plan meiner künftigen Geſchichte der Muſik mitzutheilen. Man hält ihn für einen grundgelehrten Mann in der muſikaliſchen Wiſſenſchaft. Mein Beſuch ſchien ihm nicht unangenehm, er erwiederte ihn denſelben Abend, nahm vielen Antheil an meinem Vorhaben und ſchien ernſtlich die Ausführung deſſelben zu wünſchen.

Mein Beſuch bey Herrn Fritz vernichtete einen Plan, den ich gemacht hatte, Herrn von Voltaire zu der Zeit mit einigen andern Freunden, die nach Ferney giengen, zu beſuchen. Allein die Wahrheit zu ſagen, ich fragte nicht viel darnach, mit dieſen Leuten zu gehen, die nur durch einen Buch-

C 2 führer

(*) Dieſem vortreflichen Virtuoſen erwies man vor einigen als er zu Paris war, eben die Ehre im Concert ſpirituel, welche Hr. Pagin genoß.

(**) Eſſais ſur les Principes de l'Harmonie. Paris, 1753. und Obſervations ſur les Principes de l'harmonie, occaſionées par quelques écrits modernes ſur ce ſujet & particulierement par l'article Fondamentale de Mr. d'Alembert dans l'Encyclopédie, le Traité de Theorie muſicale de Mr. Tartini & le Guide harmonique de Mr. Geminiani. à Geneve, 1763.

führer bey ihm eingeführet wurden, sowohl weil der Besuch bey Herrn Fritz mehr meines Amts war, als auch, weil ich gehört hatte, daß einige Engländer vor kurzem von dem Herrn von Voltaire waren übel aufgenommen worden, indem sie ohne Empfehlungsschreiben oder andere gültige Addresse zu ihm kamen. Er fragte sie, was ihnen beliebte? Als sie zur Antwort gaben, sie wünschten nur einen so ausserordentlichen Mann zu sehen, so sagte er — „Gut, meine Herren, so „sehen sie mich izt — hielten sie mich für ein wil„des Thier oder für ein Ungeheuer, daß nur dazu „diente, zur Schau gestellt und begaffet zu werden?„ Diese Geschichte schrekte mich sehr ab; denn weil ich gar nicht, weder bey meiner Abreise von London noch von Paris die Absicht hatte, nach Genf zu gehen, so war ich ohne alle Empfehlungsschreiben an ihn: inzwischen entschloß ich mich seinen Aufenthalt zu sehen, welche ich für

Cette maison d'Aristippe, ces jardins d'Epicure,

hielt, wohin er sich 1755 begab; aber ich irrte mich. Ich fuhr allein dahin, nachdem ich Herrn Fritz verlassen hatte. Sein Landguth liegt drey oder vier englische Meilen von Genf, aber nah am See. Ich nahte mich ihm mit Ehrfurcht und einer sehr sorgfältigen Neugierde. Ich erkundigte mich, wenn ich zuerst sein Gebiet beträte;

ich

Ich hatte auch einen recht gesprächigen Postillion, der mir auf meine Fragen ungemein gut zu antworten wußte. Dieß Landguth ist sehr groß, und er hat artige Bauerhäuser darauf angelegt. Er hat auf der Seite von Genf einen vierseitigen Galgen zum Beweise daß er der Seigneur ist, errichten lassen. Einer von seinen Meyerhöfen oder vielmehr Manufakturgebäuden (denn er legt eine Manufaktur auf seinem Gute an) war so schön, daß ich dachte, es wäre sein Schloß. Wir fuhren durch eine reizende Gegend voller Kornfelder und Weinberge nach Ferney; der Genfersee und die Gebirge von Gex, Helvetien und Savoyen lagen uns im Gesichte. Zur linken Hand, nahe an dem Schlosse, findet man eine niedliche Kapelle mit dieser Inschrift.

DEO
EREXIT
VOLTAIRE
MDCCLXI.

Herren von Voltaire gab bey Erbauung dieser Kapelle eine sonderbare Ursache an, warum er dieß darüber setzen ließ. Es sey endlich einmahl Zeit, sagte er, Gott eine Kirche zu weihen, nachdem den Heiligen so viele wären geweihet worden.

Ich ließ fragen, ob es einem Fremden erlaubt sey, das Landhaus und die Gärten zu besehen,

und

und erhielt Ja zur Antwort. Ein Bedienter kam bald darauf und führte mich in das Kabinet wo sein Herr eben geschrieben hatte, welches sonst niemanden gezeigt wird, wenn er zu Hause ist; weil er aber spatzieren gegangen war, so erhielt ich die Freyheit. Von da gieng ich in die Bibliothek, welche zwar eben nicht groß, aber ausgesucht ist. Ich fand hier eine marmorne Statue die ihn selbst in Lebensgrösse vorstellte, und an ein Fenster gelehnet, stand. Ausserdem waren viele Merkwürdigkeiten in einem andern Zimmer; ein Bruststück ihn selbst vorstellend, welches etwa vor zwey Jahren gemacht war; Die Bildnisse seiner Mutter, seiner Nichte der Madenwiselle Denis, seines Bruders Herrn Dupuis, die Familie Calas u. a. m. Es ist ein niedliches feines Gebäude, nicht sehr groß, und auch ohne gesuchte Verzierungen. Ich hätte oben bemerken sollen, daß gleich neben der Kapelle, zwischen derselben und dem Hause, das Theater ist, welches er vor einigen Jahren bauen lassen, und wo er seinen Freunden einige von seinen Trauerspielen vorstellen ließ. Itzt wird es bloß zu einem Behältniß von Holz und altem Hausrath, gebraucht, indem seit vier Jahren keine Schauspiele mehr, darin gespielt worden. Der Bediente sagte mir, sein Herr sey acht und siebenzig Jahr alt, aber noch ganz munter. Il travaille, sagte er, pendant dix heures chaque jour. Er studiert täglich zehn Stunden; schreibt beständig ohne
Brille,

Brille, und geht oft, bloß von einem Bedienten begleitet, eine oder gar zwo (französische) Meilen. „Et le voilà, là bas.„

Er besuchte seine Arbeiter. Mein Herz schlug mir bey dem Anblicke eines so ausserordentlichen Mannes. Er kam eben zum Garten heraus, und ging quer über den Hof vor seinem Hause. Da er meine Kutsche, und mich im Begriffe sah hinein zu steigen, so winkte er seinem Bedienten der mein Cicerone gewesen war, zu ihm zu kommen, um, wie ich glaube zu fragen, wer ich wäre. Nachdem sie ein paar Worte mit einander geredet hatten, näherte er sich dem Orte, wo ich unbeweglich stund, seine Person so viel möglich wenn er von mir wegsah, zu betrachten; allein als ich sah, daß er auf mich zu gieng, so fühlte ich, daß eine unwiderstehliche Macht mich zu ihm hinzog, und ohne zu wissen was ich that, eilte ich ihm auf den halben Weg entgegen. Es ist schwer zu begreifen, wie ein Mensch in einer Gestalt, die beynahe bloß aus Haut und Knochen besteht, wie Herr von Voltaire, das Leben haben könne. Er klagte über sein abgelebtes Alter, und meynte, ich wäre vielleicht neugierig, einen Menschen zu sehen, der am Rande des Grabes stünde. Doch sind seine Augen und sein ganzes Gesicht noch immer voller Feuer; und so hager es war, so konnte man sich doch keine lebhaftere Züge denken. Er fragte nach Neuigkeiten aus England, und bemerkte daß die poetischen Zänkereyen den politischen Platz gemacht hätten; aber er glaubte daß der Partheygeist in der Poeste so nöthig sey, als in der Politik. „Les querelles „d'auteurs sont pour le bien de la littera-„ture, comme dans un gouvernement „libre les querelles des grands & les „clameurs des petits sont necessaires à la „liberté. (*) „Wenn die Kritiker ruhig sind, „sezte er hinzu, so ist das nicht so wohl ein Beweis „von der Vollkomenheit und dem richtigen Geschma-„cke der Zeiten, als von ihrer Dumheit.„ Er fragte mich, was wir izt für Dichter hätten, und ich nannte ihm Mason und Gray. Sie schreiben aber nur wenig, erwiederte er, und es scheint, die Engländer haben keinen mehr, der es Dryden, Pope und Swift zuvor thäte. Ich sagte ihm, es sey vielleicht einer von den Nachtheilen, welche die kritischen Monathsschriften, so gut sie auch immer wären, begleiteten, daß sie oft das bescheidene Genie zum Stillschweigen brächten, unterdeß daß unverschämte Dumköpfe hartnäckig und fühllos, die Geissel der Kritik verlachten; Gray sowohl als Mason wären von mechanischen Kunstrichtern, sogar in den Zeitungen auf eine unanständige Weise mitgenommen worden; und, wie ich glaubte, möchte wohl Bescheidenheit und Liebe zur Ruhe bey diesen

(*) Die Streitigkeiten der Schriftsteller sind den Wissenschaften sehr vortheilhaft, so wie in einer Republik die Zänkereyen der Grossen und das Geschrey des gemeinen Volks zur Freyheit nothwendig sind.

sen Männern das Uebergewicht über ihre Ruhmbe-
gierde gewonnen haben. Während dieser Unterredung waren wir den Gebäuden näher gekommen, welche er an dem Wege zu seinem chateau
errichten ließ. Dieß, sagte er, indem er darauf
zeigte, sind die unschuldigsten und vielleicht die
nützlichsten von allen meinen Werken. Ich erwiederte, man habe von ihm andre Werke, die
von weit allgemeiner Brauchbarkeit und unsterb-
licher wären, als diese. Er war so gefällig mir
verschiedene Bauerhäuser, die er angelegt hatte, und
die Plane von einigen andern zu zeigen. Hierauf
empfohl ich mich, aus Furcht seine Geschäfte zu
unterbrechen; denn ich wollte ungern der Welt
etwas so kostbares rauben, als ihr die wenigen übrigen Augenblicke dieses grossen und allgemeinen
Genies seyn müssen.

Turin.

Wenn man bey dem ersten Eintritte in Italien
so viel Unterhaltendes fände, als zu Rom und
Neapel, so würden die Reisenden meistentheils
bald Halte machen wollen; allein sie finden, daß die
Merkwürdigkeiten der Natur und Kunst, immer
häufiger und anziehender werden, je mehr sie sich
diesen Hauptstädten nähern.

Turin (*) ist jedoch eine sehr schöne Stadt, ob sie
gleich vielen andern, in Ansehung der Alterthümer, der Merkwürdigkeiten der Natur, und der Zahl
ihrer Künstler weichen muß.

(*) Vergl. Volkmanns Nachr. von Ital. 1 Theil. S. 163.

Die Sprache ist hier halb Französisch halb Italiänisch, doch beydes verderbt. Dieß kann man von der Musik nicht sagen, denn Turin hat einen Giardini hervorgebracht, und noch itzt sind hier die beyden Besozzi's, und Pugnani, ausser dem berühmten Grafen von Benevento, der ein grosser Geiger ist; alle, ausgenommen der Graf, sind in Diensten des Königs von Sardinien. Ihr Gehalt ist jährlich nicht über achtzig Guineen für einen jeden, wofür sie die Kapellmusik des Königs besorgen; allein dieser Dienst wird ihnen dadurch sehr erleichtert, daß sie nur Solos daselbst spielen, und zwar wenn es ihnen beliebt. Der Kapellmeister ist Don Quirico Gasparini. In der Kapelle wird gewöhnlich alle Morgen zwischen eilf und zwölf Uhr eine Symphonie gespielt. Die königlichen Musiker sind dabey in drey Orchester vertheilt und auf drey verschiedene Emporkirchen gestellt. Ungeachtet sie so weit von einander entfernt stehen, so sind sie ihrer Sache doch so gewiß, daß man hier gar keinen eigenen Taktschläger nöthig hat, wie in der Oper oder im Concert spirituel zu Paris. Der König, die königliche Familie und die ganze Stadt scheinen die Messe sehr ordentlich zu besuchen; und sie verrichten ihre Andacht sehr stille während der Symphonie unter der Messa bassa. (*) An den Festtagen spielt

Pug=

(*) Der Morgengottesdienst in dieser Kirche heißt hier Messa bassa (die stille Messe) weil der Priester sie mit so leiser lispelnder Stimme liest, daß man sie vor den Instrumenten nicht hören kann.

Pugnani oder einer von den Bezozzi's ein Solo; zuweilen werden auch wohl Motteten mit Singestimmen aufgeführt. Die Orgel ist auf der Emporkirche, die dem Könige gegenüber liegt, angelegt, und hier hat der erste Geiger seinen Platz.

Die ernsthafte Oper nimmt hier den sechsten Jänner, an des Königs Geburtstage ihren Anfang, und wird täglich, des Freytags ausgenommen, bis zu der Fastenzeit, oder wie man hier spricht, dem Carnivale, gespielt. Hier ist ein vortreflicher Tenorist, Signor Orrane, der mit Geschmack und sehr gefällig singt. Er war so gütig, mir zwey oder drey Arien, in verschiedenen Schreibarten vorzusingen, welche bewiesen, daß er Meister in seiner Kunst war. Er ist gleichfals in der Mahlerey, in Claude Lorrains und Vernets Manier, sehr geschickt, und wird zuweilen von Sr. sardinischen Majestät als Mahler gebraucht. Im October kömmt gewöhnlich eine Gesellschaft von komischen Operisten hieher, und bleibt bis Weihnachten. Sie spielt auf dem kleinen Theater, wo während des Sommers, eine Gesellschaft von Buffo-Komödianten alle Abende, den Freytag ausgenommen, una farsa fatta da ridere, und un intermezzo in musica a quattro voci, (*) aufführet. Dies währt so lange bis die komischen Opern anfangen. Ich gieng den Abend nach meiner Ankunft dahin; es

war

(*) Ein Farse zum Lachen, und ein musikalisches Zwischenspiel von vier Personen.

war nicht viel Gesellschaft da; die Logen oder Palchetti, sind alle auf ein Jahr lang vermiethet, daß also die Fremden nur im Parterre Platz finden können, welches jedoch weit bequemer ist, als das Parterre zu Paris, wo die Zuschauer den ganzen Abend stehen müssen; und selbst besser als das Londonsche, wo man zu sehr gedrängt wird. Hier sind Lehnen an den Bänken, welches von doppeltem Nutzen ist, indem sie das Gedränge hinter uns zurück halten, und denen die sitzen zur Bequemlichkeit dienen. Dies Theater ist nicht so groß als das zu Lyon, aber sehr schön, und kann eine Menge Zuschauer fassen. Es ist von länglichter Form, mit abgerundeten Ecken. Gallerien sind gar nicht darinnen, aber fünf Reihen Logen über einander, vier und zwanzig in jeder Reihe. Da jede Loge sechs Personen fassen kann, so gehen überhaupt siebenhundert und zwanzig hinein; Theaterlogen sind nur zwey. Die Farße leistete wirklich, was der Titel versprach, nur die Erregung des Lachens fehlte. Das Intermezzo war nicht schlecht; die Musik schön, obgleich alt; der Gesang für Italien sehr mittelmäßig, für Frankreich aber, wäre er sehr gut gewesen. Doch muß ich gestehen, daß die komischen Opern der Franzosen, als Drama betrachtet, die Italiänischen weit übertreffen; man nehme den Französischen die Musik, so werden noch immer gute Komödien übrig bleiben, allein ohne Musik würden die Italiänischen unerträglich seyn. Es

waren

waren vier Personen in diesem Zwischenspiele; die beyden Frauenzimmerrollen wurden gerade leiblich vorgestellt. Von den Mannspersonen ließ sich das nicht einmal behaupten; keiner von ihnen hätte in London gefallen. Die Italiäner selbst halten von diesen Vorstellungen eben nicht viel; sie reden die ganze Zeit hindurch und hören selten zu, etwa eine oder zwey Favoritarien im ganzen Stücke ausgenommen; (*) bloß die beyden, welche man beklatschte, mußten noch einmal gesungen werden. Ich bemerkte dabey, daß die Schauspieler es für keine so grosse Ehre halten, beklatscht zu werden, als bey uns in England; wo, sobald eine Hand sich regt, alle Täuschung, durch eine Verbeugung oder Knix der spielenden Person, aufgehoben wird, die einen König, eine Königinn, oder sonst einen Grossen vorstellt, die gewöhnlich im Gefühl ihres Unglücks, oder sonst von einer heftigen Leidenschaft bewegt, von der Bühne treten. Wenn Garrik in einer von seinen Hauptrollen, sich einer so erniedrigenden Gewohnheit unterwerfen wollte, so geschähe es gewiß auf Kosten der Zuschauer, die alle Augenblick erführen, daß sie nicht König Lear, Richard, oder

---

(*) Ich werde noch oftmals des Lärms und der Unaufmerksamkeit bey den musikalischen Schauspielen in Italien Erwähnung thun müssen; allein die Musik ist dort wohlfeil und gewöhnlich, dahingegen sie in England eine kostbare fremde Waare, und in höherem Werthe ist.

oder Macbeth vor sich sähen, sondern Herrn Garrik.

Freytag, den 13ten.

Heute früh besuchte ich die beyden Herren Begozzi's, deren Talente allen musikalischen Reisenden von Geschmacke so bekannt sind. Ihre beständige und ununterbrochene Zuneigung gegen einander ist so merkwürdig, als ihre Kunst. Sie sind Brüder; der älteste ist siebenzig und der jüngste beynahe sechszig alt. Sie haben so viel idem velle & idem nolle an sich, daß sie von je her mit einander in der größten Harmonie und Liebe gelebt haben; sie treiben die Uebereinstimmung ihres Geschmacks so weit, daß sie sich auch aufs genaueste bis auf Knöpfe und Schnallen gleich kleiden. Sie sind unverheyrathet, und haben so lange und so freundschaftlich mit einander gelebt, daß man hieselbst glaubt, wenn der eine stürbe, so würde der andere ihn nicht lange überleben. Ich ward auf eine leichte und angenehme Art bey diesen vortreflichen Virtuosen eingeführt, weil mir Herr Giardini einen Brief mitgegeben hatte, der mir die Verlegenheit ersparte, sie nach einer so kurzen Bekanntschaft zu bitten, mir etwas vorzuspielen, indem er ihnen geschrieben hatte, wie sehr sie mich durch diese Gefälligkeit verbinden würden. Der älteste spielt die Hoboe, und der jüngste den Basson, welches Instrument die Tonleiter der Hoboe fortsetzt und eigentlich der Baß

dazu

dazu ist. Ihre Komposition besteht gewöhnlich aus einzelnen auserlesenen Passagen, die aber so vollkommen ausgearbeitet sind, daß, gleichwie in den auserlesenen Gedanken oder Maximen aus der Gelehrsamkeit, jede nicht ein Fragment, sondern ein Ganzes ausmacht. Diese Stücke sind vornehmlich dazu eingerichtet, die Stärke bey den Virtuosen zu zeigen; aber es ist schwer, ihre Art des Vortrags zu beschreiben. Ihre gedruckten Kompositionen geben nur einen unvollkommnen Begriff davon. So viel Ausdruck! so viel Zärtlichkeit! so eine vollkommene Vereinigung und Uebereinstimmung unter einander, daß viele Stellen herzinnige, durch ein und dasselbe Rohr ausgehauchte Seufzer zu seyn scheinen. Sie suchen keine glänzende Ausführung, alle Noten sind voll Nachdruck. Die Nachahmungen sind genau; die Melodie unter beyde Instrumente fein gleich vertheilt, jedes forte, piano, crescendo, und jede appoggiatura wird mit der sorgfältigsten Genauigkeit beobachtet; welches alles nur durch einen so langen Aufenthalt bey einander und durch vereintes Studieren konnte erhalten werden. Der älteste hat einen von seinen untern Vorderzähnen verlohren, und klagte, daß er alt werde; und es ist natürlich, daß beyde ehemals noch besser müssen gespielt haben; dennoch war es für mich, da ich sie zum erstenmale hörte, ein reizendes Vergnügen. Wenn bey einer so vorzüglichen Ausführung irgend ein Fehler wäre,

so

so läge er in der gleichen Vollkommenheit bey der Stimmen, welche die Aufmerksamkeit zerstreuet und es unmöglich macht, einem jeden zuzuhören, wenn sie beyde verschiedene Melodien von gleicher Schönheit haben.

Sie sind beyde zu Parma gebohren, und an die vierzig Jahre in Diensten des Königs von Sardinien gewesen, ohne jemals, eine kurze Ausflucht nach Paris ausgenommen, Italien verlassen zu haben. Ja sie haben sogar niemals Turin verlassen, als bey Gelegenheit jener Reise, und einer andern in ihr Vaterland. Sie leben sehr mäßig und ordentlich, und ihre zeitlichen Umstände sind recht gut; sie haben ein Haus in der Stadt und eins ausser derselben auf dem Lande. In dem erstern findet man sehr gute Gemählde, vornehmlich eins von Ludewig Carraccio, welches alle Stücke dieses Künstlers übertrift, die ich je gesehen habe.

Nach diesem Besuche hörte ich ein vollstimmiges Stück, welches in der Königlichen Kapelle aufgeführt ward, und besah darauf das grosse Opernhaus, welches für eins der schönsten in Europa gehalten wird. Es ist sehr gross und schön; das Maschienenwerk und die Theaterverzierungen sind prächtig. Man führte mich allenthalben herum, sogar in des Schneiders Werkstatt. Es sind hier sechs Reihen Logen, ausser dem Parterre, die aber grösser und tiefer sind, als die in dem andern Theater. Der König giebt
die

die meisten Unkosten dazu her. Wer Logen auf die Theaterzeit hat, bezahlt als eine Art von Abgabe nur zwey oder drey Guineen; denn an der Thüre wird nur von denjenigen bezahlt, die ins Parterre gehn.

Die herum reisenden Musikanten, welche man in England ballad singers und fidlers nennt, spielen zu Turin in Concerten mit. Eine solche Bande welche aus zwey Sängerinnen, einem Zitterspieler, zwey Violinisten und einem Violoncellisten bestund, die in der That schlecht genung, obgleich besser als unsre Bierfiedler waren, kam in das Wirthshaus la bonne femme. Die Sängerinnen, sungen zwey Duetten ziemlich confest, und wurden von der ganzen Bande begleitet. Des Abends spielten eben diese Leute auf einem Theater auf dem grand place oder Markte, wo sie ihre Lieder wie unsere Quacksalber ihre Arcana, aber mit weit geringerem Schaden der menschlichen Gesellschaft, verkauften. Auf einem andern Theater auf diesem Markte, sang ein Mann und eine Frau zweystimmige venetianische Lieder, wobey sie von einem Hackbrette begleitet wurden.

Sonnabend, den 14ten

Pugnani spielte heute früh ein Concert in der königlichen Kapelle, welche diesmahl sehr voll war. Sie ist eine schöne Rotunda, von schwarzem Marmor, und sehr gut für die Musik gebaut, indem sie sehr hoch und gewölbt ist.

Ich

Ich brauche von Pugnani's Spielen nichts zu sagen, da seine Talente in England bekannt genug sind. Ich will nur bemerken, daß er sich nicht sonderliche Mühe zu geben schien; und darüber muß man sich nicht wundern, da weder der König, noch jemand von der zahlreichen königlichen Familie, sehr auf die Musik zu achten schienen. Es herscht ein finsteres Einerley an diesem Hofe, das in täglicher Wiederhohlung der Aufmerkungen und der Andachtsübungen besteht.

Herr Barerti nahm mich in Betracht eines Briefes von seinem Bruder in London, sehr gütig auf, und gab sich viele Mühe mir während meines Aufenthalts in Turin nützlich zu seyn; er war dieß vorzüglich, indem er mich bey dem Pater Beccaria einführte, für welchen ich, gleich beym ersten Anblicke, die größte Achtung und Ehrerbietung empfand. Er ist nicht über vierzig Jahr; groß und wohlgewachsen, hat etwas offenes, natürliches, einsichtsvolles und gütiges in seinem Gesichte, das einen gleich für ihn einnimmt. Wir unterredeten uns viel über die Elektricität, D. Franklin, D. Priestly und andere. Er war so gütig, da er fand, daß ich ein amateur war (welches man eigentlich durch Pfuscher übersetzen sollte) mir sein letztes Werk (*) und einen Auszug aus dem Memoire welches er neulich der Königlichen Societät zu London übersandt hat, zu schenken.

(*) Experimenta, atque Observationes, quibus Electricitas vindex late constituitur atque explicatur. Taurini 1769.

schenken. Er schrieb auch in mein Taschenbuch eine Empfehlung für mich an Mad. Laura Bassi, diese berühmte Dottoressa und Akademistin zu Bologna; schlug mir einige Bücher vor, und war überhaupt auf eine so ungekünstelte Art gütig gegen mich, daß ich mich dieses Besuchs allezeit mit Vergnügen erinnern werde. Herr Martin ein bekannter Wechselhändler hieselbst, kam nach mir zu dem Pater Beccaria; und dieser grosse Mathematiker war so wenig mit Angelegenheiten der Welt, vornehmlich mit Geldsachen bekannt, daß er über die Gutherzigkeit und das Neue was er an einem Creditbriefe fand, ungemein erstaunt und vergnügt ward. Als Herr Martin in seiner Gegenwart den meinigen ansah, um meine fernere Addresse zu wissen, so konnte dieser gute Pater kaum begreiffen, wie dieser Brief durch ganz Italien baar Geld seyn könnte.

Er trug mir Complimente an den Pater Bosco- wich nach Mayland und Pater Martini zu Bologna auf, und ich verließ meine Bekanntschaft mit der größten Ehrfurcht und Neigung gegen ihn. Ich muß noch eines Umstandes von diesem grossen Manne erwähnen, welchen mir Herr Bareteri erzählte, nehmlich: daß er aus eigner Wahl sechs Treppen hoch bey seinem Observatorium, unter seinen Maschinen und mathematischen Instrumenten wohnt; und daß er daselbst alles für sich selbst besorgt, ja so gar sein Bette macht, und seinen Tisch deckt.

d. Ich besah die Universitäts= oder königliche Bibliothek, welche über fünfzigtausend Bücher und viele Manuscripte enthält, wovon der Catalogus allein zwey Foliobände ausfüllt. Man hat freyen Zutritt zu diesen Büchern, so wohl Vormittags als Nachmittags, die Festtage ausgenommen. Der Bibliothekar Herr Grela, war wegen Hrn. Baretti's Empfehlung sehr gütig gegen mich und zeigte mir verschiedene von den ältesten Manuscripten.

Bey meinen musikalischen Nachforschungen zu Turin ward David Rizio nicht vergessen; der aus dieser Stadt gebürtig und eines hiesigen Muskers Sohn war. Ich glaubte die alte bekannte Frage, ob David Rizio der Verfasser der schottischen Melodien sey, die man ihm beylegt, entscheiden zu können, wenn ich einige Musik finden könnte, die einen von beyden, oder einen ihrer Zeitgenossen zu Verfassern hätte. Der Ausschlag dieser Untersuchung wird in der Geschichte der Musik erzählt werden.

Auf meiner Reise von Turin nach Mayland hielt ich mich zu Vercelli auf, welche Stadt groß ist und zwanzig tausend Einwohner haben soll. Ich lernte daselbst ein Buch die Musik betreffend und den Verfasser desselben Carl Geo. Testori kennen, und hatte das Vergnügen diesen zu sprechen

Mayland. (*)

In dieser Stadt die sehr groß und volkreich ist, wird die Musik viel getrieben. Sgr. Battista Sam. Martini ist Organist von zwey oder drey Kirchen hieselbst. Ich hatte einen Brief an ihn vom Herrn Giardini, welcher mir eine sehr gütige Aufnahme verschafte. Er ist ein Bruder des berühmten Londonschen Martini, der uns so lange Zeit, so wohl mit seinem Spiel auf der Hoboe, als mit seinen Kompositionen vergnügt hat. Des mayländischen Martini Komposition ist in England sehr bekannt.

Was hier meine Neugierde am meisten reizte, war der ambrosianische Gesang oder der Kirchen Gesang, welcher Mayland eigen ist, und vom heil. Ambrosius zwey hundert Jahr vor dem römischen, der vom heil. Gregor herstammt, eingeführt worden.

In dem Dohm, der an Größe alle gothischen Gebäude in Italien übertrift, und beynahe der Peterskirche in Rom an Umfange gleich seyn soll, sind zwey große Orgeln, an jeder Seite des Chors eine. An Festtagen führt man Oratorien a due cori auf, wobey beyde Orgeln gebraucht werden; sonst geht nur eine. Es sind hier zwey Organisten. J. C. Bach, ehe er nach London kam, war einer von ihnen: jezt ist Sgr. G. Corbeli der vornehmste.

D 3 Frey:

(*) Volkmann 1 Th. S. 136.

Freytags, den 17 Julius.

Nachdem ich dem Gottesdienste, so wie er nach ambrosischer Art gehalten wird, beygewohnet hatte, ward ich mit Hrn. Giov. Andrea Fioroni Maestro di Capella der Domkirche bekannt gemacht, welcher mich in das Orchester führte, und mir die Kirchenmusik zeigte, welche sie eben abfingen wollten. Sie war von einem Holzschnitte abgedruckt, und vierstimmig; der Diskant und Tenor auf der linken, und Alt und Baß auf der rechten Seite, und ohne Taktstriche. Es waren ein Knabe und zwey Kastraten für den Diskant und Contrealt, nebst zwey Tenoristen und zwey Bassisten da, unter Anführung des Sgr. Fioroni, welcher den Takt schlug und zuweilen mit sang. Diese Kirchenmusik war etwa vor hundert und funfzig Jahren von einem Kapellmeister am Dohm gesezt, und sehr im Styl unsrer Kirchenmusiken aus jener Zeit, voll guter Harmonie, sinnreichem Contrapunkt, und Erfindung; aber ohne Melodie. Von da gieng ich mit Herrn Fioroni nach Hause, der so gütig war, mir alle seine musikalischen Merkwürdigkeiten zu zeigen, so wie er mich vorher die in der Sacristey hatte sehen lassen. Er spielte und sang mir ein ganzes Oratorio von seiner Komposition vor; und war so gütig mir eine Abschrift einer von seinen Kirchenmusiken zu geben. Sie war achtstimmig und für zwey Chöre, (*) und ich bat sie mir von ihm aus, um die

(*) Dieß Stück, soll nebst andern merkwürdigen Kompositionen, deren unten gedacht wird, gedruckt werden.

die Welt zu überzeugen, daß die alte ernsthafte Schreibart noch nicht ganz untergegangen sey, ungeachtet der Theater und Kirchenstyl, wenn man Instrumente und Ripiensänger dabey gebraucht, itzt beynahe einerley sind.

Piccini war dieß Jahr, während des Carnevals, wozu er eine ernsthafte Oper komponirt hatte, in Mayland gewesen. Der vornehmste Sänger war Sigr. Aprile, die erste Sängerinn Sgra. Piccinelli, und die beyden ersten Tänzer Herr und Mad. Pique.

Nach geendigtem Carneval sezte Piccini, für die Operisten, die sich noch hier aufhielten, eine komische Oper Il Regno della Luna. Er war nur eine kurze Zeit vor meiner Ankunft von hier gegangen.

Ausser der Carnevalszeit ist keine ernsthafte Oper in Mayland. Die erste komische Oper, die ich dort hörte, war l'Amore artigiano; sie fieng um acht Uhr an, und war vor zwölf Uhr nicht vorbey; die Musik, worin sehr viel Schönes war, hatte Herrn Florian Gasmann, in kaiserlichen Diensten, zum Verfasser, der den Flügel spielte. Es waren sieben Rollen darinn, die alle recht gut gespielt, aber keine einzige sehr gut gesungen wurden.

Das Ballet in dieser Oper war sehr unterhaltend. Es waren eine unendliche Menge Solotänzer und Figuranten, ausser zweyen saltatori Palecini und seiner Frau, die mehr Beyfall erhielten, als alle übrigen. Ihre Behendigkeit war auch wirklich erstaunend. Zwey andere tanzten ausserdem all' Inglese, auch war ein französischer peruquier in der komischen Oper, der im französischen Geschmacke singen sollte: allein ihre Nachahmungen sind hier, wie die unsrigen in London, das ist ohngefähr so ähnlich als ein elendes Wirthshausschild worunter der Nahmen des Königs oder der Königinn steht, Georgen dem Dritten oder Charlotten; man ist geneigter solche Minifer zu verlachen, als über sie zu lachen. Bey dem Ballette war die Bühne auf eine überaus prächtige und für mich ganz neue Art, erleuchtet, nehmlich mit lampioni coloriti oder farbigten Lampen, welche gute Wirkung thaten; die Vorscene und das Tafelwerk sowohl, als die Kulissen waren voll solcher Lampen.

Das Theater ist hier sehr breit und prächtig; es sind fünf Reihen Logen auf jeder Seite, jede Reihe zu hundert; und parallel mit ihnen läuft eine breite Gallerie als ein Zugang zu jeder Reihe Logen rund um das ganze Haus herum; jede Loge enthält sechs Personen, die zur Seiten gegen einander übersitzen. Auf der Communicationsgallerie sind besondere Zimmer für jede Loge, worin Kamine und gute Anstalten zu Erquickungen und zum Kartenspiele sind. In der vierten Reihe sind Pharaotische, auf jeder Seite des Hauses einer, welche während der Vorstellung der Oper gebraucht werden. Gegen dem Theater über ist eine sehr große Loge, gleich dem Eßzimmer in London, welche bloß für den Herzog von Modena,

Modena, der Statthalter zu Mayland ist, und für die Principessina seine Tochter bestimmt ist, die beyde zugegen waren. Das Lärm während der Vorstellung war hier abscheulich, ausgenommen, als ein paar Arien und ein Duett gesungen wurden, welche jederman in Entzückung setzten. Als das Duett zu Ende war, bezeigte jeder seinen Beyfall unaufhörlich mit grosser Heftigkeit, bis die Schauspieler es noch einmahl anfiengen; denn das ist hier die Art eine Favoritarie noch einmahl zu fordern. Die erste Violine spielte Lucchini. Das Orchester ist sehr zahlreich und der Platz für dasselbe verhältnißmäßig groß gegen das Theater, welches viel weitläuftiger ist, als das Turiner Opernhaus. Die Zuschauer in der obersten Reihe Logen, sitzen mit dem Gesichte gegen die Bühne, und diejenigen welche keine Plätze bekommen können, stehen hinter ihnen in der Gallerie. Alle Logen sind hier wie zu Turin auf die Theaterzeit vermiethet. Zwischen den Akten kommen die Zuschauer aus dem Parterre herauf, und gehen auf den Gallerien spazieren. Es kam nur ein Ballet vor, welches aber sehr lang war.

Es ist eben nicht der Geist der Engländer, mit ihrem gegenwärtigen Zustande oder dem was sie itzt besitzen, zufrieden zu seyn, sonst mögte man wohl kühnlich behaupten, daß sie mit so einer komischen Oper, als die vorigen Winter in London war, hätten zufrieden seyn können. Sie übertraf was das Singen anbetrift, die Mayländische bey weitem; denn ich habe durch ganz Italien, nie drey solche Sänger, wenigstens nicht auf einem Theater gefunden, als Sgr. Lovarini, Sgr. Morigi und Sgra. Guadagni.

Dreißig Edelleute sind die Unternehmer der hiesigen Opern; man unterschreibt sich zu sechzig Zechinen, wofür jeder Subscribent eine freye Loge hat; die übrigen Logen werden la prima fila, (die erste Reihe) für funfzig Zechinen, die zweyte für vierzig, die dritte für dreißig, und so verhältnismäßig die andern, vermiethet. Die zufälligen Einkünfte werden aus dem Parterre und den oberen Sitzen oder piccionaja gezogen. Man spielt alle Abend, des Freytags ausgenommen.

Mittwochs, den 18ten.

Heute früh gieng ich das erste mahl in die Ambrosianische Bibliothek, (*) deren Größe nicht der Erwartung gleich kömmt, wenn man die Nachrichten davon in den Reisebeschreibungen gelesen, und die königliche Bibliothek zu Paris gesehen hat, die wenigstens zehnmal so groß ist. Eigentlich ist nur ein grosses Zimmer voller gedrukter Bücher; ausserdem enthalten zwey kleinere die gedrukten französischen Bücher und die Handschriften. Ein andres Zimmer enthält Copien von den besten alten Statuen zu Rom und Florenz; zuletzt kömmt, noch ein großer Saal, voller vortrefli

(*) S. Voßmann. 1 B. S. 248.

vortreflicher Stücke von Leonardo da Vinci, und
Johann Breugel von Antwerpen, der seine Werke
so fein ausmahlte, daß er über die vier Ele-
mente, welche sich in dieser Sammlung befinden,
wie man sagt, sein Gesicht verlohren hat. Es
ist auch ein vortrefliches Bildniß des Organisten
Merula (*) von diesem Mahler hier. Als ich
nach den Catalogus der MSte fragte, ward mir
zur Antwort, es sey nicht gebräuchlich, daß man
ihn zeige, doch könnte ich jedes MSt zu sehen kriegen, wenn ich nur nahmentlich darnach fragen
wollte; allein ich wuste so wenig den Nahmen als
den Inhalt: ich suchte neue Wesen, neue unbekannte Werke der Gelehrsamkeit, welche von un-
heiligen Compilatoren und Druckern unentweihet
waren. Da ich die Absicht meines Zuges nach
Mayland erklärte, und sagte daß es vornehmlich
in der Absicht geschähe, die Zeit zu bestimmen,
wenn der ambrosianische Kirchengesang eingeführt
worden, so erzählte man mir, daß Pater Martini
eben dergleichen Untersuchung angestellt hätte,
aber ohne etwas herauszubringen, und es schient,
als wenn die Lebensbeschreiber des H. Ambrosius einer nach dem andern ihm diesen Gesang
ohne gehörigen Beweis beygelegt hätten. Ungeachtet dieß ziemlich abschreckend war, so gab ich
die

(*) Claudius Merulus wie die Deutschen ihn nanten,
war von Antwerpen gebürtig, und blühete im sechszehnten Jahrhunderte (Walther im musikalischen
Lexikon, nennt ihn Merula und giebt Corregio als
seinen Geburtsort an.)

die Sache dennoch nicht auf; und fand nachher mehr Gnade in den Augen der Bibliothekare. Bisher hatte ich diesem Herrn noch nicht meine Empfehlungsschreiben übergeben; allein bey den folgenden Besuchen verschafte ihre Gefälligkeit mir alles, was diese Bibliothek mir liefern konnte.

Ein Herr aus Parma, mit dem ich von Paris hieher gereiset war, hatte einen Brief von Herrn Messier an Pater Boscowich, der ihm von einem neuen Kometen Nachricht gab, welchen er den eilften Junius entdekt hatte; ich machte mit das Vergnügen, meinen Freund bey dem Besuche den er in denn Jesuitercollegium bey diesem Pater ablegte, zu begleiten. Er nahm uns beyde sehr häflich auf, und da er hörte, daß ich ein Engländer sey, der die Wissenschaften liebte, und sich eine Ehre daraus machte, einen so berühmten Mann zu sehen, so wandte er sich vornehmlich zu mir. Er hat verschiedene junge Studierende von Stande bey sich, und sagte, er erwartete den Morgen drey vornehme Herrn die seine Instrumente besehen wollten, und bat mich, von der Parthey zu seyn. Ich nahm den Vorschlag willig an, und er zeigte mir sogleich verschiedene Maschienen und Erfindungen, welche er zu optischen Versuchen erfunden hatte. Ehe die Signori kamen, welches ein Malthefer Ritter, ein Verwandter Pabst Benedikt des vierzehnten, und noch ein Cavalier waren. Sodann fuhr er fort und setzte uns alle auf die angenehmste Art in

Ver-

Verwunderung, vornehmlich durch sein Stetsol, womit er die Sonnenstrahlen die durch eine Ritze oder Prisma fallen, an der Wand gegen über, wo er will fixiren kann: er theilt und fixirt auf gleiche Weise jede prismatische Farbe eines Sonnenstrahles. Er zeigte uns eine Methode ein mit Wasser gefülltes Prisma zu machen, und die Wirkungen welche aus Verbindung verschiedener Linsen, entstünde, welches alles ungemein sinnreich und simpel erfunden war. Er hat zu Wien eine lateinische Abhandlung hierüber geschrieben. Hierauf giengen wir auf verschiedene Observatorien, wo ich seine Instrumente auf eine so geschickte und zweckmäßige Art aufgestellet fand, daß es mir ein grosses Vergnügen machte. Er war so gefällig, nichts als französisch mit mir zu sprechen, weil ich ihn in dieser Sprache anredete, die ich damahls viel fertiger sprach, als die italiänische. Herr Messier hatte ihm erzählt, der Komet bewege sich sehr wenig, und scheine beynahe stillzustehen; allein Pater Boscowich fand ihn nachmahls sehr schnell, so daß er täglich funfzig Grade fortrückte. Mais la comete, Monsieur, lui dis-je, où est elle à present? „Avec le soleil, elle est mariée. Der verstorbne Herzog von York machte ihm ein Geschenk mit einem zwölfzolligen Reflektirtelescop von Short, zwanzig Guineen werth; allein er hat ein achromatisches von demselben Meister, welches ihm hundert kostet. Die Kosten seines Observatoriums, welche er selbst hergegeben hat, müssen

außer:

ausserordentlich gewesen seyn. Er ist Professor
auf der Universität zu Parma, wo er den Winter zuzubringen pflegt. Wenn in der Astronomie
neue Entdeckungen zu machen sind, so kann man
sie von diesem gelehrten Jesuiten erwarten. Sein
Fleiß in optischen Versuchen zur Verbesserung der
Ferngläser, wovon soviel abhängt; die Menge
der vortreflichsten Instrumente von allerley Art,
die er besizt, verbunden mit dem vortreflichen
Klima und der grossen Erfindsamkeit welche er bey
Einrichtung seines Observatoriums und seiner
Maschinen zeiget, alle diese Vortheile, wird
man sonst nicht leicht irgendwo beysammen antreffen. Er beklagte sich sehr über das Stillschweigen der englischen Astronomen, die alle seine
Briefe unbeantwortet liessen. Er hat sich sieben
Monathe in England aufgehalten, und ist während
der Zeit viel mit Herrn Maskelyne, Dr. She-
pherd, Dr. Bevis, und Mary umgegangen,
mit welchen er einen Briefwechsel zu unterhalten hofte. Er hatte auch wirklich vor kurzem den
neuesten Nautical Almanach (Schifferkalender)
und Mayers Mondtafeln von dem Professor
Masielyne erhalten, welches ihm Hofnung gab,
daß ihre gelehrte Verbindung werde erneuert werden. Er ist ein langer starker Mann, etwa
funfzig Jahr alt, und angenehm im Umgange.
Als er sich in Paris aufhielt, so wollte ihn die
französische Akademie der Wissenschaften zu ihrem
ordentlichen Mitgliede aufnehmen; allein das
Parlement verbot es, weil er Jesuit war. Allein

wenn

wenn alle Jesuiten diesem Pater ähnlich wären, und vorzügliche Gelehrsamkeit und Einsichten nur zur Aufnahme der Wissenschaften und zur Glückseligkeit des menschlichen Geschlechts anwendeten, so hätte man wünschen mögen, daß diese Gesellschaft so lange die Welt steht, gewähret hätte. So wie sie nun ist, sollte man doch wie es scheint, einigen Unterschied bey Verdammung der Jesuiten gemacht haben; denn, ungeachtet eine gute Politik die Aufhebung des Ordens erfodern mag, so lehrt uns doch die Menschlichkeit wünschen, die Alten, die Schwachen und Unschuldigen vor dem allgemeinen Untergange und der Zerstörung welche nur dem Schuldigen treffen soll, zu bewahren.

Die zweyte Oper welche ich hier gehört habe, war la lavandra astuta ein Pasticcio, worin eine Menge von Piccini's Arien vorkamen. Garibuldi der erste Sänger, hatte eine beßre Rolle in dieser Operette, als in der vorigen, und sang sehr gut. Er hat eine angenehme Stimme, und viel Geschmack und Ausdruck; man rief ihm auf gut Italiänisch zwey, drey mahl ancora zu. Die eine Baglioni (*) singt besser, als die andern beyden, und hatte auch mehr zu thun. Cararoli belustigte die Mayländer ungemein durch seine Aktion und Laune, die übrigens sehr local war, und in England wenig gefallen würde. Das Ballet

war

(*) Es sind sechs Schwestern dieses Nahmens, die alle vom Singen Profession machen, und wovon drey zu Mayland waren. Es ist eine Bolognesische Familie.

war dasselbige, welches ich vorher gesehn hatte.

Ein Privatconcert heißt in Italien eine Akademie; das erste wohin ich gieng bestund bloß aus Liebhabern. Der Herr vom Hause spielte die erste Geige, und hatte einen kräftigen Strich; ausserdem waren hier zwölf oder vierzehn Spieler, worunter ich einige gute Violinisten fand; auch waren zwey Flöten, ein Violonschell und ein kleines Violon dabey. Die Ausführung war ganz artig; man spielte einige von des Londoner Bachs Symphonien, die von den in England gestochenen verschieden waren. Man hat hier nichts, als geschriebene Musik. Was ich am liebsten hörte, war die Singstimme der Signora Padrona della Casa, oder der Dame vom Hause; sie hatte eine angenehme reine Stimme, einen guten Triller, den wahren Geschmack und Ausdruck, und sang, indem sie an dem gewöhnlichen Instrumentenpulte saß, worauf ihre Noten lagen, ohne allen Zwang, verschiedene schöne Arien von Traetta.

Ueberhaupt sah dieß Concert unsern Privatconcerten in England so ziemlich ähnlich; die Spieler waren bald im Gleisse, bald daraussen. Doch war wohl im Ganzen die Musik besser ausgesucht, die Ausführung glänzender und feuriger, und das Singen der Vollkommenheit näher, als wir bey solchen Gelegenheiten rühmen können; nicht eben in Ansehung der Stimme und der Fertigkeit, denn was das anbetrift, so giebt unser Frauenzimmer darin wenigstens unsern Nachbarn nichts nach,

nach, sondern in dem Portamento, dem Tragen und der Leitung der Stimme, im Ausdrucke und in der Bescheidenheit. (*)

An eben den Tage, Freytags den 20. Julius, war in drey verschiedenen Kirchen Musik; ich wäre gern bey allen dreyen zugegen gewesen; doch es war unmöglich mehrern als zweyen beyzuwohnen. Die erste war des Morgens in der Kirche der Santa Maria secreta; es war eine Missa in Musica von Sgr. Monza gesetzt, und von ihm selbst aufgeführt. Sein Bruder spielte das obligate Violonschell, aber weder der Ton noch sein Geschmack waren sehr angenehm. Sgr. Lucchini der Vorspieler in der komischen Oper, spielte die erste Geige; unter den Sängern waren zwey oder drey Castraten. Es war eine kleine elende Orgel bey dieser Gelegenheit errichtet worden; zwar hatte man eine größere, allein es war kein Platz

(*) Der Verfasser hofft demüthigst, daß seine schönen Landsmänninnen durch den Gebrauch des Worts Bescheidenheit sich nicht werden beleidigt finden, da es hier bloß im musikalischen Verstande gebraucht wird. Darin wird die Liebe zu den sogenannten Manieren zu einem solchen Grade der Unbescheidenheit getrieben, daß man dadurch gewöhnlich gute Stellen in schlechte, und schlechte in elende verwandelt. Ein wenig Schminke kann ein mittelmäßig hübsches Gesicht verschönern, obgleich die Menge es häßlich machen würde; allein wahre Schönheit zeigt sich am besten in ihrer natürlichen Gestalt.

zum Orcheſter dabey. – Die Muſik war ſchön; lange ſinnreiche Einleitungsſymphonien giengen vor jeden concento, (ſo heißt man die verſchiedenen Theile der Meſſe) vorher; alles war in einem guten Geſchmacke und geiſtreich geſetzt; weil aber die Orgel, die Hoboe und einige Geigen nichts taugten, ſo zerſtörte dieß die gute Wirkung einiger wohlausgedachten Stellen. Als erſter Geiger verdient Sgr. Lucchini keinen vorzüglichen Rang; es fehlt ihm nicht an Fertigkeit, aber ſehr an feiner Ausführung. Er hatte verſchiedne Sololeßen, und machte drey oder vier Cadenzen.

Der Geſang war zwar im Ganzen beſſer, als in unſern Oratorien; aber lange nicht ſo gut, als wir ihn oftmals in der italiäniſchen Oper in England hören. Bisher hatte ich noch keinen groſſen Sänger ſeit meiner Ankunft in Italien angetroffen. Der erſte Discantiſt war hier, wie wir in England ſagen würden, ein ganz guter Sänger, mit einer ganz guten Stimme; ſein Geſchmack aber war weder original noch vorzüglich. Der zweyte Sänger, ein Altiſt, hatte gleichfalls nur mittelmäßige Verdienſte; doch war ſeine Stimme angenehm genug, und er beleidigte nur durch ihren Mißbrauch das Gehör. Allein

'Tis in ſong as 'tis in painting,
  Much may be right, yet much be
        wanting.

Es

„Es geht mit dem Gesang wie mit der
  Mahlerey.
„Es fehlt noch immer viel, ist viel nur seh=
  lerfrey.

Doch eine Musik wie diese sollte man nicht zu stren=
ge beurtheilen, denn man hört sie umsonst. Ich
spreche als ein Reisender; allein die Einwohner
von Italien, die so viel zur Erhaltung der Kir=
chen hergeben, haben freylich sehr viel Recht, et=
was vortrefliches von der Art zu verlangen.
  Die andre Messe, welche ich heute hörte, war
von Battista San Martini gesetzt, und unter
seiner Aufsicht in der Kirche der Carmelitermön=
che aufgeführt. Die Symphonien waren sehr
sinnreich und voll von dem Geiste und Feuer, wel=
ches dem Verfasser eigen ist. Die Instrumentstim=
men in seinen Kompositionen sind gut ausgearbei=
tet; er läßt keinen von den Spielern lange müßig
geben, und vornemlich haben die Violinen keine
Ruhe. Man möchte jedoch manchmal wünschen,
daß er seinen Pegasus auf die Stange ritte, denn
er scheint oftmals ganz mit ihm durchzugehen.
Eigentlich zu reden, seine Musik würde mehr ge=
fallen, wenn sie weniger Noten und weniger An=
legen's enthielte: allein die Heftigkeit seines Gei=
stes treibt ihn an, in einer Folge von schnellen
Sätzen fortzulaufen, welche zuletzt den Ausführ=
er sowohl, als den Zuhörer ermüden. Mar=
chesini, der mir nicht sonderlich gefiel, sang den
ersten Discantsingpart; Ciprandi, ein vortrefliches

E 2   Te=

Tenducci, der vor einigen Jahren in England war, und dessen Rollen nachher nie so gut wieder sind besetzt worden, sang hier vorzüglich schön vor allen andern. Das Orchester war nur mittelmäßig; die erste Violine spielte Zucchrini, welchen man hier für einen guten Violinisten hält. Ich habe bemerkt, daß man auf dergleichen Musiken hier wenig achtet, und habe niemals Leute von Stande darin gesehen. Die Versammlung besteht meistentheils aus Geistlichen, Kaufleuten, Handwerkern, Bauern und Betlern, welche gewöhnlich sehr unaufmerksam und unruhig sind, und selten die ganze Musik ausdauern. San Martini ist Maestro di Capella bey der Hälfte von den hiesigen Kirchen, und die Anzahl der Messen, die er hier gesetzt hat, ist beynahe unendlich; doch behält sein Feuer und seine Erfindungskraft noch immer ihre völlige Stärke.

In einer andern Kirche ward heute Abend die Vesper bloß von Mönchen und Nonnen gesungen; ich kam zu spät, und hörte sie also nicht. Inzwischen führte man mich in eine der besten Akademien zu Mayland, welche fast aus dreyßig Sängern und Spielern bestund, worunter verschiedene gute waren. Madam D* sang, und ungeachtet sie einen Schnupfen hatte, der ihrer Stimme hinderlich war, so gab sie doch verschiedene Proben ihrer Kunst, die eine vortreffliche Sängerin verriethen. Außer zwey Arien die einen weiten Umfang der Stimme und viel Fertigkeit erforderten, sang sie ein Adagio mit dem feinsten Geschmacke.

schmacke. Der Clavicembalist war Sgr. Stoinri. Man spielte einige Symphonien von J. C. Bach, die sehr gelobt wurden, und vier vortrefliche von Martini. Auch ward ein Doppelconcert auf der Geige von Raydrand, einem Deutschen sehr schön gesetzt, wiewohl es sehr schwer war, von zwey Violinisten gespielt, die an Stärke sehr verschieden, aber jeder in seiner Art gut waren. Der eine war ein ältliches Mann, der einen sehr reinen und weichen aber dabey schwachen Ton hatte; der andre war ein junger Mann, voll Stärke und Feuer, welches ihn in Kurzem zu einem großen Spieler machen wird, vornehmlich da er mit diesen Eigenschaften viel Ausdruck verbindet. Es war ein bewundernswürdiger Streit zwischen Jugend und Alter, Beurtheilungskraft und Genie. Dieß waren alle Virtuosen oder wirkliche Musiker, das übrige bestand aus Liebhabern.

Sonnabend, den 21sten.

Ich glaubte daß es meinem Zwecke nicht zuwider seyn würde, wenn ich den Palazzo Simonetta der einige Meilen von Mayland liegt, besuchte, um das berühmte Echo zu hören, wovon die Reisebeschreiber so viel zu erzählen wissen, daß ich vieles für übertrieben hielt. (*) Es ist

hier

(*) S. Volkmann. 2 Th. S. 224.

hier der Ort nicht die Materie vom Wiederhall zu untersuchen; ich behalte es mir in einem andern Werke vor; was aber das Faktum anbetrift, so ist es wirklich sehr wunderbar. Der Palast Simonetta hat kein anderes Gebäude in der Nähe; das Land rund herum ist völlig eben, und es sind keine Berge näher, als die Schweizeralpen; welche an dreyßig englische Meilen entfernt liegen. Dieser Palast war itzt unbewohnt und gerieth ganz in Verfall; ehemals ist er sehr schön gewesen. Die Vorderseite ist frey, und von sehr leichten doppelten ionischen Säulen unterstützt. Das Echo aber kann man bloß hinter dem Hause hören, welches nach dem Garten zu zwey Flügel hat.

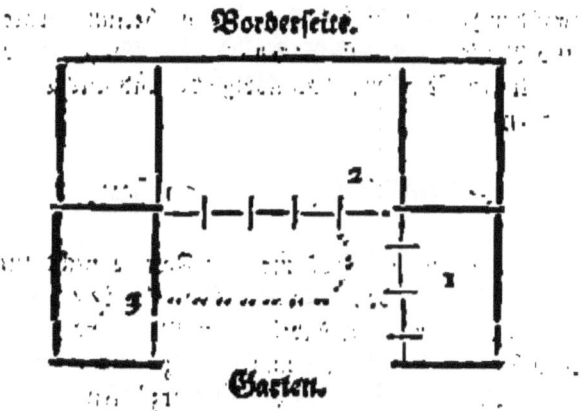

1. Das Fenster, worin man am besten den Versuch machen kann.
2. Das Fenster, wo man das Echo am besten hört.
3. Eine

3. Eine Mauer mit blinden Fenstern, woher der Wiederhall zu kommen scheint.

So natürlich es auch ist, vorauszusetzen, daß die gegen über stehenden Mauren den Schall reflektiren, so schwer ist es zu bestimmen, wie dieß geschehe, indem die Form des Gebäudes sehr gewöhnlich ist, und kein anderes von eben der Bauart, so viel ich je gehört habe, diese Wirkung thut. Ich machte allerhand Versuche, in verschiedenen Stellungen, mit der Stimme, langsam, geschwind; mit einer Trompete, in welche ein Bedienter der Sey mir war, stieß; mit einem Pistol und einer Flinte, und fand allemahl, der Lehre vom Echo gemäß, daß die Wiederhohlung desto häufiger ist, je geschwinder und heftiger die Luft beweget wird. Der Wiederhall war bey Losfeurung einer Flinte beynahe funfzigfach, und schien an Stärke immer abzunehmen, und sich immer zu entfernen. Man könnte nach Pater Kirchers Methode einen einstimmigen musikalischen Kanon für dieß Echo erfinden, der eben die Wirkung als einer von zwey, drey ja vier Stimmen hätte. Ein einziges Ha! ward ein lautes Gelächter, und ein überblasener Ton auf der Trompete ward zum possirlichsten lächerlichsten Getöse, so man sich denken kann.

Die Komponisten hieselbst sind unzählich. Man führte mich heute zu drey Frauenzimmern, sie singen zu hören, und ich fand Lampugnani, der ihr Lehrer ist, bey ihnen. Er hält sich beständig zu Mayland auf, spielt den ersten Flügel in der Oper,

Oper, wenn die Komponisten abwesend sind, und setzt die pasticci zusammen. Diese Frauenzimmer machten ihm durch ihren Vortrag viel Ehre; sie sungen einige Arien, Duette und Terzette. Die eine von ihnen sang eine lange Scene aus Jomelli's Olympiade, welche ausserordentlich schwer ist; die Komposition wird mit Recht wegen der Kühnheit und Gelehrsamkeit in der Modulation bewundert, welche recherchée aber voll Ausdruck und gefällig ist. Ich erhielt eine Abschrift dieser Scene. Es war in eben dem Hause eine guter Violinist Sgr. Pasqualini, der mit vieler Feinheit und Urtheile die Geige zu den Arien spielte.

Hierauf gieng ich in die Oper, wo die Zuschauer sich sehr hintergangen fanden; weil der Tenorist, der einzige gute Sänger in derselben, unpaß war. Seine ganze Rolle ward ausgelassen. Da nun der Baritono, welcher die Person eines alten polternden Vaters spielte, der seinem Sohne in der ersten Scene und Arie sehr übel mitfahren sollte, keinen Sohn vorfand, so gab er dem unverhofften Zufalle eine Wendung, welche die Zuschauer sehr belustigte, und ihnen ihre betrogne Hofnung geduldiger ertragen half, als man in England gethan hätte; denn anstatt seines Sohnes fiel er über den Einhelfer her, der hier so wie in der Oper zu London, mit dem Kopfe aus einem Loche im Theater hervorgukt. Die Zuschauer fanden ein so grosses Vergnügen, an diesem Anfalle auf den Einhelfer, den sie immer als einen Stöhrer

rer ihres Vergnügens ansehen, daß sie die Arie, worin es geschah, wiederhohlen ließen. Dennoch gieng ich nach Endigung des ersten Akts und Ballets weg, weil die Lichter in dem Opernhause meinen Augen ungemein heftige Schmerzen verursachten, und weil ich heute Abend keine Vergeltung dafür zu hoffen hatte, so entzog ich mir die übrigen Akte der Oper.

Sonntags, den 22sten.

Nachdem ich heute früh in dem Duomo den ambrosianischen Gesang in seiner ganzen Volkommenheit angehöret hatte, gieng ich nach dem Kloster Santa Maria Maddalena, wo ich die Nonnen verschiedene Motteten singen hörte. Es war der Festtag ihrer Heiligen. Die Komposition war von Sgr. B. S. Martini, der in diesem Kloster Maestro di Capella ist, und die Nonnen singen lehrt. Er ersetzte mir vollkommen den Mangel langsamer Sätze in seiner Messe vom vorigen Freytage, durch ein Adagio in der heutigen Mottete, welches wirklich himmlisch war, von einer Nonne himmlisch gesungen und von einer andern bloß mit der Orgel begleitet ward. Dieß war ohne Zweifel in allem Betrachte das beste Singen, das ich seit meiner Ankunft in Italien gehört hatte; wo doch des Singens so viel ist, daß man dessen leicht überdrüßig werden könnte. Bey meiner ersten Ankunft hungerte und dürstete mich nach

nach Musik, doch itzt hatte ich beynahe ihrer satt; man ist aber ein strengerer Richter bey vollem Magen, als bey guten Appetite. Es sangen verschiedene Nonnen, einige nur mittelmäßig, allein eine unter ihnen hatte eine vortreffliche Stimme, voll, stark, angenehm und biegsam, sie hatte einen schönen Triller, und ungemein viel Ausdruck; alles war so reitzend, daß ihr nichts mehr als eine lange Dauer dieser Vorzüge zu wünschen übrig blieb.

Man klagt allenthalben in England, über die laute Begleitung der Instrumente; wenn dieß ein Uebel ist, so findet man es doppelt in Italien. In der Oper kann man nichts, als die Instrumente hören, ausser wenn die Baritoni oder Baßstimmen singen, die es mit ihnen aushalten können; denn nichts als Lärm kann man vor anderem Lärm hervor hören, eine sanfte Stimme wird erstickt. Es schien mir, als wenn das Orchester nicht nur zu laut spielte, sondern auch zu viel zu thun hätte.

Ausser der Orgel für die Chöre, war noch in besagtem Kloster eine Orgel mit einem Clavessin, welche gleichfals von einer Nonne gespielt ward. Die bloße Begleitung dieses Instruments, mit jener himmlischen Stimme, vergnügte mich unbeschreiblich, und zwar nicht so sehr durch das, was sie that, als durch das, was sie nicht that; denn man kann wahrlich nicht zu viel von einer so himmlisch süssen Stimme hören. Alles Gewäsche verschiedener Instrumente, mühseliger Erfindung und schwerer ker Nachahmung ist nicht viel besser, als eine häßliche Larve auf einem schönen Gesichte; selbst die Harmonie ist in solchen Fällen ein Uebel, wenn sie, statt unterthan zu seyn, sich zur Herrscherin aufwirft. Ich weiß, daß ich nicht als Tonkünstler so rede; aber ich will allzeit gern meine Profession aufgeben, wenn sie sich zur Pedanterey neigt, und meinem Gefühle nachhängen, wenn es die Vernunft auf seiner Seite zu haben scheint. Wenn eine Stimme rauh oder sonst unangenehm ist, so kann sie nicht wenig genug gehört werden, und dann mögen rauschende Begleitungen und künstliche Erfindungen füglich statt finden; aber eine einzige Note von einer solchen Stimme, als ich diesen Morgen hörte, dringt tiefer in die Seele, als eben die Note auf dem besten Instrumente von der Welt thun kann, welches aufs höchste nur eine Nachahmung der menschlichen Stimme seyn kann.

Die heutige Musik ward ganz von den Nonnen selbst, welche man aber nicht sehen konnte, aufgeführt; denn obgleich die Klosterkirche, so wie eine Pfarrkirche jedem offen steht, und die Prediger, wie gewöhnlich von allen gesehen werden können, so werden doch hier die Antworten hinter dem Altare, wo die Orgel steht, gesungen. Als ich in die Kirche trat, sahe ich vergebens nach der Orgel und den Sängern, weil ich nicht wußte, daß es eine Klosterkirche war. Da ich das Singen sehr lobte, erzehlte man mir, daß hier verschiedene Klöster wären, wo die Nonnen

noch

noch viel besser sängen. Allein ich muß gestehen, daß ich sehr daran zweifelte, und nur begierig war, sie selbst zu hören. Ich war über die Stimmen so entzückt, daß ich, ungeachtet ich in einer Privatgesellschaft auf einem sehr geselligen und angenehmen Fuß speisete, ebennoch, ehe der zwoyte Gang aufgetragen ward, aus der Gesellschaft weg lief, in Hofnung in dem Kloster noch mehr davon zu hören. Ich war so glücklich, daß ich gerade hinein kam, als die Musik anfieng, und die nehmliche Mottete von der Nonne gesungen, mit doppeltem Vergnügen wieder hörte.

Die Liederfänger zu Mayland singen Duette auf der Gasse, bald mit, bald ohne Instrumente, und sind ihrer Sache sehr gewiß; allein ich habe nicht bemerkt, daß sie hier wie in Turin die Bühne besteigen.

Heute Abend war, weil der Tenorist in der komischen Oper noch immer krank war, nur eine Akademie auf dem Theater und keine Operette. Die Sänger waren die nehmlichen, die ich zuvor gehört hatte; nur hatte man sie auf dem Theater fast auf eben die Art gestellet, als in London bey dem jährlichen Concerte zum besten abgelebter Musiker gewöhnlich ist: sie saßen je zwey und zwey an Tischen, und wenn sie sungen, stund jeder auf und trat den Zuhörern näher. Es wurden verschiedene Opernsymphonien aber keine Solos gespielet; an deren Statt Ballette während der Zwischenpausen im Concerte getanzt wurden. Hinter den Sängern, deren sechse waren, stunden auf dem Theater die

ganze

ganze Zeit hindurch eben so viele Bedienten. Die Baglioni erschienen heute mehr zu ihrem Vortheile als in der Oper, vornemlich Clementine, die auf einem kleineren Theater eine sehr angenehme Sängerinn seyn würde, dahingegen auf diesem alle Stimmen verloren gehen.

Montags, den 23ten.

Heute früh gieng ich zeitig mit dem Pater Mojana, einem sehr gefälligen Dominikaner nach der Ambrosianischen Bibliothek, und bekam mit sehr vieler Mühe zwey oder drey sehr alte Manuscripte, die in mein Fach schlugen, zu sehen; auch sah ich die prächtige Ausgabe der Kirchengesänge, die in der Domkirche abgesungen werden, und 1619. in vier Foliantem, blos zum Gebrauche dieser Kirche abgedruckt sind. Der Druck ist sehr nett in Holz geschnitten, aber ohne Taktstriche, und folglich nicht in Partitur, obgleich die Stimmen alle vor Augen liegen, weil sie einander gegen über gedrückt sind, nemlich der Discant und Tenor auf der ersten, und der Alt und Baß auf der zweyten Seite. Ich schrieb mir verschiednes daraus ab. Der Bibliothekar Sgr. Olerocchi fing an minder zurückhaltend mit den Büchern zu seyn, als er anfangs war. Eins von den ältesten, die er mir heute zeigte war eine schöne Handschrift aus dem neunten Jahrhunderte, die sehr gut war erhalten worden. Sie enthielt ein Missale, welches wenigstens zweyhundert Jahr vor Guido's Zeiten,

Zeiten, und also ehe man das Notensystem kannte dessen sich dieser Mönch bediente, geschrieben war. Die Noten sind nicht viel mehr als verschiedne Accente, welche über den Hymnen stehen. (*) Ich fand einen edlen und gelehrten Geistlichen Don Trinsti hier, der sehr bejahrt war; er hatte diese Charaktere untersucht, und einige sinnreiche Muthmassungen darüber.

Den folgenden Tag wandte ich zur Aufsuchung alter Bücher an, und hörte des Abends Musik. Chiesa und Monza haben den Ruf, und scheinen auch, itzt die beyden besten hiesigen Theatercomponisten zu seyn. Serbelloni, ein contr'alto castrato der vor einigen Jahren in England war, hat Dispensation erhalten ein Mönch zu werden, und singt itzt blos in der Kirche.

Dienstags, den 24sten.

Heute früh gieng eine feyerliche Procession um Regen zu erbitten durch die Strassen nach der St. Ambrosius Kirche, weswegen die öffentliche Bibliothek verschlossen war. Dieß war mir sehr unangenehm, indem es der letzte Tag meines Aufenthalts war; doch hatten meine Briefe mir nun mehr die Bekanntschaft und Unterstützung Sr. Excellenz des Grafen Firmian, des Grafen Dò, des Marchese Menafoglio, des D. Franzesko Cara-

(*) Eine Probe dieser Notenschrift wird in der allgemeinen Geschichte der Musik gegeben werden.

Carcano, des Abt Bonelli und anderer verschaft; deren Zauberkraft die Thüren öfnete und alle Schwierigkeiten aus dem Wege räumte. Als ich nun mit dem Abt Bonelli vor die Ambrosianische Bibliothek kam, ward sie gleich geöfnet und eigentlich bekam ich itzt auch zum erstenmahle alle ihre Schätze zu sehen. Nun wurden die merkwürdigsten Manuscripte hervorgebracht, worunter verschiedene von Petrarcha und Leonardo da Vinci eigner Hand waren. Man zeigte mir gleichfalls verschiedne sehr alte Manuscripte auf aegyptischem Papiere, die wohl bewahrt waren. Kurz, meine vorhin fehlgeschlagene Hofnung wurde itzt reichlich erfüllt, indem ich in ein Zimmer geführt ward, das an lauter Handschriften über funfzehntausend Bände enthielt.

Von hieraus führte mich der Abt zum Pater Sacchi, einen gelehrten Musiker, was die Theorie anbetrift; er hat zwey sehr merkwürdige Bücher über die Musik herausgegeben, die ich mir vorher schon angeschaft hatte. Er nahm mich sehr höflich auf, und wir vertieften uns bald in ein Gespräch über diese Schriften und über meine Reise. Er war so gütig, meine Addresse aufzuzeichnen, und machte mir Muth an ihn zu schreiben, wenn ich bey Lesung seiner Schriften einige Schwierigkeiten fände.

Bre=

Brescia (*)
Donnerstags, den 26sten Julius.

Ich hielte mich nur einen Tag in dieser Stadt auf, allein, weil es eben Festtag war, so hatte ich das Glück einen Knaben in der Jesuiter-Kirche delle Grazie zu hören, dessen schöne biegsame Stimme mich ungemein vergnügte. Er heißt Carlo Moschetti und war ein Schüler von Pierro Pellegrini, dem Kapellmeister an dieser Kirche, der bey Aufführung seiner Mottete den Takt schlug. Seine Stimme hatte zwey völlige Oktaven im Umfange, vom eingestrichenen C bis zum dreygestrichenen. Sie ist voll, wenn er Zeit hat sie auszulassen; und er bringt schnelle Sätze mit solcher Leichtigkeit heraus, daß er leicht ins Wilde und Ausschweifende gerathen kann, und zuweilen nicht recht Ton hält. Doch findet ein Lehrer viel vor sich, woraus was zu machen ist. Sein Triller ist gut, und er giebt Hofnung, einen grossen Sänger aus ihm zu ziehen. Es war auch ein junger Altist da, wovon sich nicht viel sagen läßt; ein noch weniger beträchtlicher Tenorist, und ein Baß, der mich aus der Kirche jagte.

In einem Hospitale sangen und spielten die Weiber ganz rasend; die Musik war durchaus im alten Styl, voller Fugen über abgedroschene Sätze. Die Weiber verrichten bey dieser Gelegenheit alle Dienste der Kapelle selbst, spielen die Orgel, die Violinen, die Violonschelle: aber die Ausführung
war

(*) S. Volckmann 3. Theil. S. 722. f.

war so sehr schlecht, daß ich bald genung davon hatte. Die Orgel, die ich hier hörte, hatte keinen guten Ton; reichlich verziert war sie indessen, und gleich der französischen Orgel, mehr fürs Auge, als fürs Ohr. Die Pfeiffen sind hier niemals verguldet, wohl aber die hölzerne Einfassung und das Gehäuse, welches keine üble Wirkung thut.

Das Theater zu Brescia ist sehr prächtig, aber viel kleiner als das zu Mayland, was die Länge anbetrift; die Höhe ist einerley. Das Verhältniß der Logen um beyde Theater ist wie hundert zu vier und dreißig: in jedem sind fünf Reihen Logen, so daß dieß Haus viel höher scheint, als das zu Mayland. Die Logen sind mehr mit Spiegeln, Mahlereyen und mit sammtnen oder reichen seidnen Decken ausgeziert; im Parterre hat jeder Zuhörer mehr Raum als zu Mayland, jeder Sitz ist zurückgeschlagen und angeschlossen, bis derjenige, der ihn bezahlt hat, kömt. Jeder Rang und jede Loge ist hier numerirt, so wie in unsern Theatern, wenn die Abtheilungen der Logen und des Parterre, um mehr Platz zu haben, weggenommen werden. Man spielte Il saggio amico, den klugen Freund von Goldoni; es war die erste Komödie, die ich in Italien ohne Harlekin, Colombine, Pierrot und Dottore sah, und sie war regelmäßiger als die italiänischen Stücke gewöhnlich sind. Es war ein Milordo Inglese darin, der ganze Hände voll Zechinen wegschenkte, worüber die Zuschauer sich sehr freueten. Einige

F Schau-

Schauspieler kamen mit Lichtern herein; ich hatte dieß nie vermißt, denn auf dem englischen Theater ist es nicht gewöhnlich, aber eigentlich leidet die Wahrscheinlichkeit doch dabey, wenn die Handlung des Nachts vorgeht.

Hier war unter der Aufsicht des Kapellmeister Leopoldo Maria Scherli eine komische Oper im Gange; die Sänger waren, Giovanni, Simoni, Giuseppe Franceschini, Niccola Menichelli, Angiola Dotti, Gelrrude Doreti, Teresa Manichelli, Teresa Monti, doch spielten sie zum Unglücke nicht, als ich zu Brescia war.

In dem Wirthshause, wo ich mich aufhielt, dicht an meinem Zimmer war eine Gesellschaft von Operisten, die sehr lustig schienen; sie kamen eben von Rußland, wo sie vierzehn oder funfzehn Jahr gewesen waren. Der vornehmste Sänger darunter war, wie ich erfuhr, der Castrat Luini Bonetto. Man sagte, er sey noch sehr reich, ob er gleich in einem Abend im Spiele zehntausend Pfund von dem Gelde verlohren, das er con la sua virtù erworben hatte. Er ist aus Brescia gebürtig. Eine musikalische Gesellschaft bewillkommete ihn am Abend seiner Ankunft in dem Wirthshause, und eine andere brachte ihm den Tag vor seiner und meiner Abreise eine Abendmusik, welche mit zwey Violinen, einer Mandoline, einem Waldhorn, Trompete und Violonschell besetzt war. Sie spielten, ungeachtet es dunkel war, lange Mandolinconcerte. Ich mußte mich über das Ge-
dächt-

dächtniß dieser Spieler sehr wundern. Es war eine vortrefliche Gassenmusik, dergleichen wir bey uns gar nicht haben; wiewohl unser Klima ist auch nicht für Ständchen. Der berühmte venetianische Tänzer la Collonna war gleichfals erst von Rußland zurückgekommen, und in eben dem Hause abgetreten; sie giengen alle nach Venedig.

Verona. (*)

Es war weder ernsthafte noch komische Oper in dieser Stadt, als ich daselbst den 28sten Julius anlangte. Inzwischen ließ ich mich nach dem berühmten Amphitheater führen, welches von August, oder doch um seine Zeiten soll gebauet worden seyn; vielleicht ist es von Vitruv, der nicht nur sein Baumeister, sondern auch aus Verona gebürtig war. (**) Die inwendige Seite ist neulich reparirt worden, und ist ganz: es hat sechs und vierzig Reihen Sitze von rothem und weissen Marmor; die Figur ist oval, und der größte Diameter zweyhundert und drey und dreyßig Fuß lang, der kleinste aber hundert und sechs und dreyßig: Die Einwohner sagen, daß es sechszigtausend Personen fassen könne, welches mehr, als die doppelte Zahl der itzigen Einwohner von Verona wäre. (***) Hier ward das Volk ehmals mit Hetzen wilder Thiere unterhalten,

---

(*) S. Volkmann. S.
(**) Sein io Maffei in seiner Verona illustrata. T. IV. setzt es mit mehrerem Grunde in die Zeiten Trajans.
(***) Maffei hat genau berechnet, daß etwas über 22000 Personen darin Platz haben.

halten, und ich erwartete, als ich hineinging, nichts anders zu sehen; denn ich hörte so ein Gebrüll und Lärm, daß es mir nicht von Menschen herzukommen schien; aber siehe, als ich näher trat, war es nur Pantalone und Friabella, welche vom Harlekin Prügel kriegten; der Witz dieses Herrn hatte diesen Abend grosse Kraft, und trug, wie ich glaube, mehr zur Zufriedenheit der Zuschauer bey, als in alten Zeiten, Elephanten, Löwen und Tieger. Die Komödie, worin diese Charaktere vorkamen, ward in ihrer ganzen närrischen Vollkommenheit vorgestellt, und ich sah zum erstenmale, Harlekin, Brighella, Pantalone, und Colombina, in ihrer ächten italiänischen Gestalt. Das Theater war in der Mitte auf dem Kampfplatze (arena) errichtet; es waren nur zwey Logen, auf jeder Seite der Bühne eine: der Platz vor dem Theater machte eine Art von Parterre aus, wo die vornehmsten Zuschauer auf Stühlen saßen. Der beste Platz nach diesen war auf den aufgetreppten Sitzen, wovon einige zwölf Reihen von den übrigen, die man nun als die oberste Gallerie ansehen konnte, abgesondert waren; aber alles dieß ist unter freyen Himmel, und man sitzt auf dem blossen Marmor. Es ist ein neueres Theater hier, welches man aber bloß des Winters zur Oper gebraucht. (*)   Bis

(*) Die kurze Zeit, welche ich zu Verona mich aufhielt, war nicht hinreichend, musikalische Untersuchungen zu machen; doch ich erfuhr nachmals von einem Engländer, der verschiedene Jahre in dieser Stadt gewohnt hat, daß ausser verschiednen geschickten Musikern auch viele Liebhaber hier wären, die vorzüglich gut spielten und sätzen.

Vicenza.

Es war weder Oper noch Komödie hieselbst, als ich durchreisete, und ich würde dieser Stadt in meinem Tagebuche gar nicht erwähnen, wenn ich nicht während der Mittagsmahlzeit mit einer Musik wäre unterhalten worden, dergleichen ich zuvor noch nie in Italien gehört hatte. Sie bestund aus einem dreystimmigen Psalm, welcher von Knaben verschiedenen Alters abgesungen ward, die aus ihrer Schule in Procession mit ihrem Lehrer, einem Priester, der den Baß sang, nach der Domkirche giengen. Es war mehr Melodie darin, als in dieser Art Musik sonst zu seyn pflegt, und sie hielten recht gut Takt und Ton, ungeachtet sie ziemlich schnell über die Gasse giengen. Diese Knaben gehen gewissermaßen auf eine Art von geistlicher Werbung aus, denn sie führen alle Knaben, die sie unterweges antreffen können, mit sich zur Kirche, wo sie catechisirt werden.

Als ich von Verona hierher kam, traf ich eine Menge junger Pilgrimme an, die nach Aßisi zum Grabe des heil. Franciscus wallfahrteten: sie waren gewohnt jährlich nach Loretto zu gehen, allein der Senat hatte ihnen verboten, aus dem venetianischen Gebiete zu gehen. Einige von ihnen giengen in grossen Haufen einher, und sangen oder psalmodirten vielmehr Hymnen und Psalmen in canto fermo.

Padua.

Diese Stadt ist in neuern Zeiten durch den Aufenthalt des berühmten Komponisten und Geigers Tartini so bekannt geworden, als in alten Zeiten dadurch, daß der Geschichtschreiber T. Livius hier gebohren war. Tartini starb wenige Monathe vor meiner Ankunft hieselbst, ein Zufall, den ich als ein besonders Unglück für mich ansah, so wie er ein Verlust für die ganze musikalische Welt war. Er war ein Virtuos mit dem ich mich so gern über seine Kunst unterreden hätte, als ich wünschte, ihn spielen zu hören. Ich besuchte mit allem Eifer eines Pilgrims zu Mecca, die Strasse und das Haus, worin er gewohnt hatte; die Kirche und das Grab, worin er begraben war; sein Grabmaal, seinen Nachfolger, den Vollzieher seines letzten Willens, ja alles, auch das geringste, was mir nur einige Nachricht von seinem Leben und Charakter geben konnte. Und obgleich, seit seinem Tode, alle diese Nachrichten eigentlich historisch geworden sind, und nicht völlig zu dem gegenwärtigen Zustande der Musik gehören: so würde ich doch sehr gern meinen Lesern einen Abriß von seinem Leben vorlegen, wenn die von mir im Venetianischen gesammleten Bücher und Papiere, worunter auch die Materialien zu Tartini's Leben sich befinden, schon angelanget wären. Dennoch kann ich nur sagen, daß er 1692. zu Pirano in Istrien gebohren war; daß sein Vater ihn in seiner ersten Jugend,

gend, als er eine Neigung gegen ein junges Frau=
enzimmer verrieth, welche seine Familie für un=
werth hielt, sich mit ihr zu verbinden, einsperrte;
und daß er während dieses Arrestes sich mit mu=
sikalischen Instrumenten die Zeit vertrieb, um
seine Schwermuth zu zerstreuen. Es war also ein
bloßer Zufall, wodurch er in sich die Keimen je=
ner Talente entdeckte, die in der Folge so ausser=
ordentlich wurden.

Hr. de la Lande versichert, folgende sonder=
bare Anekdote aus seinem eigenen Munde zu ha=
ben, woraus man sieht, bis zu welchem Grade
seine Einbildungskraft durch den Geist der Kom=
position befeuret wurde. „Es träumete ihn in
„einer Nacht 1713. er habe ein Bündniß mit
„dem Teufel gemacht, der ihm versprach, bey
„aller Gelegenheit zu seinen Diensten zu seyn; und
„während dieses Traums gelänge ihm alles nach
„Wunsche. Sein neuer Diener kam seinen Wün=
„schen zuvor, und that allemal noch mehr, als
„er verlangte. Kurz, es kam ihm vor, als ob
„er dem Teufel seine Violine gäbe, um zu sehen,
„was für eine Art von Tonkünstler er wäre. Zu
„seinem grossen Erstaunen hörte er ihn ein Solo
„so ausserordentlich schön spielen, und es mit so
„ungemeinem Geschmacke und mit solcher Genauig=
„keit vortragen, daß es alles übertraf, was er
„in seinem Leben je gehört oder gedacht hatte.
„Seine Verwunderung und sein Vergnügen war
„bey dieser Gelegenheit so groß, daß er ausser
„Stand gesetzt wurde, Athem zu schöpfen. Er
„er=

„erwachte in der Heftigkeit dieser Empfindung,
„nahm sogleich seine Geige zur Hand, in der
„Hofnung, das zu spielen, was er so eben gehört
„hatte; aber umsonst. Indeß setzte er damals
„ein Stück, welches vielleicht das beste von allen
„seinen Werken ist, und welches er die Teufels-
„sonate nannte, doch war es soweit unter demje-
„nigen, was er im Schlafe gehört hatte, daß er
„sagte, er würde sein Instrument zerbrochen,
„und die Musik auf ewig verlassen haben, wenn
„er ohne sie seinen Unterhalt zu finden gewußt
„hätte.„ (*)

Er verheyrathete sich früh mit einer Frau von
Xantippens Geschlechte, und seine Geduld ward,
selbst wo sie am meisten geprüft ward, völlig so-
kratisch. Er hatte keine andere Kinder, als seine
Schüler, für welche er stets recht väterliche Sorge trug. Nardini, sein vornehmster Schüler
und Liebling, war von Livorno herüber gekommen,
ihn in seiner Krankheit zu besuchen, um seiner
in den letzten Augenblicken mit wahrhaftig
kindlicher Zuneigung und Liebe zu warten. Er
spielte während des letzten Theils seines Lebens
nur selten, ausser in der Antonius-Kirche zu Padua,
welcher er sich schon im Jahr 1722. gewidmet
hatte. Er bekam von derselben ein jährliches Gehalt von vierhundert Ducaten, wofür er nur
verbunden war, an grossen Festen zu spielen; indessen

(*) Voyage de François en Italie T. 8. Volkmann B.
3. S. 363.

deſſen war ſein Eifer für den Dienſt ſeines Schutz-
heiligen ſo groß, daß er ſelten eine Woche vorbey geben ließ, ohne einmal zu ſpielen, ſo gut es
ſeine kranke Nerven nur zulaſſen wollten.

Sein Tod ward von den Paduanern allgemein
bedauret, die er lange durch ſeine Talente ergötzt,
und durch ſeine Frömmigkeit und andächtige
Handlungen erbauet hatte. Sr. Excellenz, dem
Grafen von Turn und Taxis von Venedig, ſeinem
Scholaren und Gönner, vermachte er ſeine ge-
ſchriebenen Muſikalien, und dem Profeſſor, Padre
Colombo, der lange ſchon ſein Freund und
Rathgeber geweſen, übertrug er die Sorge, ein
Werk nach ſeinem Tode herauszugeben, wovon, ob es gleich hauptſächlich von der Mathematik handelt, die Theorie des Klanges einen an-
ſehnlichen Theil ausmacht. (*)

Man hielt ihm den 31ten May 1770. zu
Padua einen feyerlichen Leichendienſt, wobey der
Abate Francesco Fanzago die Rede hielt, und
ein Anthem aufgeführet ward, das Sgr. P.
Maestro Valloti ausdrücklich dazu kompo-
nirt hatte.

Seine Verdienſte, beydes als Komponiſt und
Violinſpieler, ſind zu bekannt, um hier einer
Lobrede zu bedürfen. Ich will bloß anmerken,
daß er, als Komponiſt betrachtet, zu den wenigen

(*) In dieſem Werke hatte er ſich vorgeſetzt, die Dun-
kelheiten zu entfernen, und die Schwierigkeiten
aufzulöſen, deren er in ſeinen vorigen Abhandlungen beſchuldigt wird.

Originalgenies unsrer Zeit gehörte, und beständig aus seiner eigenen Quelle schöpfte; daß sein Gesang voller Feuer und Phantasie, und seine Harmonie, obwohl gelehrt, dennoch ungekünstelt und rein war; daß, als Violinspieler betrachtet, seine langsamen Sätze von feinem Geschmack und Ausdruck, und seine geschwinden, von seiner grossen Fertigkeit zeugen. Er war der Erste, der die Kraft des Bogens kannte und lehrte, und seine Kenntniß des Griffbretts beweisen tausend schöne Passagen, die nur aus dieser Kenntniß entstehen konnten. Sein Scholar, Nardini, der mir verschiedene von seinen besten Solos vorspielte, und zwar, nach meiner Meinung sehr gut, was die Nettigkeit und den Ausdruck betrift, versicherte mich, daß sein theurer und geehrter Meister, wie er ihn beständig nannte, diese nämlichen Solos um eben soviel besser gespielt habe als er, beydes sowohl die rührenden als die brillianten Stellen, wie er selbst sie besser spielte, als irgend einer von seinen Scholaren.

Was die Klage betrift, die gemeine Leser über Dunkelheit in seiner Abhandlung von der Musik führen, und den Mißbrauch der Mathematik, den ihm gelehrte Männer vorwerfen, so sind das Sachen, welche aus einander zu setzen hier nicht der Ort ist. Vielleicht kann man den Werth dieses Werks nicht genauer bestimmen, als es Rousseau gethan hat, welcher sagt: „Wofern das System des berühmten Tartini nicht
„das

„das System der Natur selbst ist: so ist es doch
„das, worin die Grundsätze am wenigsten geküns
„stelt sind, und woraus alle Gesetze der Harmo:
„nie auf eine weniger willkührliche Weise zu ent=
„springen scheinen, als in einem andern System,
„das bisher bekannt geworden ist.„ (*) Daß
dieses System voll neuer und sinnreicher Ideen ist,
die blos die Frucht einer vorzüglichen Kenntniß
seiner Kunst seyn konnten, das kann man schon
durch den Schleyer seiner Dunkelheit entdecken.
Und sein Freund, der Pater Colombo machte
mich mit der Ursache dieser Dunkelheit und mit
diesem scheinbaren Mangel an gründlicher Wissen=
schaft bekannt, indem er gestund, daß Tartini
bey aller Parade mit algebraischen Zeichen und
aufgelöseten Problemen dennoch kein Mathema=
tiker war, und daß er die gemeine Rechenkunst
nicht einmal gut inne hatte. Bey allem dem sah
er mehr, als er durch Zeichen oder Grundsätze,
die er von andern Wissenschaften entlehnte, aus=
drücken konnte; und ohne weder ein Meßkünstler
noch Algebraiker zu seyn, besaß er eine Leich=
tigkeit, und hatte eine Methode zu calculiren,
die

(*) Als dieses Tagebuch bereits für den Druck ausge=
fertigt war, erschien ein Buch unter dem Titel:
Principles and Power of Harmony; (Grundsätze
und Macht der Harmonie) welches mir das höchste
Vergnügen verschaft hat, welches ein schön geschrie=
benes, deutliches und meisterhaftes Werk nur geben
kann. Ich weiß nicht, wer der Verfasser desselben
ist, es scheint aber, daß er Tartini's Grundsätze völ=
lig verstanden, und seinem Genie hat Gerechtigkeit
wiederfahren lassen, ohne über seine Fehler par=
theyisch zu seyn.

die nur ihm allein eigen war, und von dieser setzte er zum voraus, er könne damit eben sowohl ans dre belehren, als er sie für sich selbst hinlänglich befand. Gewiß ists, daß er in Ansehung der Geheimnisse der Wissenschaft, davon er eine intuitive Kenntniß besessen zu haben scheint, zuweilen unverständlich, zuweilen auch verständlich genug ist; allein ich hege eine solche Meynung von Tartini's Verstande und Scharfsinn in seinen musikalischen Untersuchungen, daß ich bey dunkeln Stellen voraussetze, sie sind entweder dadurch veranlasset, daß er bey der Unzulänglichkeit der gewöhnlichen Sprache, ungewöhnliche Ideen auszudrücken, zu sehr gestrebt hat, seine Gedanken mit Concision zu sagen; oder auch daß er ausser den Schranken meiner Begriffe schwebt; und in diesem Falle bin ich bereitwillig, das auf ihn anzuwenden, was Sokrates dem Euripides antwortete, als dieser Dichter ihn fragte, wie ihm die Schriften des Heraklit gefielen: „Was ich „verstehe ist vortreflich, und deswegen bin ich „geneigt zu glauben, daß das, was ich nicht verstehe, gleichfals vortreflich ist.„

An der Kirche des heil. Antonius ist Signor Guglietto Tromba, ein junger Mann von vieler Geschicklichkeit, und Scholar von Tartini, sein Nachfolger geworden. Bey meiner Ankunft in Padua verlangte mich sehr, sowohl die so berühmte Antonius-Kirche zu sehen, als eine musikalische Messe darin zu hören; und da ich voraussetze,

ſetze, daß meine Leſer auch einen kleinen Theil von meiner Ungeduld empfinden mögten: ſo will ich eilen, Ihnen eine kurze Beſchreibung von dem Gebäude, und eine Nachricht von ſeinem muſikaliſchen Inſtitute zu geben.

Die Kirche iſt groß, und von alter gothiſcher Bauart. Man nennt ſie hier vorzugsweiſe Il Santo, den Heiligen. Sie hat ſechs Dohme oder Kuppeln, von denen die beyden größeſten das Schiff ausmachen; ob ſie aber gleich nur die zwepte Kirche dem Range nach iſt: ſo hat ſie doch in Padua mehr Ruhm und Ehre, als die erſte. Sie iſt auſſerordentlich reich, und dergeſtalt ausgeſchmückt, daß ſie mit Gemählden und Bildhauerarbeit überladen zu ſeyn ſcheint. Beym Eintritt auf den Chor fällt einem der prächtige Anblick von vier ſehr groſſen Orgeln in die Augen, wovon die Vorderpfeiffen ſo ſtark polirt ſind, daß ſie ausſehn, wie glänzendes Silber. Die Einfaſſungen ſind gleichfals von künſtlicher Bildhauerarbeit und vergoldet. Dieſe vier Orgeln ſind ſich einander gleich; das Gehäuſe hat kein Schnitzwerk zu den Einfaſſungen, ſondern man ſieht die Pfeiffen von dreyen Seiten eines Vierecks.

An ordentlichen Feſten beſteht in dieſer Kirche der Muſikchör aus vierzig Perſonen, acht Violinen, vier Bratſchen, vier Violonſchells, zwey Contrebiolons und vier Blasinſtrumenten, dabey ſechszehn Sänger ſind. Acht Caſtraten bekommen einen

Jahrgehalt, unter denen Signor Guatano Guadagni ist, der in Ansehung des Geschmacks, des Ausdrucks, der Gestalt und der Aktion in seiner Profeßion oben an steht. Er bekommt jährlich vierhundert Dukaten, wofür er nur gehalten ist, an den vier Hauptfesten zu singen. Der erste Geiger hat eben den Gehalt. Der zweyte Sopran, Signor Casati, hat eine schwache Stimme, man hält ihn aber für einen Sänger von äusserst schönem Geschmacke und Ausdrucke; der berühmte Antonio Vandini ist der erste beym Violonschell, und Matteo Bissioli aus Brescia bläset die erste Oboe in diesem ausgewählten Orchester.

Signor Francesco Antonio Valloti, der Maestro di Capella, ist ein gebohrner Piemonteser. Dr. Marsili der hiesige würdige Profeßor der Botanik, dem ich unendlich für die Freundschaftsdienste verbunden bin, die er mir während meines Aufenthalts in Padua erwiesen hat, that mir den Gefallen, mich mit diesem großen Meister bekannt zu machen. Man hält ihn für einen der ersten Komponisten für die Kirche in Italien; und in den verschiednen Unterredungen, die ich mit ihm hatte, habe ich gefunden, daß er ein eben so guter theoretischer als praktischer Musikus ist. (*) Er ist ein Geistlicher

───────────────

(*) Tartini spricht vom Pater Valloti in folgenden Worten: „Er war ehedem ein vortreflicher Orgelspieler, und ist izo ein vortreflicher Komponist, und „in allen Dingen ein Meister seiner Kunst." Trattato di Musica, p. 100. Padova 1754.

licher vom Franciscaner-Orden, beynahe siebenzig Jahre alt, besitzt verschiedne seltne und schätzbare Bücher über die Musik, aus welchen er mir erlaubte, Auszüge zu machen; und war so gefällig, mir zwey grosse Repositoria zu zeigen, die mit Partituren von seiner eignen Komposition angefüllet waren; einige derselben blos für Singestimmen, und andre für Singestimmen mit Instrumenten, unter welchen auch das Kirchenanthem auf Tartini war. Von verschiednen dieser letztern habe ich eine Abschrift erhalten. Er hat mir gleichfals einen Theil einer Abhandlung über die Modulation von seiner eignen Hand mitgetheilt, welcher weniger methodisch ist, und nicht soviel Mathematik enthält, als die Abhandlung von Tartini, und also wahrscheinlicher Weise allgemeinnütziger seyn würde, wenn sie gedruckt werden sollte.

Bey meiner Abreise aus Padua ging es mir nahe, diesen guten Pater zu verlassen, der einen so liebenswürdigen Charakter hat, daß es unmöglich ist, ihn zu kennen, und nicht hoch zu schätzen. Er versprach mir zwey Missen in Partitur von seiner Arbeit, so bald er sie abgeschrieben bekommen konnte (*), und verlangte ernstlich von mir, daß ich ihm mein Buch schicken sollte, sobald es heraus käme; er las meinen Plan mit vieler Aufmerksamkeit, und übertrieb sein Lob so weit, daß

(*) Nachdem ich wieder in England bin, habe ich Nachricht erhalten, daß er solche nach Venedig abgesandt hat, von da sie mir übermacht werden sollen.

daß er sagte: er wäre eine öffentliche Angelegenheit Italiens.

Das Theater zu Padua ist artig und bequem. Man geht auf zwey prächtigen steinernen Treppen hinauf, und seine Gestalt ist beynahe oval. Es hat fünf Reihen Logen, in jeder Reihe neun und zwanzig, welche vielleicht dem Auge angenehmer vorkommen möchten, wenn sie nicht eine über die andre hervorragten. Das Parterre enthält hundert und funfzig Sitze, welche aufgeklappt und angeschlossen werden. Die Logen haben Fallfenster. Zwischen der grossen Treppe und dem Theater ist ein Saal zum Spiele, welcher Camera di Ridotti genannt wird. Im Junius ward, während der Antonimesse, eine ernsthafte Oper gegeben; diese Messe über ist Padua sehr lebhaft und voller Fremden von Venedig und den benachbarten Städten.

Der Komponist der Oper war Signor Locchini, ein Neapolitaner, der Kapellmeister im Conservatorio des Ospedaletto zu Venedig ist. Die erste Sängerin war Camilla Mattei, Schwester des Colombo Mattei, der vor acht oder neun Jahren in England war; und die beyden vornehmsten Sänger waren Signor Potenza, der zu gleicher Zeit mit in England war, und ein berühmter Tenorist, Il Cavalier Guglielmi Errori, in Churbayerischen Diensten, dem mehr applaudirt ward, als allen übrigen. Die beyden ersten Tänzer waren, M. Bie und Signora Binetti. Das Subjekt der Oper war Scipio in Carthago.

Don-

Donnerstags, den 2ten August.

Diesen Morgen hatte ich die Ehre in Gesellschaft mit Dr. Marsili, bey dem Professor der Mathematik, Padre Colombo zu frühstücken; ich besprach mich lange mit ihm über Tartini und über seine nachgelassene Schrift, deren ich oben schon erwähnt habe.

Von da gieng ich nach der Antonius-Kirche, woselbst, als an einem Ablaß-Feste, musikalische Messe mit Soloversen von der Komposition des Padre Valotti, der auch selbst den Tact führte, aufgeführet wurde. Allein da die beyden besten Sänger, Signor Guadagni und Signor Casati fehlten, so bleibt nur wenig von der Ausführung dieser Musik zu sagen übrig, was die Singestimmen betrift. Die Komposition indessen war gut, die Harmonie rein, die Modulation meisterhaft, und der Styl ernsthaft und für die Kirche schicklich. Ich fand aber, daß die Hälfte von der Orgel mehr als hinlänglich war, die Stimmen zu übertäuben; und Pater Valotti sagte mir, daß der Lärm gewöhnlicher Weise noch unerträglicher sey, daß er aber nach und nach es von vier Orgeln, die ehedem alle auf einmal accompagnirt hätten, bis auf zwey heruntergebracht habe. Itzt werden aber viere zugleich nur bey dem täglichen Gottesdienste gespielt, wenn keine Kirchenmusik ist. Der gegenwärtige erste Organist, Signor Dominico Locarello

wird

wird für einen geschickten Künstler gehalten. (*) Es wäre aber zu wünschen, daß er und sein College, die Sänger und Instrumentisten, welche gut und werth sind, daß man sie höret, bloß mit dem Rückpositive accompagniren wollten, wie wir in England zu thun pflegen; denn sonst kann man nichts hören, als die Orgeln, die freylich sehr wohlklingende Werke, aber so stark sind, daß alle Musik dadurch unnütz wird.

Ob es gleich kein grosser Festtag, so war doch der Chor zahlreicher besetzt, als gewöhnlich. Ich hätte gerne den berühmten Oboisten, Marteo Biffioli und den alten grossen Annonio Vardini auf dem Violonschell gehört, von dem die Italiäner sagen, sein Spielen und sein Ausdruck sey ein Parlare, das heißt, er lasse sein Instrument sprechen. Allein keiner von beyden hatte etwas alleine zu spielen. Indessen traue ich diesen beyden Virtuosen auf guten Glauben zu, daß sie grosse Geschicklichkeit besitzen, weil sie von ihren Landesleuten sehr gerühmt werden, welche durch das viele Anhören geschickter Leute in allerley Gattungen, unvermerkter Weise gute Richter über musikalisches Verdienst werden müssen. Leute, die nichts als schlechte Musik zu hören bekommen, können Gefallen daran finden, das

kann

(*) Es ist blos aus Billigkeit, daß ich hier sage, daß ich ihn verschiedne mahl, während des Offertorio, die Orgel allein in einer sehr feyerlichen und meisterhaften Manier, habe spielen hören.

kann aber der nicht, der lange an gute Musik und geschickte Virtuosen gewohnt ist. Es ist merkwürdig, daß Antonio und alle hiesige Violonschellspieler den Bogen nach der alten Art halten, mit der Hand am Haare und den Daumen am Holze, wie bey dem Gambenspieler noch geschieht. Der Chor dieser Kirche ist ausserordentlich groß, die Bässe sind alle an eine Seite gestellt, die Violinen, Hoboen, Waldhörner und Bratschen an die andre, und die Singstimmen stehen oben auf den beyden Orgelgallerien, in die Hälfte getheilt; allein wegen der Entfernung, worin sie von einander stehen, waren sie nicht immer ganz genau im Takte.

Den Tag vor meiner Abreise von Padua, besuchte ich den Signor Tromba, Tartini's Schüler und Nachfolger. Er war so gefällig, mir verschiedne von seines Lehrmeisters Solos vorzuspielen, besonders zwey, welche er kurz vor seinem Tode gemacht hatte; von diesen bat ich mir eine Abschrift aus, indem ich diese letzten Tropfen aus seiner Feder, als heilige Reliquien eines so grossen Originalgenies betrachte.

Venedig. (*)

In dieser Stadt hatte ich mich nach mancherley zu erkundigen, und hatte hier grosse Erwartungen, in Ansehung der Musik, sowohl der vergangnen als gegenwärtigen Zeiten. Die S.

(*) S. Volkmann. 3. B. S. 500.

Markus-Kirche hat immer sehr geschickte Kapellmeister gehabt, von den Zeiten des Adriano Vorwesers des Zarlino an, bis auf ihren gegenwärtigen würdigen Komponisten Galuppi. Venedig ist ebenfals eine der ersten Städte in Europa gewesen, woselbst sich das musikalische Drama, oder die Oper gebildet hat, und in dem ernhaften Style hat es die Ehre gehabt, einen Lotto und Marcello aufzuweisen. Denkt man sich zu diesen Vorzügen noch die hier eingerichteten Conservatorios, und die Lieder der Gondolieri, oder Gondolfahrer hinzu, welche so berühmt sind, daß jeder Musiksammler in Europa einen Vorrath davon haben muß, so wird erhellen, daß meine Erwartungen gegründet waren.

Die erste Musik, die ich hier hörte, war auf der Gaße, den Augenblick da ich ankam, und zwar von einer herumreisenden Bande von zwo Geigen, einem Violonschell, und einer Singestimme. Hier bemerkte man sie freylich eben so wenig, als in England ein Fischer- oder Citronen-Weib bemerkt wird; sie machten es indessen so gut, daß sie in einem jeden andern Lande von Europa, nicht allein Aufmerksamkeit erregt, sondern den Beyfall würden gefunden haben, welchen sie billiger Weise verdienten. Die beyden Geiger spielten schwere Passagien mit Nettigkeit, der Baß spielte rein und fern, und die Stimme, eine weibliche, hatte einen guten Ton, und verschiedne andre nöthige Eigenschaften einer guten Sängerin,

als

als z. E. Umfang, Triller und Fertigkeit der Kehle. Doch ich will der Musiken von der Gattung, welche ich hier angetroffen habe, nicht alle erwähnen. Sie kommen so häufig vor, daß die Wiederholung langweilig werden würde.

Diese Stadt ist wegen ihrer Conservatorios oder Musikschulen berühmt, deren sie viere hat, das Ospeda'e della Pietà, der Mendicanti, der Incurabili, und das Ospedaletto a Giovanni e Paolo, in welchen allen jeden Sonnabend und Sonntag Abend sowohl wie an den grossen Festen Musik aufgeführet wird. Den Nachmittag nach meiner Ankunft, den 4ten August, gieng ich nach della Pietà. Der gegenwärtige Kapellmeister hieß Sgr. Furnaletti, ein Priester, und die Instrumental- und Vocal-Musik wird von lauter Mädchen aufgeführt. Diese spielen die Orgel, die Violinen, die Flöten, die Violonschells, und blasen sogar die Waldhörner. Es ist eine Art von Fündlinghause, für uneheliche Kinder, und steht unter dem Schuze verschiedener von Adel, Bürger und Kaufleute, welche, so groß auch die Einkünfte des Hauses sind, noch jährlich zu seiner Unterhaltung zuschlessen. Die Mädchen werden hier so lange unterhalten, bis sie verheyrathet werden, und alle, die Anlage zur Musik äussern, werden darin von den besten Meistern in Italien unterwiesen. Die Komposition sowohl als die Ausführung, die ich diesen Abend zu hören bekam, giengen nicht über das Mittelmäßige hinaus;

aus; unter den Sängerinnen konnte ich keine entdecken, die eine merkwürdig schöne Stimme, einen besondern guten Geschmack im Vortrage gehabt hätte. Zum Beschluß machte man indessen eine Symphonie, deren erstes Allegro, in Ansehung der Lebhaftigkeit gut gesetzt, und von den Instrumenten gut gespielt ward.

Des Sontag Morgens, den 5ten August, gieng ich nach der griechischen Kirche, die hier seit Leo X. Zeiten beständig geduldet worden ist. Der Gottesdienst wird hier in griechischer Sprache gehalten; die Episteln und Evangelien werden von einem Oberpriester von einer Kanzel, und die Gebete und Litaneyen in einer Art von Melodie gesungen, die gänzlich von jeder andern unterschieden ist, die ich jemals in oder ausser der Kirche gehört habe. In dieser befindet sich keine Orgel, sie ist aber mehr mit Zierathen überladen, und der Ceremonien sind darin mehr, als in irgend einer römischen Kirche.

Von da gieng ich nach der Markus-Kirche, und hörte eine musikalische Messe an, welche von Priestern gesungen, und bloß von der Orgel begleitet ward, so ziemlich im Stile unser vollstimmigen Anthems. In der Lucas Kirche hörte ich gleichfals einen Theil einer Messe mit Instrumenten; einige von den Tenorstimmen waren hier gut, und die Arien waren mit Geschmack gesetzt, und wurden auch so gesungen; die Komposition war von
einem

einem Priester. In dem letzten Chore war eine vortrefliche Fuge, schön ausgearbeitet und ausgeführt.

Den Nachmittag desselben Tages verfügte ich mich nach dem Hospital de Mendicanti, für Waisenmädchen, welche im Singen und Spielen unterwiesen werden, und an Sonn- und Festtagen die Messe im Chore singen. Sgr. Bertoni ist der itzige Maestro di Capella. Man führte eine Hymne mit Solos und Chören auf, und eine Motette a voce sola, welche letzte sehr gut ausgeführt ward, besonders ein obligates Recitativ, das die Sängerinn mit grosser Kraft und Nachdrucke absang. Im Ganzen genommen, hatte die Komposition einige artige Stellen, vermischt mit andern, die nicht gar zu neu waren. Die Thema's der Fugen und Chöre war alltäglich und ohne Fleiß zusammen geschrieben. Die Mädchen hier begleiteten die Stimmen besser, däuchtete mich, als die della Pietà. Da die Chöre blos mit weiblichen Stimmen besetzt sind: so sind sie niemals stärker, als dreystimmig, oft nur zweystimmig; gleichwohl, wenn sie mit Instrumenten verstärkt werden, haben sie eine solche Wirkung, daß man den Mangel der Vollstimmigkeit nicht merkt, und die Melodie ist soviel deutlicher und hervorragender, je weniger sie durch Harmonie bedeckt ist. In diesen Hospitälern findet man oft Mädchen, die im tiefen Alt bis A und G herunter singen, wodurch sie im Stande sind, beständig unter dem soprano und mezzo

Soprano zu bleiben, wozu sie den Baß singen; und dieß scheint in Italien schon eine alte Gewohnheit zu seyn, wie man in den, von alten Komponisten angeführten Exempeln bemerken kann, die z. E. von Zarlino Gloriano, Kircher und andern, wo die Tiefste von drey Stimmen oft im tiefen Altschlüssel geschrieben ist.

Von hier gieng ich zum Ospedaletto, wobey Sgr. Sacchini Kapellmeister ist, und fand wirklich viel Vergnügen an der Komposition eines Theiles der berühmten Hymne Salve Regina, welche man eben absang, als ich in die Kirche trat. Sie war neu, feurig, und voll sinnreicher Zwischenspiele der Instrumente, welche immer etwas Unterhaltendes sagten, ohne die Singstimmen zu stören. Im Ganzen schien mir in dieser Komposition eben so viel Genie zu stecken, als in irgend einer, die ich seit meiner Ankunft in Italien gehört hatte. Sänger und Spieler sind hier gleichfals lauter Waisenmädchen. Eine unter ihnen la Ferrarese sang sehr gut, und hatte einen ausserordentlich grossen Umfang in der Stimme; sie sang bis zum dreygestrichenen E hinauf, und konnte es ziemlich lange in einem reinen und natürlichen Tone aushalten.

Selbst als ich diese Musiken gehört hatte, hörte ich auf dem St. Markusplatze noch vielen Gassenmusikanten zu, wovon einige in Banden waren und eine oder zwo Stimmen begleiteten;

zuweilen war nur eine Stimme mit einer Guitarre, und zuweilen zwey oder drey Guitarren zusammen. In der That ist es nicht zu verwundern, daß die Gassenmusik hier nicht geachtet wird, da die Leute an allen Ecken damit gesättigt werden. Aber dagegen muß man auch zur Rechtfertigung des Geschmacks und der Einsicht der Italiäner gestehen, daß, was sie bewundern, etwas Vortrefliches sey, und alsdann „kein Tadel im kalten Lobe,„ bey ihnen; sie werden auf eine ihnen eigne Art entzückt; sie scheinen unter dem Vergnügen zu erliegen, das zu groß für ihre arbeitende Sinne ist.

Sie hatten hier vergangnes Carneval auf sieben Theatern zugleich Oper, drey ernsthafte und vier komische, ausser vier andern Komödien-Theatern, und alle waren Abend vor Abend voll.

Montag, den 6ten.

Diesen Morgen gieng der Doge in Procession nach der Kirche Giovanni e Paolo. Ich war nicht allein neugierig, diese Procession anzusehn, sondern auch die Musik zu hören, die ich mir als wichtig und von einem grossen Orchester vorstellte; gleichwohl war es nur eine vierstimmig gesetzte Messe, von keinem andern Instrumente, als der Orgel begleitet; dafür aber war sie so schön in ihrer Art, so gut abgesungen und accompagniret, daß ich mich nicht entsinne, mehr Vergnügen bey einer solchen Musik empfunden zu haben.

Einer der Organisten an der Markus-Kirche, ein Ordensbruder, welcher accompagnirte, zeigte sich in seinen Vor- und Zwischenspielen, als ein wahrer Meister. Die Stimmen waren wohlgewählt und zusammenpassend, keine stärker als die andere. Die Komposition war vom Herrn Lorri, und wirklich feyerlich und majestätisch; sie bestund aus Fugen und Nachahmungen, im Style unsrer besten alten Kirchen-Stücke, welche D. Boyce so sorgfältig gesammlet und mit so vieler Pracht herausgegeben hat. Alles war darin klar und deutlich, keine Verwirrung, oder überflüßige Noten; zuweilen hatte sie so gar Ausdruck, besonders in einem Satze, welchen die Sänger so inniglich vortrugen, daß ich dadurch bis zu Thränen gerührt ward. Der hiesige Organist verstattete mit vieler Einsicht, daß man die Sänger deutlich hören konnte, und zwar so, daß ich oft vergaß, daß eine Instrumentalbegleitung dabey wäre. Im Ganzen genommen scheint dieses der wahre Styl für die Kirche zu seyn: er bringt einem nichts irdisches, weltliches oder leichtsinniges in die Gedanken: er macht das Herz warmer Empfindungen fähig, und reinigt es von groben und sinnlichen Leidenschaften. Die Rührung, die ich empfand, war bloß die Wirkung richtig modulirter und richtig abgemessener Klänge, denn die Worte des Textes konnte ich wegen der Entfernung nicht verstehn; wie denn überhaupt diese Art Musik der Poesie nicht vortheilhaft ist. Wenn die Stimmen bey einer Fuge nach und nach eintreten,

treten, singen sie jede verschiedene Worte zugleich, welches gewiß keine grosse Wirkung hervorbringen kann. Dieses Fehlers ungeachtet, muß man doch eingestehn, daß solche Musik, wie diese beym Gottesdienst in Kirchen, ihre Vorzüge hat, so sehr man Recht haben mag, sie von der dramatischen Scene zu verbannen.

Sir James Wright hatte mir die Ehre erwiesen, mir einen Brief an den Chargé d'affaires Sr. brittischen Majestät, Herrn Richie mitzugeben, der auch so gütig und gefällig gewesen ist, mir manchen wesentlichen Dienst zu leisten. Heute erhielt ich durch seine Veranlassung einen Besuch von Sgr. Atilla, einem hiesigen berühmten Komponisten, mit dem ich eine lange Unterredung über den Zweck meiner Reise hatte. Ich fand an ihm einen verständigen, umgänglichen Mann, von ungefehr sechzig Jahren, der sowohl über die Musik der Alten als der Neuern (an welcher letztern er seit vielen Jahren schon keinen unwichtigen Antheil genommen (*), vieles gelesen und gedacht hat. Ich bewunderte seine Ehrlichkeit, da er mir rieth, ich sollte nach dem Incurabili gehn, und da eine Musik von den Mädchen anhören, welche mir, wie er sagte, sehr ge-

(*) Die meisten von den komischen Opern, welche zur Zeit des Pertici und Laschi mit so vielem Beyfalle in London aufgeführt wurden, waren Atilla's Komposition; besonders La Comoedia in Comoedia, Don Calascione, und andre mehr. Er ist ein Oheim des Signor Piccini.

gefallen würde. Es sind Schülerinnen des Signor Galuppi, welcher an diesem Conservatorio Maestro di Capella ist. Unglücklicher Weise war die Musik schon angegangen, als ich hinkam, doch hatte ich noch weiter nichts versäumt, als die Symphonie und einen Theil der ersten Arie. Die Worte waren aus drey oder vier lateinischen Psalmen, aus der Hymne, Salve Regina, genommen, dazu ein Wechselgesang in lateinischen Versen kam. Ich wußte nicht, was mich mehr entzückte, ob die Komposition oder die Aufführung; beydes war vortreflich. Herr Galuppi hat alles sein Feuer und seine ganze Imagination aus dem kalten Rußland wieder mit gebracht, woher er neulich wieder zurück gekommen ist. (*) Dieser sinnreiche, zierliche und unterhaltende Komponist hat einen Reichthum an neuen, feurigen und feinen Gedanken, und seine Schülerinnen thaten seiner Musik alle Gerechtigkeit. Einige unter ihnen hatten ungemeine Talente zum Singen, besonders die Rota, Pasqua Rosso und die Ortolani, die beyden letztern sangen den Wechselgesang. Die Einleitungs-Symbphonie sowohl als das Ganze dieses Gesanges war für zwey Orchester gesetzt. In der Symphonie, welche voller artigen Passagien war,

(*) Galuppi ist in Italien am meisten unter dem Namen Il Buranello bekannt, den man ihm von seinem Geburtsorte, Burano, einer kleinen Insel, nicht weit von Venedig, beygeleget hat. So nennt man auch Hasse il Sassone, il caro Sassone. In Petersburg hat Signor Traetta Galuppi's Stelle erhalten.

war, machten die Orcheſter eins ums andre das Echo. Es waren dabey zwey Orgeln und zwey Paar Waldhörner. Kurz, ich war ungemein vergnügt über dieſe Muſik, und die Zuhörer, deren eine groſſe Anzahl war, ſchienen es gleichfals zu ſeyn. Die eben genannten jungen Sängerinnen ſind wahre Nachtigallen; mit vieler Leichtigkeit machen ſie eben ſolche ſchwere Sprünge und Läufe, als dieſer Vogel. Sie machten Sachen von dieſer Art, beſonders die Kora, dergleichen, ſo viel ich weiß, noch niemand vorher verſucht hat. In allen Cadenzen dieſer jungen Schülerinnen konnte man den geſchickten Meiſter entdecken. Die Inſtrumentalmuſik ward ſehr gut ausgeführt, und das Ganze verrieth ein vorzügliches Genie beym Komponiſten und Director. Dieſe im höhern theatraliſchen Style geſchriebene Muſik, ob ſie gleich in der Kirche aufgeführet wurde, war doch nicht mit dem Gottesdienſte verbunden, und die Zuhörer hatten ſich hier verſammlet, wie in einem Concerte, und man konnte es mit dem gröſzeſten Rechte, ein Concert Spirituel nennen.

Dienſtag, den 7ten.

Dieſen Morgen war in der Kirche S. Gaetano muſikaliſche Meſſe. Es war ein groſſer Feſttag, und derohalben alle Schätze und Reliquien zur Schau geſtellt, wobey die Kirche gedrängt voll war. Der Komponiſt der Muſik, der ſie

auch

auch selbst aufführte, war Signor Menagatto, ein Priester. Ich kann nicht sagen, daß ich sehr davon erbauet worden wäre; die Orgel war von schlechten Tone und ward elend gespielt; die Sänger bestanden in zwey mittelmäßigen Tenören und einem Basse, die Komposition war alltäglich, und verrieth gar kein Genie.

Um diese Zeit fängt hier das Volk, wie es scheint, erst um Mitternacht anzuleben. Um diese Stunde sind die Canäle mit Gondeln bedeckt, und der Markusplatz ist voller Menschen, selbst die Ufer der Canäle sind voller Volks, und von allen Seiten hört man Musik. Wo nur zwey Menschen, von der niedrigsten Klasse Arm in Arm spatzieren gehen, scheinen sie sich im Gesange zu unterreden; mit Gesellschaften zu Wasser in einer Gondel ist es dasselbe; eine blosse Melodie ohne zwote Stimme bekommt man in dieser Stadt nicht zu hören. Alle Lieder auf den Gassen werden als Duette gesungen. Glücklicher Weise für mich, war diese Nacht eine Barke mit Musik, die aus einer schönen Bande mit Violinen, Flöten, Hörnern, Bässen und Pauken bestund, auf dem grossem Canale, und legte nicht weit von meinem Hause an. Es war eine Nachtmusik, die ein Inamorato seiner Geliebten machen ließ. Shakespear sagt von nächtlicher Musik:

„Methinks it sounds much sweeter
„than by day.
„Silence bestows the virtue on it. —
„I think

„The

„The nightingale, if she should sing
„by day,
„When every goose is cackling,
„would be thought
„No better a musician than the
„wren.„ (*)

Ob Zeit, Ort und Art des Vortrags dieser Musik ihr zufällige Reitzungen gab; kann ich nicht sagen; alles, was ich weiß, ist, die Symphonien schienen mir ausserordentlich schön, voller Phantasie, voller Feuer, die Passagien wohl geordnet, zuweilen herrschte das Anmuthige, zuweilen das Pathetische; und zuweilen, für so widersinnig man es achten mag, that selbst das Lärmende und Rauschende gute Wirkung. Niemand, denke ich, wird gegenwärtig leugnen, daß in einer vielstimmigen Musik die Dissonanzen nothwendig sind, nicht blos weil solche durch Gegensatz und Vergleichung die Consonanzen erhöhen und versüssen, sondern noch mehr deswegen, weil sie ein nothwendiger Reiz für die Aufmerksamkeit werden, welche bey einer Folge von reinen Consonanzen ermüden würde. Sie verursachen dem Ohre ein vorübergehendes Leiden, das so lange unzufrieden, ja unruhig bleibt, bis es etwas bessers zu hören bekömmt; denn keine musika-

(*) Mir däucht sie viel süsser, als am Tage. Die Stille giebt ihr die Kraft. Ich denke, die Nachtigall, wenn sie am Tage sänge, wo jede Gans schnattert, würde für keine bessere Sängerin gehalten werden, als die Grasmücke.

ſikaliſche Phraſis kann ſich mit einer Diſſonanz ſchlieſſen, weil das Ohr am Ende befriedigt ſeyn muß. Da nun Diſſonanzen erlaubt, und ſo gar im Gegenſatze der Conſonanzen nothwendig ſind, warum ſollte nicht Geräuſch, oder ein ſcheinbares Geſchwätz, abgemeßnen Klängen und einer harmoniſchen Proportion entgegen geſtellt werden können? Einige Diſſonanzen der neuern Muſik, welche bis Anfang dieſes Jahrhunderts unbekannt waren, ſind ſo hart, daß ſie das Ohr nur eben ausſtehen kann, und haben dennoch, als Contraſt gebraucht, eine gute Wirkung. Man kann den ſtrengen Geſetzen von der Vorbereitung und Auflöſung der Diſſonanzen zu gewiſſenhaft folgen, und dadurch groſſe Wirkungen verlieren. Ich bin überzeugt, daß, wenn nur endlich das Ohr ſchadlos gehalten wird, es wenige Mißklänge giebt, die es nicht aushalten könnte. Wenn z. B. die fünf Töne, c, d, e, f, g, auf einem Clavecin zugleich angeſchlagen, und nur d und f bald aufgehoben werden, und die übrigen bleiben, ſo wird das Ohr bey dem erſten Schlage eben nicht ſehr leiden. Oder noch mehr, wenn ſtatt der genannten fünf Töne, die folgenden c, dis, e, fis, g angeſchlagen werden, und nur dis und fis nicht ſo lange liegen bleiben, als die übrigen, ſo wird ſich alles zum Vergnügen des beleidigten Ohres endigen.

Mittwochs, den 8ten.

Dieser Tag war für die Untersuchung des gegenwärtigen Zustandes der Musik in Italien nicht merkwürdig; gleichwohl verdient er hier bemerkt zu werden, wegen der Gelegenheit, die er mir gab, mit dem Abate Martini zu reden, der einer der besten Richter in allen Theilen der alten und neuern Musik war, die ich bis dahin angetroffen hatte. Er ist ein geschickter Mathematiker, komponirt und spielt selbst. Er hatte eine Reise nach Griechenland gethan, um in der Erdbeschreibung, der Ackerbaukunst, und Naturgeschichte Bemerkungen zu machen, da er aber seinen eignen Erwartungen nicht Gnüge zu leisten vermochte, so ward sein Stolz durch diese fehlgeschlagene Hofnung so beleidigt, daß er nicht dahin zu bringen gewesen ist, das Geringste von seinen Anmerkungen oder Entdeckungen herauszugeben. Bey andern Untersuchungen forschte er auch nach der Musik der neuern Griechen, in der Hofnung, daß diese ein Licht über die Musik der Alten verbreiten würde. Er kennt, wie ich glaube, so gut als nur irgend jemand, sowohl die Systeme des Pythagoras, Ptolomeus und der übrigen Schriftsteller, welche Meibom gesammlet hat, als die Systeme des Rameau und Tartini. Er ist ein grosser Bewunderer der Werke des Marcello, und weiß alle seine Cantaten und seine besten Arien auswendig. Nachdem er meinen Plan gelesen, den wir Artikel vor Artikel durchgiengen,

giengen, war er sehr mit demselben zufrieden; zeigte mir seine griechischen und andere Manuscripte, und ich hatte grosse Ursache, sowohl mit meiner Aufnahme, als mit den Nachrichten, die er mir mittheilte, zu frieden zu seyn.

Den 9ten. Diesen Nachmittag hatte ich abermals eine lange Unterredung mit eben dem gelehrten Manne, der so gefällig war mir seine Handschriften, die griechische Musik betreffend, als ein Geschenk anzubieten. Ich konnte dies Geschenk nicht anders als einen schätzbaren Fund betrachten, denn ob es gleich nicht Materialien genug zu einem eignen Buche enthielt, wie des Verfassers erste Absicht gewesen war, so scheinen sie mir doch von Wichtigkeit zum Einrücken in ein Buch, das nach seinem Zwecke nicht allein von der alten, sondern von der Nationalmusik aller Völker handeln soll, in sofern zuverläßige Proben oder Nachrichten davon zu erhalten stehn. Der Abate hat unter andern auch eine Sammlung von Apophthegmen oder Sprüchwörtern zusammen getragen, in der Absicht, sie herauszugeben, welche die Sitten und das Elend der neuern Griechen vielleicht nachdrücklicher zu Tage legen wird, als irgend ein ander Werk thun könnte.

Diesen Abend war in der Lorenzkirche Musik, komponirt und dirigirt vom Signor Sacchini, und war die Kirche sehr voll, weil es die Vigilie dieses Heiligen war. Vielleicht litte ich, wie alle
Uebri=

Uebrigen, zu sehr von der Hitze, als daß meinem Herzen leicht wäre beyzukommen gewesen, denn die Komposition kam mir alltäglicher vor, als die andre, die ich vorher von diesem sinnreichen Meister gehört hatte; indessen waren die Singestimmen nicht so gut bestellt, weil keine andre Sänger da waren, als die aus der Markuskirche, welche mehr gewohnt sind, bloße Kirchenmusik, ohne andre Begleitung, als die Orgel, zu singen. Die Stimmen waren nicht schön genug für lange Solosätze, und nicht stark genug durch viele Instrumente durchzudringen. In der Komposition waren indessen sehr gefällige und angenehme Sätze und Stellen, und einige von den Chören waren recht gut im Fugen= und Oratorienstyle gearbeitet. Aber in dieser Art Musik, wird doch, nach meiner Meynung, Händel immer vor allen andern den Vorzug behalten; wenigstens hab ich, so lang ich auf dem festen Lande bin, noch nichts von gleicher Stärke und Wirkung gehört. In den Kompositionen der Andern findet man oft mehr Melodie in den Solostellen, mehr Gelecktes, mehr Schatten und Licht, aber in Ansehung der Erfindung und der Harmonie stehn sie alle weit hinter ihm. Ich muß gestehn, ich hatte einige von Händels Musiken so lange, und oft so schlecht besetzt gehört, daß sie mir fast ein wenig eckel und überdüßig geworden waren; allein meine italiänische Reise, an Statt die Hochachtung, die ich allemal gegen die besten Arbeiten dieses wahrhaftig großen Tonkünstlers gehegt habe, zu vermindern, hat sie

solche

solche vielmehr vermehret, und bey meiner Zurückkunft habe ich solche mit neuem Vergnügen gehört. Bis dahin hatte ich in Italien wenig andre als Kirchenmusik gehört, aber in diesem Style, mit Instrumenten, schienen mir alle andre Kompositionen in Vergleichung mager. Die Fugensubjeckte waren überhaupt genommen, gemein und alltäglich, und die Ausarbeitung trocken und wenig kunstmäßig. Freylich war der Kirchenstyl, ohne Instrumente, die Orgel ausgenommen, in Italien noch lange vor Händeln bekannt genug, und die Melodie ist seitdem viel verfeinert, sie ist angenehmer, pathetischer und so gar lebhafter geworden; allein was den Contrapunkt, die Fugen und vollstimmigen Chöre mit Instrumenten betrift, so wiederhohle ich es, ich habe nie seines Gleichen gehört, und erwarte es auch nicht.

Den 10ten. Diesen Morgen gieng ich wieder nach der Kirche des heil. Lorenz, woselbst ich ausser einer Messe von der Komposition des Sgr. Sacchini, den Sgr. Nazzari, ersten Violinisten von Venedig, ein Concert spielen hörte. Allein wir haben in England schon so viele gute Violinspieler gehört, daß uns nichts mehr übrig bleibt, zu bewundern. Indessen spielt Signor Nazzari sehr sauber und gefällig; er zieht einen egalen, glatten und vollen Ton aus seinem Instrumente. Er spielt mit großer Leichtigkeit und vielem Ausdrucke, und ist überhaupt der beste Sologeiger, den ich jenseits der Alpen gehört hatte.

Von

Vom Argus wird gesagt, daß er hundert Augen gehabt, und die Fama ist von den Dichtern als lauter Zunge vorgestellt worden; hier mögte man wünschen lauter Ohr für die Musik, und für die Mahlerey und Baukunst lauter Auge zu seyn. Am heutigen Tage gab es für einem Liebhaber der Harmonie so viele Versuchungen, daß ihm die Wahl schwer ward; denn auffer den vier Conservatorios wurden heute verschiedene Akademien, oder Privatconcerte gehalten. Ich war zu einem eingeladen, welches sich an allen Festtagen versammlet, um Maciello's Werke, ohne andre Begleitung, als einen Flügel, zu singen; und weil dieses von allen andern, denen ich in Italien beygewohnt hatte verschieden war, so nahm ich die Einladung an, ob ich mich gleich sehr nach dem Conservatorio der Incurabili wünschte, woselbst ich sicher von Burancllo und seinen Schülerinnen angenehm unterhalten worden wäre.

Einige von Marcello's Psalmen wurden hier vom Abate Martini und einigen andern Liebhabern sehr gut gesungen, unter denen einer eine schöne Baßstimme hatte, der zwischen den Psalmen Marcello's berühmte Cantate, Cassandra sang, in welcher der Komponist die Musik der Poesie völlig aufgeopfert hat, indem er bey jeder in den Worten vorkommenden neuen Ode die Tactart oder den Styl verändert hat. Das mag füglich beweisen, daß der Komponist ein Mann von grosser Einsicht ist, es muß ihn aber auch zugleich als einen sehr phlegmatischen Mann verrathen, der von dem Enthusiasmus eines schöpferischen musikalischen Genies völlig frey ist. Und in der That würde das Publikum, seitdem die Melodie mit Anmuth und Phantasie verbunden ist, unzusammenhängende musikalische Gedanken über verschiedne Subjekte nur sehr schlecht aufnehmen. Einer von diesen Herren Liebhabern war bejahrt genug, daß er sich des berühmten Benedetto Marcello noch ganz wohl erinnerte, der schon seit vier und vierzig Jahren todt ist, und er erzählte mir von ihm verschiedene Anekdoten. Seine Familie, welche zu dem venetianischen Adel gehört, besteht noch, und das Haupt derselben ist gegenwärtig Abgesandter der Republik Venedig bey der Pforte.

Den 11ten August.

Diesen Nachmittag gieng ich wieder nach der Pietà; Es waren nicht viel Leute da, und die Mädchen machten hundert Künsteleyen im Singen, vornehmlich in den Duetten, wo sie wett eiferten, wer die besten Naturgaben oder die meiste Geschicklichkeit hätte, wer am höchsten oder tiefsten käme, wer am längsten eine Note wachsend aushalten, oder am schnellesten abgestossene Läufe hervorbringen könnte. Sie schliessen immer mit einer Symphonie, und vorigen Mittewochen spielten sie eine von Sarti, welche ich
schon

schon ehmals in England in der Oper Olympiade gehört hatte. Das Orchester ist hier in der That sehr ansehnlich, denn in dem Hospitale sind über tausend Mädchen, wovon siebenzig musikalisch sind, und theils singen, theils spielen; in jedem von den andern drey Hospitälern sind nicht über vierzig, wie Sgr. Atilla mir sagte, welche der ersten Stiftung zufolge, aus einigen hundert Waysen ausgesucht werden. Doch weiß man wohl, daß Kinder, wenn sie eine schöne Stimme haben, in diese Hospitäler aufgenommen werden, ohne ihrer Eltern beraubt zu seyn. Auch bringt man wohl zuweilen aus venetianischen Städten auf dem festen Lande, von Padua, Verona, Brescia und so gar von noch entferntern Orten, Kinder zur Erziehung hieher. So kam Francesca Gabrieli von Ferrara hieher, und heißt deswegen la Ferrarese. Das Conservatorio der Pietà ist bisher wegen seines Orchesters, und das der Mendicanti der Singstimmen wegen am berühmtesten gewesen. Allein in den Stimmen können Zeit und Zufall viel verändern; der Lehrer kann eine Schule von dieser Art sowohl durch seine Kompositionen, als durch seine gute Art zu unterrichten in Ansehn bringen; und was die Stimmen anbetrift, so mag die Natur manchmal den Subjekten in einem Hospitale günstiger seyn, als denen in einem andern; allein da die Zahl in der Pietà grösser ist, als in den übrigen, und also mehrere da sind, bey denen man vorzügliche Geschiklichkeiten antreffen kann, so ist es natür-

licher

licher Weise zu vermuthen, daß dieß Hospital überhaupt die besten Stimmen und das beste Orchester habe. Itzt zeigen sich die grossen Geschicklichkeiten des Sgr. Galuppi in den Musiken in dem Incurabili, welches in Ansehung der Stimmen und des Orchesters nach meiner Meynung alle übertrift. Nach ihm folgt unter den übrigen beyden das Ospedaletto; daß also das Hospital der Pietà nicht so sehr deswegen, was es itzt thut, den Ruf der besten Musikschule hat; als wegen dessen, was es gethan hat.

Sonntags, den 12ten August.

Nachdem ich heute früh die hohe Messe in der S. Markus-Kirche sehr gut hatte aufführen hören, gieng ich in die Patriarchal-Kirche des heil. Petrus, und hörte sie daselbst noch einmal, von einer sehr schönen Orgel begleitet, welche einer von den Priestern schlug. Hierauf gieng ich in die Kirche der Franziskaner, wo gleichfals einer von den Mönchen Organist war, und sowohl in Absicht auf den Geschmack, als auf die Harmonie ausserordentlich gut spielte. Ungeachtet ich diese Kirchen eigentlich der Musik wegen besuchte, so konnte ich mich doch unmöglich enthalten, auch die Gemählde und die Baukunst darin zu betrachten. Allein ich fieng hier an zu bemerken, daß diese beyden Gegenstände des Gesichts von meinem Hauptzwecke eine Geschichte der Vergnügungen des Ohrs zu schreiben, nicht so sehr entfernt waren, als

als ich anfangs dachte; denn ich fand oftmals bey alten Meistern Vorstellungen von musikalischen Instrumenten, entweder aus ihren Zeiten, oder wenigstens solche, als sie zu der Zeit, worin die Geschichte ihres Gemähldes fiel, für gebräuchlich hielten. So bemerkte ich in Paul Veronese's berühmten Gemählde von der Hochzeit zu Cana, welches in der Sakristey der Kirche von S. Giorgio maggiore ist, ein Concert, mit allerhand Instrumenten, von welchen allen ich mir eine Nachricht aufgezeichnet habe. Heute früh bemerkte ich ebenfals bey den Franziskanern, ein kleines Gemählde von San Croce unter der Kanzel, welches man sehr bewundert, und in Raphaels Manier gemacht zu seyn glaubt; es stellt unter andern ein Concert der Cherubim und Seraphim vor, und ich fand unter verschiednen Arten von Lauten und Zithern, ein Instrument, welches mit dem Bogen gespielt ward, und gleich einer Geige auf der Schulter des Spielers ruhete, aber dabey sechs Saiten hatte.

Nachdem ich diese und andere Kirchen gesehen hatte, genoß ich der Ehre mit dem Conte Torre Taxis (*), der hier eine Person von grossem Ansehn ist, eine lange Unterredung zu haben. Er ist deutscher und venetianischer Generalpostmeister, und war ein grosser Freund von Tartini,

---

(*) Er ist von einer Familie mit dem deutschen Fürsten, welcher in Frankreich und England unter dem Namen des Fürsten von Thurn und Taxis bekannter ist.

von dem er itzt alle geschriebenen Kompositionen besitzt, wovon er mir eine Menge zeigte. Er hat seinen Freund in einer kleinen Schrift gegen einige Anmerkungen über seinen Trattato di Musica vertheidigt, die Rousseau in dem Dictionaire de Musique gemacht hat. Dieser Herr, so jung er ist, scheint grosse musikalische Gelehrsamkeit zu besitzen, und aus dem Umgange und dem Briefwechsel mit Tartini viel gelernt zu haben, sowie er überhaupt für alle Künste enthusiastisch ist. Diese Unterredung mit ihm, worin ich ihm meinen Plan einer Geschichte der Musik mittheilte, machte mir viel Vergnügen, und seine Anmerkungen waren mir so angenehm als unterrichtend.

Des Nachmittags hielt ich mich in der neuen Kirche der Gesuati eine kleine Weile auf, wo ich einen Dominikaner mit ausserordentlich schimmernder Fertigkeit die Orgel schlagen hörte. Freylich spielte er in einer Manier, die sich eher für den Flügel, als für die Orgel schickte, jedoch in ihrer Art meisterhaft und voll Kraft war. Es waren einige Rohrstimmen in diesem Werke, welche ich zuvor nie gehört hatte, und womit der Spieler unbeschreibliche Wirkung that. Ich hatte keine Zeit, nähere Untersuchungen darüber anzustellen, da ich diese Kirche bloß auf meinem Wege nach den Incurabili mitnahm, wo ich sowohl an der Komposition als an der Aufführung soviel Gefallen fand, daß es mir schwer werden wird, ohne Uebertreibung davon zu reden.

Es scheint, als wenn Sgr. Galuppi's Genie, gleich dem des Titian, durch das Alter noch feuriger geworden sey. Er kann itzt nicht weniger als siebenzig Jahre alt seyn, und dennoch räumt jedermann hieselbst ein, daß seine letzten Opern und Kirchenkompositionen mehr voll Geist, Geschmack und Einbildungskraft sind, als irgend eine aus den verschiednen Zeitpunkten seines Lebens. Heute Nachmittag bewogen mich die lateinischen Psalmen, welche von den Waisenmädchen gesungen wurden, jenem allgemeinen Urtheile beyzutreten; denn unter zehn oder zwölf Stücken war auch kein einziges, das man hätte unbeträchtlich nennen mögen. Es kamen verschiedne vortreflich begleitete Recitative darin vor, und diese ganze Musik war reich an neuen Sätzen, voller guten Geschmacks, guter Harmonie und Ueberlegnng. Seine Instrumentalbegleitung besonders ist allzeit sinnreich, aber bey ihrer Fülle doch frey von der Verwirrung, welche die Stimmen stört oder übertäubt. Ich muß dem Orchester gleichfals Gerechtigkeit wiederfahren lassen; es wird hier in der strengsten Ordnung gehalten; kein Spieler schien begierig zu seyn, auf Kosten der Singstimmen hervorzuglänzen, sondern alle schienen unter der Art von Unterwürfigkeit zu stehen, welche ein Untergebner seinen Obern schuldig ist.

Ich habe von diesen jungen Sängern vorhin warm genug geredet, allein bey dieser Musik entdeckte

deckte ich noch neue Talente und neue Ausbildungen derselben. Was sie heute Abend aufführten, war ernsthafter, als was ich zuvor von ihnen gehört hatte, und mir däuchte, sie waren ihrer Sache itzt noch gewisser; ihre Intonation war richtiger, und weil das Zeitmaaß langsamer war, so konnten die beyden Hauptsängerinnen die Kraft ihrer Stimmen mehr auslassen. Bey ihren Cadenzen weiß ich nicht, was mich mehr in Erstaunen setzte, der Umfang ihrer Stimme, die Mannigfaltigkeit von Läufen, oder die schnelle Fertigkeit; kurz, alles war so, daß es in den besten Opern in Europa den größten Beyfall verdient und erhalten hätte. Ich halte mich daher länger bey diesen Musiken auf, da itzt alle Theater zu Venedig geschlossen sind. Doch der einzige Unterschied zwischen dieser Art Kirchenstücke und der dramatischen Musik, besteht in den Chören; die in den ersten sind lang, ausgearbeitet und zuweilen leuchtet viel Fleiß daraus hervor: und man irret, wenn man glaubt, daß alle italiänische Kirchenmusik so leicht und dünne gewebt sey, als die in der Oper; bloß an den Festtagen kann man neuere Musik in allen Kirchen hören. Die Musik, die des Alltags in den Domkirchen aufgeführt wird, ist in einer so ernsthaften und alten Schreibart abgefasst, als unsre zwey hundertjährigen Kirchenmusiken; und in den Pfarrkirchen ist es ein bloßer Canto fermo, oder Gesang, der von den Priestern bloß im Einklange gesungen wird, bald mit der Orgel, bald ohne dieselbe.

Wenn

Wenn man Händels erste Oratorien mit den Opern vergleicht, die er zu gleicher Zeit setzte, so wird es sich zeigen, daß die Arien in jenen oftmals eben so munter sind, als die in den Opern. Was aber die Chöre einer Oper anbetrift, welche alle mit Handlung begleitet sind, und aus dem Gedächtnisse gesungen werden, so müssen sie natürlicher Weise kürzer und weniger gearbeitet seyn, als die in einem Oratorio, wo jedem Sänger seine Stimme vor Augen liegt, und der Komponist Zeit genug hat, seine Geschicklichkeit in jeder Art des fleißigen Styls, wie ihn die Tonkünstler nennen, zu zeigen.

Von dem Incurabili erwieß mir seine Excellenz, Sgr. Murin Giorgi die Ehre, mich in eine Akademie, in der Casa Grimani zu führen, wo ich zum erstenmale die Ehre hatte Sgr. Bassa eine venetianische Dame von Adel zu hören. Man hält sie seit langer Zeit für die beste Flügelspielerinn unter dem venetianischen Frauenzimmer; und ich fand, daß sie niedlich, mit vielem Geschmacke und Urtheile spielte. Die Gesellschaft bestund aus dem vornehmsten Adel in Venedig, und die drey genannten Personen waren aus der ersten Klasse. Man ließ in dieser Gesellschaft meiner Landsmännin, Frau Cassandra Wynn, viele Gerechtigkeit wiederfahren; sie war vergangnes Jahr hier gewesen, und hatte den Ruf einer großen Spielerinn hinterlassen.

Dienstags,

Dienstags, den 14ten.

Es war heute Abend die Vigille vor dem Himmelfahrtsfeste, und also in drey verschiednen Kirchen Musik. Ich gieng erst zu der Kirche Celestia; die Vespermusik war von dem Maestro de Pietà, Sgr. Furlanetto gesetzt; es waren zwey mit Sängern und Spielern sehr gut besetzte Orchester. Die Anfangssymphonie war geistreich, und das erste Chor gut, und im Contrapunkte; sodann folgte eine lange Symphonie, gesprächsweise zwischen beyden Orchestern abwechselnd, und eine Arie mit guter Begleitung, die aber sehr mittelmäßig gesungen ward. Hierauf folgte eine mit dem Chor dialogirte Arie, welche gute Wirkung that; eine Tenorarie von geringem Werthe, und eine für den Baß, welche sinnreich zusammen gesetzt war, indem der Komponist die vornehmsten Instrumente mit einander abwechseln ließ. Ich blieb nicht die ganze Musik hindurch da, allein was ich hörte, schienen mir alle Kompositionen dieses Tonkünstlers, soviel ich deren vorhin gehört hatte, zu übertreffen: er nutzte das doppelte Orchester sehr gut, und brachte verschiedne Wirkungen hervor, welche mit einem einfachen unmöglich gewesen wären.

Von hier gieng ich zu dem Ospedaletto, wo die Musik und die Musiker eine verschiedene Sprache führten. Das aufgeführte Stück war ein lateinisches Oratorium, Machabaeorum Mater,

ter, und die Musik von Sgr. Sacchini. Es
waren sechs Personen darin, wovon Francesca
Gabrieli die vornehmste Sängerinn war. Das
Oratorium hatte zwey Theile, wovon der erste vor:
bey war, ehe ich kam, welches mir sehr Leid that,
da der noch übrige mir so ungemein gefiel, sowohl
in Ansehung der vortreflichen Komposition, als
des Gesanges, der unbeschreiblich schön war.
Als ich in die Kirche trat, sang die Ferrarese
ein vortreflich begleitetes Recitativ, so schön,
als man es selten hört, eine Bravura=Arie trat
in dasselbe ein, deren zwepter Theil pathetisch,
und in Jomelli's Oratorienstyle geschrieben war,
aber gar nicht seine Passagien hatte. Hierauf
kam ein Recitativ und eine langsame Arie, wel=
che Laura Conti sang. Sie hat keine starke
Stimme, sondern eine blosse voce di Camera;
aber unbeschreiblich viel Ausdruck und Geschmack,
und ergötzte mich auf eine von der vorigen ver=
schiedene Weise. Sodann folgte ein ander Reci=
tativ, und nachher ein Duett, welches wahr=
haftig erhaben war. Dominica Pasquati und
Jppolita Santi führten es ausserordentlich gut
aus. Ueberhaupt nimt meine Achtung gegen
Sgr. Sacchini immer zu, und nach meinem
Gefühl und Einsicht ist er der zwepte in Venedig,
und hat keinen über sich, als Sgr. Galuppi.
Das Singen, welches ich heute in diesem Hospi=
tale hörte, würde ganz gewiß eben so wie das in
dem Incurabili in den besten Opern großen
Bepfall erhalten.

Mitt=

Mittwochs, den 15ten.

Heute gieng ich in die S. Markuskirche, wo einer Feyerlichkeit wegen der Doge gegenwärtig war. Ich hörete die hohe Messe an, welche daselbst unter der Direktion des Sgr. Galuppi, der sie gesetzt hatte, aufgeführt ward. Es waren bey dieser Gelegenheit sechs Orchester da, nehmlich zwey große auf den Emporkirchen der beyden Orgeln, und vier kleinere, zwey auf jeder Seite, wobey gleichfals kleine Orgeln waren. Ich hatte eine sehr vortheilhafte Stelle bey einer von den grossen Orgeln, neben Sgr. Arilla, Galuppi's Gehülfen (*). Die Musik, welche überhaupt wohl gearbeitet und ernsthaft war, that starke Wirkung, ungeachtet diese Kirche gar nicht gut für die Musik eingerichtet ist, indem sie fünf Dohme oder Kuppeln hat, wodurch der Schall zu oft gebrochen wird und zurückprallt, ehe er das Ohr berührt.

Von hier gieng ich wieder zu der Celestia, welche Kirche ungemein voll war. Die Messe war vom Herrn Furlanetto, Kapellmeister der Pietà: die Quelle dieses Komponisten ist nicht sehr ergiebig, er hat wenig Feuer und noch weniger Mannigfaltigkeit. Er sündigt mehr gegen das Genie, als gegen die Gelehrsamkeit, denn seine Harmonie ist gut, und seine Modulation regel

(*) Dieß Werk hat ein Pedal, aber nur ein einziges Manual.

regelmäßig und fehlerfrey; allein ich muß gestehn, daß seine Musik für mich langweilig war, und Ueberdruß und Unzufriedenheit bey mir hinterließ; dahingegen die von Sgr. Galuppi und Sacchini allemal aufheiternd und belebend sind. Sgr. Nazari spielte hier ein Violinconcert sehr nett und gefällig. Ich weiß nicht, wer es gesetzt hatte, aber der Neuigkeit wegen, war es gar nicht merkwürdig. Nach Tische gieng ich in die Kirche Santa Maria Maggiore, um einige Gemählde zu sehen, aber ich kriegte unglücklicher Weise eine Musik zu hören, wovon ich nicht geglaubt hätte, daß Italiäner sie ausstehen könnten. Die Orgel war nicht gestimmt, die andern Instrumente hielten keinen Takt, und an den Stimmen war beydes auszusetzen; ausserdem schien die Komposition gerade solch Zeug zu seyn, wie ein Knabe, der den Contrapunkt lernte, nach der dritten oder vierten Stunde hervorbringen würde. Nachdem ich die beyden besten Gemählde in der Kirche, nehmlich den berühmten Johannes den Taüfer von Tizian, und die Arche Noä von Giacomo Bassano, lief ich aus dieser Musik nach dem Incurabili, wo Buranello's Nachtigallen, die Kota und Pasqua Rossi Balsam in meine verwundeten Ohren gossen. Es war nicht viel Gesellschaft da, und die Mädchen gaben sich nicht viel Mühe; doch, nach dem was ich eben gehört hatte, war ihre Musik entzückend; und nicht ohne Schmerz dachte ich daran, daß ich itzt zum letztenmale sie hörte.

Don-

Donnerstags, den 16ten August.

Der Besuch, den ich heute früh bey Herr Galuppi ablegte, daurete lange, und war nützlich und unterhaltend. Ich freuete mich, als ich ihn sah, daß die Zeit der Person dieses vortreflichen Komponisten so sehr geschonet hatte, als seines Genies. Er ist noch immer lebhaft und munter, und kann dem Anscheine nach noch manche Jahre die Freunde der Musik ergötzen. Sein Charakter und sein Umgang sind natürlich, offen und angenehm.

Er ist klein und hager von Person, hat aber ein edles Ansehn. Herr Galuppi war ein Schüler des berühmten Lotti, und er zeigte sich früh als ein guter Clavierspieler und ein Mann von Genie in der Komposition. Er war so gütig, mich der Sgra. Galuppi vorzustellen, und mir sein Haus zu zeigen, wo ich ein vortrefliches Gemählde von einem schlafenden Kinde von P. Veronese, welches lange Zeit ein Familienstück seiner Frau gewesen war; hierauf führte er mich in seine Studierstube, worin nur ein Clavichord stund, und wo er, seinem Ausdrucke zufolge Papier verdürbe. Seine Familie ist sehr stark gewesen, allein seine Kinder sind alle, drey oder vier ausgenommen, wohlverheyrathet. Er hat das Ansehn eines guten Hausvaters, und man schätzt ihn in Venedig sowohl wegen seines Charakters im Privatleben, als seiner Talente wegen hoch.

hoch. Doch scheint es man thue ihm Unrecht, indem man einigen geistlichen Dunsen, unter welchen F** ist, als Komponisten Unterhaltung und Schutz angedeihen läßt. Er ragt auch unter dem gegenwärtigen Geschlechte der Musiker in Venedig (wovon ich Sachini ausnehme) so sehr hervor, wie ein Riese unter den Zwergen. Auf mein Bitten war er so gütig, mir ein noch unbekanntes Stück von seiner Komposition als ein Angedenken und Zeichen seiner Freundschaft zu versprechen. Ich zeigte ihm meinen Plan, und wir sprachen darüber, wie auch über die Musik und Musiker sehr vertraulich und mit ähnlichen Gesinnungen. Seine Beschreibung der guten Musik deucht mir vortreflich, und ist, so kurz sie auch ist, sehr fruchtbar. Sie besteht, sagt er, aus vaghezza, chiarezza e buona modulazione (*). Er und Sgr. Atilla sagten mir, unter vielen andern Nachrichten, die Namen aller grossen Meister in den Conservatorien, und hatten Geduld genug, mich sie aufschreiben zu lassen.

Beyde Männer belehrten mich, daß die Kosten der Conservatorien, was die Musik anbetrift, sehr unbeträchtlich sind, indem man nur fünf oder sechs Lehrer für den Gesang und die verschiednen Instrumente in jedem hat, und die ältern Mädchen die jüngern unterrichten. Der Maestro di Capella thut selten mehr als komponiren und dirigiren; zuweilen schreibt er auch wohl die Ca-
___
(*) Schönheit, Deutlichkeit und gute Melodie.

denzen auf, und ist gewöhnlich bey der letzten Probe und ersten öffentlichen Aufführung.

Diese Schulen haben eine Reihe von geschickten Meistern zu Lehrern gehabt. Hasse war einmal Maestro in dem Incurabili, und hat ein Miserere hinterlassen, welches beständig in der Charwoche aufgeführt wird, und dem Abate Martini zufolge, eine wundervolle Komposition ist. (*)

Sgr. Galuppi schien hier, selbst im Sommer, wenn keine Opern sind, genug zu thun zu haben; denn er ist Maestro di Capella von S. Markus sowohl als an dem Incurabili. Er hat jährlich hundert Zechinen als Privatorganist der Familie Gritti, und er ist auch Organist an einer andern Kirche, deren Namen ich vergessen habe. Er verdient gewiß alles, was man hier für ihn thun kann, denn er ist einer von den wenigen übrigen Originalgenies der besten Schule, die vielleicht je in Italien war. Seine Kompositionen sind stets voll Genie und Natur, und ich kann hinzufügen, daß er ein guter Contrapunktist und Freund der Poesie ist. Das erste zeigt sich in seinen Partituren, und das andere in den Melodien, die er auf Texte setzt, worin der Aus-

druck

(*) Ich erhielt vor meiner Abreise von Venedig eine Abschrift davon; und seit meiner Ankunft in England bin ich mit einem Briefe von dem Grafen Bu̟jowich zu Venedig beehret worden, worin er mir verschiedene unterhaltende Nachrichten von dem Ursprunge und Fortgange dieser musikalischen Anstalten mittheilte.

druck seiner Musik allemal den Gedanken des Dichters entspricht, und ihn sogar oftmals hebt. Seine Kirchenkompositionen sind in England wenig bekannt; sie scheinen mir aber vortreflich (*); denn obgleich manche Arien im Opernstyle geschrieben sind, so zeigt er doch bey Gelegenheit, daß er auch im wahren Kirchenstyle, welcher ernsthaft, voll guter Harmonie, schöner Modulation und fleißig gearbeiteter Fugen ist, geschickt zu schreiben wisse.

Heute Abend war ich in einer andern Akademie bey Sgr. Grimani, welche viel besser als die erste war. Sgr. Sacchini, und einige von den vornehmsten Musikern zu Venedig waren daselbst. Sgra. Regina Zocchi, eine Dame, die ihre musikalische Erziehung unter dem berühmten Haße in dem Incurabili gehabt hatte, und nun gut verheyrathet ist, ein Frauenzimmer, welches von den vornehmsten Leuten hieselbst wohl aufgenommen und selbst verehret wird, sang in diesem Concerte. Sie hat eine kräftige Stimme, einen schönen Triller mit viel Geläufigkeit und Ausdruck. D. Flaminio Tomj, die eine bloße voce di Camera hat, sang mit auserlesenem Geschmacke. Sgra. Baßa spielte zwey oder drey Clavierconcerte mit vieler Grazie und Genauigkeit. Hiezu kam noch, daß eine zahlreiche Versammlung, die aus dem vornehmsten Adel in Venedig bestund, und worunter Sgr. Mocenigo, ein Sohn des itzigen Doge, sich befand, sehr aufmerksam zuhörte.

(*) Ich erhielt zu Venedig einige von seinen Motteten.

Freytags, den 17ten August.

Diesen Morgen hatte ich die Ehre einer zweyten Unterredung mit dem Grafen von Thurn und Taxis, wobey ich das Vergnügen genoß, S. Excellenz auf dem Flügel, worauf er sehr geschickt ist, spielen zu hören; er phantasirte lange, und zeigte darin viele Einsicht in die Modulation, und ich fand, daß er eine Stelle unter Tartini's Schülern vom ersten Range verdiente. Er zeigte mir eine grosse Anzahl Messen, Motteten und Oratorien von seiner Arbeit; denn ob er gleich noch jung ist, so hat er doch schon sehr viel geschrieben. Auch zeigte er mir ein Instrument eines auf besondere Art eingerichteten Clavieres, welches nach des Königs von Preussen Angabe verfertigt ist. Es hat das Ansehn eines grossen Clavichords, verschiedne Auszüge, und ist bald eine Harfe, ein Flügel, eine Laute oder ein Fortepiano; doch das merkwürdigste an diesem Instrumente besteht darin, daß man das Clavier herausziehen und die Tangenten unter andre Saiten bringen kann, wodurch ein Stück nach Belieben um einen halben oder ganzen Ton, oder auch eine kleine Terzie niedriger kann transponirt werden, ohne daß man verschiedne Noten und Schlüssel entweder wirklich oder in Gedanken nöthig hat.

Unter dem Dilettanti hieselbst ist, ausser dem Grafen von Taxis noch ein venetianischer Nobile Sgr. Giovanni Cornaro, wegen seines Genies

Genies und Geschmacks in der Kompofition merk=
würdig. Er hatte eine Meſſe zu einem groſſen
Feſte für eine Kirche in Padua geſetzt, welche da=
ſelbſt von einer unbeſchreiblichen Menge Sängern
und Spielern aufgeführt ward, als ich zu Vene=
dig war.

Um mich genauer mit der Einrichtung der
Conſervatorien bekannt zu machen, und meine
hieſigen muſikaliſchen Unterſuchungen zu endigen,
erhielt ich die Erlaubniß, in die Muſikſchule der
Mendicanti zu kommen, und hörte ein Concert,
welches bloß mir zu Gefallen war angeſtellt wor=
den; es währte zwey Stunden, und die beſten
Sängerinnen und Spielerinnen waren dabey.
Es war wirklich merkwürdig, jede Stimme dieſes
vortreflichen Concerts, mit Frauenzimmer ſo wohl
beſetzt zu ſehen als zu hören, die Violinen,
Bratſchen, Violonſchelle, Flügel, Waldhörner,
ja gar den Contraviolon ſpielten. Die Priorinn,
eine ſchon bejahrte Frau führte ſie an; die erſte
Violine ward von Antonia Cubli von griechiſcher
Herkunft geſpielt; den Flügel ſpielten bald Fran=
ceſca Roſſi, Maeſtra del Coro, bald aber
andre. Der Geſang war in verſchiednem Style
wirklich vortreflich; Laura Riſegari und Gia=
coma Freri hatten durchdringende Stimmen,
welche ein groſſes Theater hätten ausfüllen kön=
nen; ſie ſangen Bravura Arien und ausgeſuchte
Scenen aus italiäniſchen Opern; Franceſca To=
mj, eine Schweſter des Abate dieſes Namens,

und Antonia Lucuvich, deren Stimmen zärtlicher waren, schränkten sich vornehmlich auf rührende Arien ein, wobey es auf Geschmack und Ausdruck ankam. Ueberhaupt herrschte eine weise Abwechselung im Ganzen; nie folgten zwey Arien von einerley Gattung auf einander, und es schien, daß insbesondere genau auf Wohlstand und strenge Ordnung gehalten ward; denn diese bewundernswürdigen Musiker, die vom verschiedenem Alter waren, betrugen sich alle, wie sichs gebührte, und schienen wohl erzogen zu seyn. Hier war es, wo die beyden berühmten Tonkünstlerinnen, die Archiopare itzige Sgra. Guglielmi und Sgra. Maddalene Lombardini Sirmen, welche in England so großen und gerechten Beyfall erhalten haben, ihre musikalische Erziehung erhielten. Wenn ich mich noch einige Tage länger in Venedig hätte aufhalten können, so hätte ich eben das Vergnügen in den übrigen drey Conservatorien genießen können, indem mich ein Freund, noch zu bleiben, überreden wollte, der im Stande war mir den Anblick der innerlichen Disciplin dieser vortreflichen musikalischen Pflanzschulen zu verschaffen. Es kostete mich um soviel mehr Ueberwindung, dieses gütige Anerbieten auszuschlagen, da in ganz Italien sonst keine Anstalten von der Art sind; allein da ich entschlossen war, die Zeit, die ich zu meinen Untersuchungen angesetzt hatte, so gleichmäßig als möglich zu vertheilen, so widerstand ich dieser Versuchung sowohl als verschiednen andern Anerbietungen,
womit

womit einige der Vornehmsten von Adel mich beehrten, ihren Privatconcerten beyzuwohnen; und also muß ich zum Ruhm Italiens sowohl als zu meiner eigenen Ehre sagen, daß ich, wo ich mich nur aufhielt, aufs höflichste aufgenommen ward, und alle erdenkliche Aufmunterung und Beystand erhielt. Zu Venedig ward meine Erwartung sehr übertroffen, weil man mir allenthalben gesagt hatte, die Einwohner vornehmlich die Vornehmen wären zurückhaltend, und erlaubten den Fremden nicht gern den Zutritt.

Vieles von meinem in Venedig genossenen Unterichte und Vergnügen habe ich den freundschaftlichen Bemühungen des Herrn Eduards zu danken, der von Geburt ein junger Engländer ist, aber sich so lange Zeit hier aufgehalten hat, daß er seine Muttersprache nicht mehr reden kann. Mit diesem Herrn und D. Flaminio Tomj kam ich aus dem Conservatorio der Mendicanti nach Sgr. Grimani's Hause: hier sang der Abate Tomj ein paar pathetische Arien mit so vielem Geschmacke, daß ich seit Palma's Tode mich nicht erinnere etwas Schöneres gehört zu haben. Es war grosse Gesellschaft da, und die Aufführung allerhand musikalischer Stücke dauerte bis zwey oder drey Uhr des Morgens, da ich von Sgr. Grimani einen melancholischen Abschied nahm. Dieser Herr hatte mich auf eine Weise aufgenommen, die mehr als Höflichkeit und Gastfreyheit war: bey einer minder erhabenen Person würde ich

ich es Freundschaft nennen, hier konnte es nur sich herablassende Güte seyn.

Um meine Nachricht von der Musik dieser reizenden Stadt zu schließen, muß ich noch bemerken, daß die Hauptkennzeichen der Komponisten aus der venetianischen Schule, ob sie gleich überhaupt genommen, gute Contrapunktisten sind, in der Feinheit des Geschmacks und der Fruchtbarkeit der Erfindungskraft bestehe. Es kommen viele Umstände zusammen, um die venetianische Musik besser und allgemeiner zu machen, als sie sonst irgendwo ist: Die Venetianer haben außer den theatralischen wenig Belustigungen. Spazierengehen, Reiten, und alle andere ländliche Ergötzungen sind ihnen versagt. Diesem hat man es einigermaßen zuzuschreiben, daß die Musik so häufig ist, und mit so vielem Aufwande getrieben wird. Ausserdem kann die Zahl der Theater, in welchen die Gondelfahrer allemal freyen Zutritt haben, zum Beweise dienen, wie viel besser sie singen, als Leute von so niedrigem Stande an andern Orten. (*) Und was die Familien, in welche oftmals Mädchen aus den Conservatorien hineinheyrathen, anbetrift, so mag man natürlicher Weise voraussetzen, daß guter Geschmack und Liebe zur Musik in denselben herrschen.

Die

(*) Wenn eine Loge, die einer adelichen Familie gehöret, nicht besetzt ist, und leer bleiben würde, so erlauben die Direktörs der Oper den Gondelfahrern hineinzugehen, ehe sie von sich sagen ließen, daß die vorgestellte Oper nur wenig Zuschauer hinziehe.

Die S. Markus-Bibliothek, welche an Büchern aus allen Fakultäten einen Ueberfluß hat, verschafte mir nur wenig Materialien zu meinem die Musik betreffenden Werke. Doch war mir die Unterredung mit Sgr. Zanetti, dem Oberbibliothekar, einem sehr höflichen und gar nicht zurückhaltenden Manne, ungemein vortheilhaft.

Die Buchdruckerey ist in Venedig schon seit dem Jahre 1459, (*) als Nicolaus Jansen sie daselbst einführte, mit großem Eifer getrieben worden; und vielleicht sind in keiner Stadt in Italien so viele Bücher herausgekommen als hier. Gegenwärtig sind die Pressen sehr geschäftig und fruchtbar, und die Zahl der Buchhändler in der schönen Stadt Merceria genannt, ist sehr beträchtlich. Nirgends habe ich so viel alte Schriften über die Musik angetroffen, als hier; und was die neuern anbetrift, so fand ich manche, die ich anderswo nicht auftreiben konnte, vornehmlich den ersten Theil von des Pater Martini Geschichte der Musik. Die vornehmsten Buchhändler in Venedig sind Pasquali, Remondini, Bettinelli, Occhi und Antonio di Castro.

Die Kunst, Musik in Kupfer zu stechen, scheint daselbst ganz verlohren zu seyn; denn ich war nicht vermögend, ein einziges Werk aufzufinden,

---

(*) Die Jahrzahl ist wohl ein Irrthum; denn es war 1469. als Johann von Speyer diese Kunst aus Deutschland nach Venedig brachte.

finden, daß im Notenstich, so wie es in England gewöhnlich ist, herausgekommen wäre. Ueberhaupt ist nichts einem Musiklaben ähnliches, so viel ich habe entdecken können, in ganz Italien zu finden. Zwar hat M. di Castro, ein unternehmender Buchhändler, und von den obgenannten, einen Plan bekannt gemacht, Musikalien in Notendruck, so wie ihn Hr. Foughr versucht hat, herauszugeben, allein er hat wenig Aufmunterung gefunden, indem er nur eine Sammlung kleiner Duetten und Trios ans Licht gestellt hat. Die musikalischen Kompositionen sind in Italien so kurzlebig, und die Wuth nach Neuigkeiten ist so arg, daß es in Betracht der wenigen Exemplare, die gefordert werden, der Mühe nicht werth ist, die Kosten auf den Stich und Kupferdruck zu wenden. Auch giebt hier, wie in der Türkey, das Geschäft eines Abschreibens, so vielen Leuten Unterhalt, daß es Grausamkeit wäre, sie dessen berauben zu wollen, vornemlich da dieser Handel lebhafter und einträglicher zu seyn scheint, als irgend einer.

Als einen Zusatz zu dem Artikel Venedig, muß ich sagen, daß ich seit meiner Zurückkunft nach England, einen Brief von daher datirt den 25 Jan. 1771 erhalten habe, der folgende besondre Nachrichten von dem damaligen Zustande der Musik in dieser Stadt enthält: „Auf dem „Theater S. Benerto haben wir während des „Carnevals die Oper Aleſſandro nelle Indie
„geſehen,

„gesehen, welche von Sgr. Bertoni, Kapell-
„meister bey den Mendicanti gesetzt war, und
„allgemeinen Beyfall erhielt. Vornehmlich ward
„ein Duett, welches Sgra. de Amicis und Sgr.
„Caselli sang, bewundert. Auf eben dem Thea-
„ter giebt man itzt, den Siroe riconosciuto,
„vom Sgr. Borghi, der allgemeines Mißfallen
„erregt hat.

„Die Musik in dem Opernhause des Heil.
„Moses gefällt ungemein; wiewohl sie so übel
„aufgeführt wird, daß der Verfasser Sgr. Gar-
„zanigo, ein Neapolitaner, ungeachtet er ein
„allgemeines Lob erhalten, große Ursache hat, un-
„willig darüber zu seyn.„

Bologna. (*)

Mein Hauptgeschäft in dieser Stadt war,
den gelehrten Pater Martini, und den berühmten Sgr. Farinelli zu sehn, und ihres Umgangs
zu genießen. Der erste wird von ganz Europa
als der tiefsinnigste Theorist, und der andere als
der größte praktische Tonkünstler dieses oder vielleicht eines jeden Alters und Landes angesehen:
da ich nun so glücklich war, von beyden wohl aufgenommen zu werden, so will ich mich deswegen
nicht entschuldigen, daß ich in meiner Nachricht
von zwey so ausserordentlichen Männern etwas
umständlich bin.

Pater

(*) S. Volkmann. B. 1. S. 377.

Pater Martini ist ein Franziskaner und Kapellmeister bey der Klosterkirche dieses Ordens in Bologna. Er beschäftiget sich seit vielen Jahren mit einer Geschichte der Musik, wovon er bisher nur den ersten Band herausgegeben hat. (*) Es wurden zugleich zweyerley Ausgaben zu Bologna 1757, die eine in Folio und die andere in Quart gedruckt; der zweyte Band ist unter der Presse, und der V. denkt das ganze Werk in fünf Bände zu bringen. Der erste Band betrift vornehmlich die Geschichte der Musik bey den Hebräern; der zweyte und dritte wird die der alten Griechen enthalten; der vierte die lateinische und römische Musik, mit der Geschichte des Kirchengesanges; der fünfte und letzte Band aber ist der neuern Musik gewidmet, und wird zugleich Lebens-Beschreibungen der berühmtesten Musiker mit ihren Bildnissen enthalten. Wir verabredeten beyderseitig einen offenen und freundschaftlichen Briefwechsel, und versprachen einander Vertraulichkeit und Beyhülfe. Es ist aber sehr zu bedauren, daß der gute Pater Martini schon so alt und so schwach ist, indem er einen sehr schlimmen Husten, geschwollene Beine hat, und überhaupt kränklich aussieht; so daß man mit Grunde befürchten muß, er werde kaum Leben und Gesundheit genug haben, seinen gelehrten, scharfsinnigen und weitläuftigen Plan auszuführen.

Es

(*) S. kritische Briefe über die Tonkunst. B. 2. S. 239. ff.

Es ist unmöglich, wenn man sein Buch liest, ein Urtheil von dem Character dieses guten braven Mannes zu fällen; er hat bloß den trockensten und dunkelsten Theil seines Werks bearbeitet, wobey er viel Gelegenheit fand, seine Belesenheit und Gelehrsamkeit zu zeigen, die sehr ausgebreitet und gründlich ist, aber er die Vortreflichkeit seiner Denkungsart nicht äussern konnte, welche nicht nur Verehrung, sondern auch Liebe einflößt. Er verbindet mit einem unsträflichen Leben und edler Einfalt der Sitten, eine natürliche Gefälligkeit, Sanftmuth und Menschenliebe. Nie habe ich, nach so kurzem Umgange, einen Mann mehr lieb gewonnen. Ich fühlte nach Verlauf weniger Stunden so wenig Zurückhaltung bey ihm, als bey einem alten Freunde oder geliebten Bruder; und man konnte sich kein herzlichers Vertrauen denken, vornehmlich zwischen zwey Leuten, die einerley Absichten hegten. Doch haben wir zwar in Ansehung des Gegenstandes einerley Zweck, allein wir suchen auf verschiedenen Wegen dahin zu gelangen. Ich hatte mich schon zu weit in mein Unternehmen eingelassen, ehe ich sein Werk erhalten konnte, um noch zurückzutreten, und als ich es erhielt, so hatte ich meinen Plan schon soweit in Ordnung gebracht, daß es nicht thunlich war, einen andern an seiner Statt anzunehmen oder nachzuahmen. Ausserdem weil man zu einem Gegenstande auf verschiedenen Wegen gelangen kann, so läßt er sich auch aus verschiedenen Gesichtspunkten betrachten, und folglich können zwey

ver-

verschiedene Leute ihn gleich treu, und doch sehr
verschieden schildern. Ich werde die Gelehrsamkeit und Sammlungen des Pater Marrini nutzen,
so wie man sich der Brille bedient, ich werde sie
bey meinem Gegenstande gebrauchen, so wie er
mir in die Augen fällt, ohne meinen Plan zu
verändern, und werde wider blindlings in zweifelhaften Fällen seine Meynung ergreifen, noch ihn,
wo wir einstimmend denken, ausschreiben.

Auſſer der erſtaunend groſſen Sammlung von
gedruckten Sachen, welche ihm an tauſend Zechinen gekoſtet hat, iſt Pater Marrini im Beſitze einiger Schätze, die für Geld nicht zu haben
ſind, nehmlich vieler Manuſcripten und Copien
der muſikaliſchen Handſchriften in der vaticaniſchen und ambroſianiſchen Bibliothek, imgleichen
in der zu Piſa, und an andern Orten, wozu er
ausdrückliche Erlaubniß vom Pabſte und andern
Groſſen erhalten hat. Er beſitzt zehn verſchiedne
Abſchriften des berühmten Micrologus von Guido Aretinus, und eben ſo viele, die von verſchiednen Manuſcripten Johannes de Muris
gemacht ſind, auſſer verſchiednen andern ſehr alten
und merkwürdigen Handſchriften. Er hat ein
ganzes Zimmer voll davon; und zwey andere ſind
zur Aufbewahrung gedruckter Bücher beſtimmt,
wovo er alle Ausgaben hat, die heraus ſind; ein
viertes iſt der praktiſchen Muſik gewidmet, wovon er gleichfalls eine unglaubliche Menge im
Mannſcript hat. Die Anzahl ſeiner Bücher beläuft
ſich

sich auf siebenzehn tausend Bände, und er vermehrt sie noch immerfort, aus allen Gegenden der Welt. Er zeigte mir verschiedene seiner merkwürdigsten Bücher und Manuscripte, worauf ich ihm den Catalogus von den meinigen mittheilte. Er gerieth über einige in Verwunderung und sagte, sie wären sehr rar. (*) Er schrieb die Titel dieser Bücher auf, und bey meinem zweyten Besuche hielt er meinen Plan der Mühe werth, ihn von mir zu leihen, und eigenhändig abzuschreiben.

Donnerstags, den 23ten August.

Es wird jedem Liebhaber der Musik, und vornehmlich denen, die ihn gehört haben, angenehm seyn, zu erfahren, daß Sgr. Farinelli noch lebt, und frisch und munter ist. Ich fand ihn dem Ansehn nach jünger, als ich erwartete. Er ist lang und hager, aber dem Aeusserlichen nach gar nicht schwächlich. Als er hörte, daß ich einen Brief für ihn hätte, so war er so gefällig, heute früh mich

---

(*) Ich hatte oftmals verschiedene Buchhändler auf dem festen Lande durch die Liste meiner die Musik betreffenden Bücher in Verwunderung gesetzt, doch hier muste ich selbst erstaunen. Ungeachtet dem Pater Martini viele Geschenke von raren Büchern und Mstn. gemacht worden, so hat er doch oftmals andere sehr theuer bezahlen müssen, vornemlich ein spanisch geschriebenes vom Jahr 1613, welches ihm zu Neapel, wo es gedruckt ist, hundert Dukaten kostete.

mich bey dem Pater Martini aufzusuchen, in dessen Bibliothek ich den grösten Theil meiner Zeit hieselbst zubrachte. Als ich in unsrer Unterredung gelegentlich bemerkte, daß ich mir lange die Ehre gewünscht hätte, zwey Personen zu sehen, die durch verschiedene Fähigkeiten in einer Kunst so groß und berühmt wären, und daß mein Hauptzweck in Bologna wäre, diese Wünsche zu befriedigen, so zeigte Sgr. Farinelli auf Pater Martini, und sagte: „Was er thut, wird beständig bleiben, aber das wenige, was ich gethan habe, ist schon dahin und vergessen." Ich sagte ihm, daß noch itzt in England manche wären, die sich seines Gesanges so gut erinnerten, daß sie keinen andern Sänger hören könnten, daß das ganze Königreich noch immer von seinem Lobe wiederhallte, und daß ich überzeugt wäre, die Geschichte würde es der spätesten Nachwelt überliefern.

Freytags, den 24ten.

Da heute St. Bartholomäus Tag war, so gieng ich in die Kirche dieses Heiligen, woselbst, wie man mir sagte, gute Musik seyn würde; doch fand ich gerade das Gegentheil. Sgr. Gibello war Maestro di Capella, und es sangen verschiedene Castraten, aber weder die Komposition, noch die Aufführung der Musik gefiel mir. Der Komposition fehlten, zu ihrer Empfehlung, alle drey von Buranello's erforderlichen Eigenschaften,

ten, vaghezza, chiarezza, e buona modulazione, und die Aufführung war nachläßig und unrichtig.

Ungeachtet ißt keine Oper in Bologna war, so gieng ich doch, um das Theater zu sehen, in die Komödie. Das Haus ist schön, aber nicht groß; doch hat es fünf Reihen Logen, zwölf oder dreyzehn auf jeder Seite. Als ich hinein kam, so wußte ich nicht, was für ein Stück gespielt ward, sondern erwartete, wie gewöhnlich, ein schmutziges Possenspiel zu sehen: als ich zu meiner großen Verwunderung fand, daß es ein italiänisches Trauerspiel, Tomiri betitelt war, welches den Pater Ringhieri zum Verfasser hatte. Dieß war die erste, welche ich sah, und der Anfang gefiel mir sehr, allein die langen Reden und Declamationen ermüdeten mich bald; sie waren unerträglich langweilig. Thomyris, die Königinn der Amazonen erschien in einem sehr zweydeutigen Anzuge; denn sie hatte, um sich ein kriegerisch Ansehn zu geben, ihren Rock vorn bis über die Knie aufgeschürzet, die sehr deutlich hervorschienen. So sonderbar mir dieß vorkam, so klatschten die Zuschauer doch sehr laut, welches sie überhaupt bey allen schlechten und ganz abgeschmackten Stellen des Stückes thaten. Es kam vieles aus der Religion darin vor, mit solchen Anachronismen, daß von J. C. und der Dreyeinigkeit geredet ward, so wie der freye Wille und die Prädestination nicht vergessen wurden; und als Cyrus an einer in der Schlacht empfangenem Wunde starb, so redete ein jüdischer Priester, (der eine Hauptstelle im Stücke hatte) als Beichtvater ihm zu, fragte ihn über seine Religion, und ließ ihn sein Glaubensbekänntniß hersagen.

Diese Art Schauspiele ist in Italien so sehr vernachläßigt worden, daß sie ganz verlohren zu seyn scheint; und noch itzt scheint sie nach ihrer zweyten Geburt noch in ihrer Kindheit zu seyn. Inzwischen könnte die italiänische Sprache doch große Dinge thun; indem sie ihre Würde ohne die Fesseln der Reime zu erhalten weiß. Auch sind die Schauspieler, was die Richtigkeit und Mannigfaltigkeit der Gesten anbetrift, recht gut; allein in Ansehung der Stimme herrscht hier eben soviel Monotonie, als auf den Kanzeln in Italien. Die Neigung zu musikalischen Schauspielen hat die wahre Tragödie so wohl als die Komödie in diesem Lande zu Grunde gerichtet; allein die Sprache und das Genie der Nation sind so reich, daß eben die Sucht nach Neuigkeiten, welche sie mit solcher Schnelligkeit von einer Schreibart in der Komposition zu der andern fortgejagt hat, wobey sie oft vom Guten zum Schlimmen übergiengen, sie antreiben wird, theatralische Schauspiele ohne Musik zu suchen, so bald sie der Musik herzlich überdrüßig werden, welches wegen des Uebermaßes darin vermuthlich bald geschehen wird. In dem Falle werden sie, so bald sie ihre Kräfte auf den Soccus und Cothurn anwenden, und so

wohl

wohl der Schriftsteller als Schauspieler verbunden sind, alle Nerven der Sprache und des Genies, worin ihre Nation so stark ist, anzustrengen, wahrscheinlicher Weise das übrige Europa in der dramatischen Kunst so übertreffen, als sie in den andern Künsten gethan haben. Doch ehe dieß geschehen kann, muß noch vieles vorhergehen, um den Nationalgeschmack zu verfeinern, welcher durch Farßen, Narrenpossen und Gesang sehr verderbt ist. Die Unaufmerksamkeit, der Lärm und das unanständige Betragen der Zuschauer sind nun völlig barbarisch und unerträglich. Das Stillschweigen, welches in den Schauspielhäusern zu London und Paris während der Vorstellung herrscht, dient dem Schauspieler zur Ermunterung, und ist dem verständigen und empfindenden Zuhörer erwünscht. In Italien sind die Theater unermeßlich groß, und die Akteurs scheinen also beständig fort zu schreyen, um durch den Raum und das Geräusch gehört zu werden. Jede Periode, die so ausgesprochen wird, gleicht mehr einer Anrede eines Generals, der an der Spitze eines Heers von hunderttausend Mann steht, als der gesellschaftlichen Unterredung eines Helden oder einer Heldinn. Es sind hier nur wenige Modulationen der Stimme erlaubt; alle Leidenschaften schreyen gleich laut, die zärtlichen sowohl, als die wüthenden.

Die Scenen und Verzierungen in diesem Stücke waren schön und mit gutem Urtheil gemacht:

macht: vornehmlich fiel eine Scene sehr in die Augen, welche einen hohen aber fruchtbaren Berg vorstellte, von welchem Tompris mit ihren Hofleuten und Garde zu einer Unterredung mit Cyrus herabkam.

Das Orchester war ziemlich schwach und alltäglich; und überhaupt, fand ich hier auch die Musik auf den Gassen schlechter und seltener als in Venedig. Doch ward ich bald nach meiner Ankunft in dem Wirthshause, wie jeder Fremder, mit einem Duett bewillkommet, welches auf einer Geige und einem Mandolin sehr gut gespielt ward; und diesen Nachmittag spielte eine herumstreifende Bande unter meinem Fenster vierstimmig verschiedene Symphonien und einzelne schwere Stücke.

Sonnabends, den 25sten.

Heute hatte ich das Vergnügen, meine Zeit bey Sgr. Farinelli auf seinem Landhause, etwa eine englische Meile von Bologna zuzubringen. Es ist noch nicht fertig, ungeachtet er seit seiner Zurückkunft von Spanien daran gebauet hat. (*)

Der

(*) Das ganze Land umher ist flach; allein ungeachtet die Gegenden um die Stadt vielleicht die fruchtbarsten in Italien sind, so scheinen doch die Einwohner gar keine Spur vom Geschmacke in Anlegung ihrer Gärten zu haben. Sgr. Farinelli's Landhaus hat inzwischen eine schöne Aussicht nach Bologna, und den kleinen Hügeln, die nahe dabey liegen.

Der Pater Martini ward gebeten, daselbst mit mir zu speisen, und ich kann nicht umhin zu gestehen, daß ich mich für sehr glücklich hielt, in Gesellschaft zweyer so ausserordentlicher Männer zu seyn.

Sgr. Farinelli hat schon lange den Gesang verlassen, doch vergnügt er sich noch immer auf dem Flügel und der Viole d'Amour. Er besitzt eine Menge Clavierinstrumente, die in verschiedenen Ländern gemacht sind; er benennet sie mit den Namen der größten italiänischen Mahler, je nachdem sie bey ihm in Gunst stehen. Sein erster Liebling ist ein Pianoforte, welches 1730 zu Florenz verfertigt worden, auf welchem mit goldenen Buchstaben der Name Raphael d'Urbino steht; hierauf folgt ein Correggio, Titian, Guido u. s. w. Er spielte sehr lange auf seinem Raphael mit feinem Urtheil und Delikatesse; und er hat verschiedne hübsche Stücke für dieß Instrument gesetzt. Sein zweyter Günstling ist ein Flügel, welchen ihm die höchselige Königinn von Spanien geschenkt hat, welche sowohl in Portugall als in Spanien Scarlattis Schülerinn war. Für diese Prinzeßinn setzte er die ersten beyden Samlungen seiner Sonaten, und ihr ward die erste Ausgabe, die zu Venedig herauskam, als sie noch Prinzeßin von Asturien war, dediciret. Dieser Flügel, welcher in Spanien gemacht ist, hat mehr Ton als irgend einer von den andern. Sein dritter Günstling ist gleichfalls ein in Spanien nach seiner Anweisung gemachter Flügel; es ist ein bewegliches Clavier daran, wodurch der Spieler, wie bey dem, das der Graf von Taxis zu Venedig hatte, ein Stück höher oder niedriger transponiren kann. Bey diesen spanischen Flügeln sind die ganzen Töne schwarz, und die halben mit Perlmutter belegt. Uebrigens sind sie nach italiänischer Art, alles ist von Cedernholz, der Sangboden ausgenommen, und sie stehen in einem Futterale.

Sgr. Farinelli war sehr umgänglich und gefällig. Er sprach sehr frey von den alten Zeiten, vornehmlich von der, da er in England war; und ich dächte, daß sein Leben, wenn es wohl geschrieben wäre, dem Publikum sehr interessant seyn würde, da es sehr mannigfaltig und an den vornehmsten Höfen von Europa zugebracht ist. Hier ist nicht der Ort, es zu erzählen, denn ich hoffe, daß es noch lange nicht geendigt seyn wird. Folgende Anekdoten, die ich vornehmlich in seinem und Pater Martini's Umgange aufgesammlet habe, mögen inzwischen fürs erste die Neugierde des Lesers einigermaßen befriedigen.

Carlo Broschi, genannt Farinelli, ward im Jahre 1705 zu Neapel gebohren. Sein Vater, Sgr. Broschi, gab ihm selbst seine erste musikalische Erziehung; nachher studierte er unter Porpora, der mit ihm reiste. Er war siebzehn Jahr alt, als er seine Vaterstadt verließ, um nach

nach Rom zu gehen. Hier war, so lange die damahlige Oper im Gange war, alle Abend ein Wettstreit zwischen ihm und einem berühmten Trompeter, der ihm eine Arie mit seinem Instrumente begleitete. Dieser Streit schien anfangs freundschaftlich und bloß scherzhaft, bis die Zuschauer anfiengen Theil daran zu nehmen, und sich auf die eine oder andere Seite zu schlagen. Nachdem sie verschiedenemal Noten ausgehalten hatten, worin jeder die Kraft seiner Lunge zeigte, und es dem andern an glänzender Fertigkeit und Stärke hervorzuthun suchte, kriegten beyde zusammen eine haltende Note und einen Doppeltriller, in der Terzie, welchen sie so lange fortschlugen, unterdeß daß die Zuhörer ängstlich auf den Ausgang warteten, daß beyde erschöpft zu seyn schienen; der Trompeter, der ganz athemlos war, gab ihn auch in der That auf, und dachte, daß sein Nebenbuhler eben so ermüdet seyn würde als er selbst war, und daß der Sieg unentschieden wäre: als Farinelli, mit einer lächelnden Miene, um ihm zu zeigen, daß er bisher nur mit ihm gespaßt habe, auf einmahl in eben dem Athemzuge, mit neuer Stärke ausbrach, und nicht nur die Note schwellend aushielt und trillerte, sondern auch sich in die schnellesten und schwersten Läufe einließ, wobey er bloß durch das Zujauchzen der Zuschauer zum Stillschweigen gebracht wurde. Hier kann man den Zeitpunkt seiner Vortreflichkeit anfangen, die er seitdem immer vor alle seine Zeitgenossen behauptet hat.

Schon in den frühen Jahren seines Lebens ward er durch ganz Italien vorzüglicher Weise, der Knabe genannt.

Von Rom gieng er nach Bologna, wo er das Glück hatte, den Bernacchi (einen Schüler des berühmten aus dieser Stadt gebürtigen Pistocco) zu hören, welcher damals der erste Sänger sowohl an Geschmack als an Einsicht in Italien war; und dessen Schüler nachmals die bolognische Schule sehr berühmt gemacht haben.

Von da gieng er nach Venedig und von Venedig nach Verona, wo man durchgehends seine Fähigkeiten als ein Wunderwerk ansah. Er selbst erzählte mir, daß zu Wien, wo er dreymal war, wo ihm Kaiser Carl der VI. die größte Ehre erwieß, eine Erinnerung dieses Fürsten ihm mehr nützte als alle Lehren seines Meisters, oder alle Beyspiele seiner Mitwerber um die Unsterblichkeit. Seine Kaiserliche Majestät würdigte ihn einstmahls, ihm mit vieler Gnade und Herablassung zu sagen, daß er bey seinem Singen, weder das Bewegen noch das Stillstehen anderer Sterblichen habe, sondern daß alles übernatürlich sey. „Jene gigantischen Schritte, (sagte er,) jene un„endlichen Noten und Gurgeleyen (ces notes qui „ne finissent jamais) überraschen uns, und „itzt ist es Zeit für sie zu gefallen; sie sind mit den „Gütern, die ihnen die Natur verliehen hat, zu „verschwenderisch; wenn sie die Herzen einnehmen „wol-

„wollen, so müssen sie einen ebenern, simplern „Weg gehen.„ Diese wenigen Worte brachten eine gänzliche Veränderung in seiner Singart hervor; von der Zeit an vermischte er das Lebhafte mit dem Pathetischen, das Simple mit dem Erhabenen, und auf diese Weise rührete er jeden Zuhörer sowohl, als er ihn in Erstaunen setzte.

Im Jahre 1734 kam er nach England. Jeder der ihn gehört hat, oder ihn nur aus dem Gerüchte kennt, weiß, was für eine Wirkung seine erstaunenden Talente auf die Zuhörer thaten. Alle waren hingerissen, entzückt, bezaubert.

In der berühmten Arie Sono qual Nave, die sein Bruder gesetzt hatte, fing er die erste Note so sanft an, schwellte sie durch ganz unmerkliche Grade zu einer erstaunlichen Stärke und linderte sie auf eben die Weise wieder, daß man ihm völlig fünf Minuten klatschte. Sodann fieng er mit einer so glänzenden raschen Fertigkeit an fortzusingen, daß es dem damaligen Orchester schwer ward, mit ihm Takt zu halten. Kurz er übertraf alle Sänger so sehr, als das berühmte Rennpferd Childers alle andere Renner übertraf. Doch war er nicht nur an Geschwindigkeit ihnen überlegen, sondern er vereinigte in sich aller grossen Sänger Vortreflichkeiten. In Ansehung seiner Stimme: Stärke, Annehmlichkeit und weiten Umfang; in seiner Singart: Zärtlichkeit, Anmuth und Fertigkeit. Er hatte Vorzüge, dergleich gleichen man weder vor noch nach ihm bey irgend einem Menschen zusammen antraf; Vorzüge, deren Kraft man nicht widerstehen kounte, und die jeden Zuhörer, den Kenner und Nichtkenner, Freunde und Feinde besiegen mußten.

Mit diesen Talenten kam er im Jahr 1737 nach Spanien, mit dem ernstlichen Vorsatze, bald wieder nach England zurück zu kehren, wo er sich mit dem Adel, der damals die Opern gab, in Verbindungen eingelassen hatte, um in der nächsten Schauspielezeit zu singen. Unterweges sang er vor dem Könige von Frankreich zu Paris, wo er, dem Riccoboni zufolge, sogar die Franzosen bezauberte, welchen damals überall die italiänischen ein Abscheu war. Als er zum erstenmal vor dem Könige und der Königinn von Spanien sang, ward sogleich beschlossen, daß man ihn in Dienste des Hofes nehmen wolle, dem er sich nachher gänzlich widmen mußte, indem ihm nicht ein einzigmal wieder erlaubt ward, öffentlich zu singen. Man gab ihm einen jährlichen Gehalt von 2000 Pfund Sterling.

Er erzählte mir, daß er die ersten zehn Jahre seines Aufenthalts am spanischen Hofe, so lange Philipp der Fünfte lebte, diesem Monarchen alle Abend die nehmlichen vier Arien vorsingen mußte, worunter zwey von Haßen gesetzt waren, nehmlich Pallido il Sole und Per questo dolce amplesso. (*) Die andern beyden habe ich vergess

(*) Beyde aus Artaserse.

gessen; doch die eine war eine Menuet, welche er nach Gefallen zu verändern pflegte.

Nach Philip des fünften Tode blieb er bey dessen Nachfolger Ferdinand dem Sechsten in gleicher Gunst, welcher ihn auch 1750 mit dem Orden von Calatrava beehrte. Doch wurden seine Arbeiten nunmehr weniger anhaltend und ermüdend, indem er diesen Fürsten beredete, Opern zu halten, welches ihm eine grosse Erleichterung war. Er machte ihn zum einzigen Direktor dieser Schauspiele; und gab ihm die damaligen besten Componisten und Sänger aus Italien. Metastasio war Dichter der Oper. Er zeigte mir in seinem Hause vier der vornehmsten Scenen in der Didone und Niterri, von Amiconi gemahlt, der ihn zuerst nach England und darauf nach Spanien begleitet hatte, wo er starb.

Als der jetzige König von Spanien den Thron bestieg, so sah Farinelli sich genöthigt das Königreich zu verlassen; doch ward ihm sein Gehalt noch jährlich ausgezahlt, und er bekam die Erlaubniß seine Sachen mitzunehmen. Sein Haus ist sehr prächtig ausmöblirt, und zwar meistentheils mit Sachen, die ihm von grossen Herren geschenket worden. Er schien es sehr zu bedauren, daß er noch einen neuen Aufenthalt suchen müssen, nachdem er vier und zwanzig Jahr in Spanien gelebt, und daselbst viele Freundschaften und Verbindungen, die ihm sehr lieb waren, errichtet hatte.

Es

Es ist ein grosser Beweis seiner Klugheit und Mäßigung, daß er in einem Lande und an einem Hofe, wo Eifersucht und Stolz immer geherrschet haben, so lange des Königs Günstling geblieben ist, ohne bey diesem gewöhnlich so verhaßten Vorzuge, mit irgend einem Spanier den geringsten Zank zu haben.

Als er im Jahre 1761 nach Italien zurückkehrte, so waren alle seine alten Freunde, Verwandten und Bekannten entweder todt, oder von den Orten, wo er sie verlassen hatte, weggezogen; er mußte also ein zweytes Leben beginnen, ohne daß er durch Reizungen der Jugend seine Freunde hätte an sich ziehen, oder durch seine vorigen Talente neue Beschützer erwerben können.

Er sagte, daß Metastasio und er, Zwillinge der Gunst des Publikums wären, die zu gleicher Zeit in der Welt auftraten, indem er in der ersten Oper dieses Dichters sang. Als er mir sein Haus zeigte, wies er mir ein Originalgemählde von Amiconi, welches um die Zeit gemacht war, und die Bildnisse des Metastasio, des Farinelli selbst, der berühmten Sängerin Faustina, und des Amiconi enthielt.

Aus seinem Umgange schien zu erhellen, daß der spanische Hof ihm Bologna zu seinem Aufenthalte bestimmt hatte; ungeachtet die Italiäner sagen, daß er zuerst Willens gewesen, sich in

Neapel,

Neapel, seiner Geburtsstadt niederzulassen, wovon er aber durch die häufigen und lästigen Ansprüche seiner Verwandten abgehalten worden. Doch dem sey wie ihm wolle, so hat er doch eine Schwester mit zwey Kindern bey sich, wovon das eine noch ganz klein ist, in welches er, ungeachtet seines Eigensinnes, seiner Kränklichkeit, Unartig- und Häßlichkeit, dennoch innig verliebt ist. Inzwischen ist dieß unter andern ein Beweis, daß ihn die Natur zu gesellschaftlichen Beschäftigungen und häuslichen Freuden bestimmt hatte. Er beklagte es in seinem Umgange, daß er aus politischen Ursachen nicht in England sich hätte niederlassen können; denn nächst Spanien, sey dieß das Land, wo er am liebsten seine übrige Lebenszeit zuzubringen gewünscht hätte.

Er spricht viel von der Ehrfurcht und Dankbarkeit, die er den Engländern schuldig ist. Ich aß bey ihm von einem zierlichen Silberservies, welches er bey seinem Aufenthalte in England hatte machen lassen. Er zeigte mir verschiedne Portraits von sich, welche damals gemahlt wurden, das eine von Amiconi ist in Kupfer gestochen. Von eben dem Mahler hat er einen englischen Schornsteinfegerjungen, der mit einer Katze spielt, und ein Apfelweib mit einer Tragbahre. Auch besitzt er eine merkwürdige englische Wanduhr, mit kleinen Puppen, die auf der Cither, Violine und dem Violonschell mit einander spielen, deren Arme und Finger immer von der Uhr selbst beweget werden.

Sein

Sein Saal, worin ein Billiard stehet, ist voller Bildnisse von grossen Herren, und zwar meistentheils von Regenten, welche seine Gönner gewesen sind, worunter zwey Kaiser, eine Kaiserin, drey Könige von Spanien, zwey Prinzen von Asturien, ein König von Sardinien, ein Prinz von Savoyen, ein König von Neapel, eine Prinzeßin von Asturien, zwey Königinnen von Spanien, und der Pabst Benedikt der vierzehnte sich befinden. In den andern Zimmern sind verschiedne reizende Gemählde von Ximenes und Morilo (*), zwey spanischen Mahlern vom ersten Range, und vom Spagnoletto.

Sir Benjamin Keene war sein grosser Gönner, und er spricht von seinem Tode nicht nur als von einem Unglücke sowohl für den englischen als spanischen Hof, sondern auch als von einem unersetzlichen Verluste für ihn und seine Freunde. Er zeigte mir verschiedne in England verfertigte Gemählde, von einem Künstler der sie im Gefängnisse, worin er Schulden halber saß, gemacht hatte; seinen Namen habe ich vergessen. Lord Chesterfeld hatte ihm dieselben auf die höflichste Art von der Welt geschenket.

Als ich ihm meinen Wunsch bekannt machte, sein Leben zu beschreiben, oder wenigstens einige

der

(*) Er heißt eigentlich Murillo und unter diesen Namen muß man ihn sowohl in Füesli's Künstler-Lexikon, als beym Dargensville (Leben der Mahler 2. B. S. 343. der deutschen Ausg.) suchen.

besondere Nachrichten davon in meine Geschichte einzurücken, so antwortete er mir mit einer wirklich zu weit getriebenen Bescheidenheit: „Wenn „sie ein gutes Werk schreiben wollen, so bringen „sie keine Nachrichten von so unwürdigen Dingen, „wie ich bin, hinein.„ Doch theilte er mir alle besondre Umstände von Dominico Scarlatti mit, die ich wünschte, und diktirte sie mir so gar.

Er hat noch immer einige englische Wörter behalten, die er während seiner Anwesenheit in Londen sich gemerkt hatte, und er unterhielt mich den größten Theil dieses Tages mit Nachrichten von seiner Aufnahme und Begebenheiten daselbst. Er wiederhohlte eine Unterredung, die er mit einstmahls mit der Königinn Carolina, über die Faustina und Cuzzoni hatte; und erzählte mir, wie er zum erstenmahle bey Hofe vor Sr. Majestät dem hochseligen Könige Georg den zweyten gesungen habe, wobey ihm die königliche Prinzessin, nachmahlige Prinzessin von Orange mit dem Flügel begleitete, welche verlangte, daß er zwey von Händels Arien vom Blatte wegsingen sollte, die in einem Schlüßel und in einer Schreibart gesetzt waren, welche er gar nicht gewohnt war. Ferner erzählte er mir von seinem Aufenthalte auf dem Lande, bey dem Herzoge und der Herzoginn von Leeds und bey dem Lord Cobham; von der Fehde zwischen den beyden Opern; von dem Antheile, welchen der hochselige Prinz von Wallis an der nahm, welche vom Adel dirigirt ward, indem

L

die

die Königin und die königliche Prinzeßin es mit der hielt, die unter Händels Aufsicht war.

Er bestätigte mir gleichfalls die Wahrheit folgender sonderbaren Geschichte, welche ich oftmals gehört hatte, aber noch nicht zuverläßig wußte. Senesino und Farinelli waren zu gleicher Zeit in England, allein da sie auf verschiedenen Theatern, und zwar an eben denselben Abenden spielen mußten, so hatten sie noch nicht Gelegenheit gehabt, einander zu hören. Bey einer plötzlichen Theaterrevolution, dergleichen oft und allemal unerwartet vorfallen, kamen sie beyde als Sänger auf einem Theater zusammen. Senesino hatte die Rolle eines wüthenden Tyrannen, und Farinelli einen unglücklichen Helden in Ketten vorzustellen. Allein, gleich bey der ersten Arie erweichte er das Herz, das harte Herz des aufgebrachten Wüterichs so sehr, daß Senesino seine Theaterrolle vergaß, und in eigener Person zum Farinelli lief und ihn umarmte.

Montags, den 22sten.

Heute machte ich der Doctorin Laura Bassi, nachdem ich das hiesige Institut besehen hatte, meine Aufwartung, und ward sehr gütig aufgenommen. Als ich ihr den Padre Beccaria nannte, und ihr seine Empfehlung in meinem Taschenbuche zeigte, waren wir gleich gute Freunde. Dies Frauenzimmer ist funfzig bis sechzig Jahr alt;

alt; sie ist gelehrt und hat viel Genie, aber giebt sich gar kein männliches oder stolzes Ansehn. Wir sprachen von den berühmtesten Gelehrten Europens. Sie war sehr höflich gegen die Engländer und pries einen Newton, Halley, Bradley, Franklin und andre ungemein. Sie zeigte mir ihre electrische Maschine mit dem Zubehör. Die Maschine ist simpel, bequem und leicht von der Stelle zu bringen. Sie besteht aus einer blossen senkrecht gestellten gläsernen Platte; die beyden Küssen sind mit rothem Leder überzogen; der Ableiter ist eine dünne in eine Gabel ausgehende Röhre; diese Gabel, welche am Ende Zacken hat, liegt zunächst an der Glastafel. Sie ist sehr geschickt und erfinderisch in ihren Versuchen, und war so gefällig mir einige davon zu zeigen. Sie erzählte mir, daß ihr Gemahl, Sgr. Verati unmittelbar nach Dr. Franklin bewiesen, daß der Blitz ein elektrisches Feuer sey, und zugleich seine Methode die Häuser vor den Wirkungen desselben durch eiserne Stangen zu bewahren, bekannt gemacht habe. Es sey hierauf eine Conductor auf dem Hause des Instituts verrichtet worden: allein die Bologneser wären so bange vor den Stangen gewesen, und hätten gefürchtet, sie würden den Blitz vielmehr herlocken, als ableiten, so daß er die Stangen wegnehmen müssen. Benedict der vierzehnte, einer der einsichtsvollesten und erleuchtetsten Päbste, der in Bologna gebohren war, und vorzüglich dieser ihm unterthänigen Stadt wohl wollte, schrieb ausdrücklich einen Brief diese

Con-

Conductors zu empfehlen; allein es war so sehr den Neigungen der Einwohner zuwider, daß Sgr. Verati ganz von seinem Vorhaben abstund, und seitdem sind sie hier niemals wieder gebraucht worden.

Es ist in dem Institute ein eignes Zimmer nebst einem Vorrathe von Instrumenten für die Elektricität; allein die Maschinen sind alt, und viel schlechter als die in England üblichen. Es ist sonderbar, daß diese Universität keine Correspondenz nach England hat, und nicht im Stande ist, unsre philosophischen Transactionen zu kaufen. Die Besoldungen sind sehr geringe, und alles Geld, welches zur Unterhaltung des Instituts bestimmt wird, ist schon versagt. Dieß erzählte mir der Aufseher oder Custode, welcher mir die Zimmer zeigte. Mein Besuch bey der gelehrten Sgra. Bassi war mir sehr angenehm, und sie war so gefällig, mir einen Brief an Sgr. Fontana zu Florenz, einen der größten Mathematiker in Europa, anzubieten.

Man macht in Bologna von den Bravi orbi, oder blinden Geigern viel Wesens; sie waren aber nicht in der Stadt, als ich da war. Alle Meister bewundern sie in ihrem Fache sehr, vornehmlich Jomelli, der sie allezeit kommen und vor sich spielen lässt, wenn sie in einer Stadt mit ihm sind. Sie reisen in Sommer herum nach Rom, Neapel und andern Orten: der eine spielt die Geige, und der

der andere, welcher Spacca Nota, oder der Notenklauber genannt wird, das Violonschell.

Am Donnerstage, worauf ein Festtag fiel, war in der Klosterkirche des heil. Augustinus Musik. Der Komponist war Sgr. Caroli, Maestro di Capella del Duomo zu Bologna. Das Musikchor war stark, alleine die Musik empfahl sich weder durch Gelehrsamkeit noch Geschmack noch durch Neuheit. Sie bestund aus alten Sätzen, die plump zusammen geflickt waren, ohne daß sie im Geringsten durch muntere Einfälle wären belebt worden. Das Singen machte die Musik noch widriger, denn es war unter dem Mittelmäßigen.

Diesen Nachmittag nahm ich von dem Cavaliere Farinelli einen traurigen Abschied. Er drang sehr gütig in mich, länger in Bologna zu bleiben, und schalt mich sogar wegen meiner frühen Abreise. Ich traf ihn bey seinem Raphael an, und er spielte mir zu Gefallen noch eine ziemliche Zeit lang: er singt dazu mit unbeschreiblich vielem Geschmacke und Ausdrucke. Es that mir wirklich leid, diesen ausserordentlichen, liebenswürdigen Mann zu verlassen. Er verlangte von mir, daß ich durchaus an ihn schreiben sollte, wenn er in Italien etwas für mich thun, oder mir etwas verschaffen könnte. Ich blieb so lange bey ihm, daß ich in Gefahr war, von der Stadt Bologna ausgeschlossen zu werden, weil man hier

die

die Thore alle Abend schliesst, sobald es dunkel wird.

Auf Anrathen des P. Martini blieb ich zwey Tage länger, als ich Willens war, zu Bologna, um bey einem Wettstreite derjenigen Komponisten in dieser Stadt gegenwärtig zu seyn, die Mitglieder der im Jahre 1666 gestifteten philharmonischen Gesellschaft sind.

Die jährliche öffentliche Probemusik des Morgens und Abends, ist den 13ten August in der Kirche St. Giovanni in Monte. (*) Dieß Jahr war Sgr. Petronio Lanzi Principe oder Präsident. Das Orchester war sehr stark besetzt und bestund fast aus hundert Stimmen und Instrumenten. Es sind zwey grosse Orgeln in der Kirche, auf jeder Seite des Chors eine; ausserdem war vorwärts eine kleine zu dieser Gelegenheit gerade hinter dem Komponisten und den Sängern errichtet worden. Die Spieler stunden auf einer Emporkirche, welche einen halben Cirkel ums Chor herum machte.

In der Messe oder Vormittags-Gottesdienste war das Kyrie und Gloria von Sgr. Lanzi, der zum zweytenmale Präsident war, in Musik gesetzt. Seine

---

(*) Diese Kirche ist durch den Besitz zweyer der besten Gemählde in Bologna oder vielleicht gar in der Welt berühmt, nämlich der heil. Cäcilia von Raphael und der Madonna mit dem Rosenkranze des Domenichini. Sie stehen in zwey Kapellen, die gegen einander über sind, zwischen welchen ich gerade in der Mitte und also gerade vor diesen Gemählden saß, indem ich der Musik zuhörte.

Seine Arbeit war ernsthaft und majestätisch; sie
sieng mit einer ziemlich langen Einleitung an, nach
Art einer Anfangssymphonie, welche er nachmals
zur Begleitung der Stimmen in einem sehr guten
Chore gebrauchte. Es kommen auch einige schöne
Arien darin vor, und eine fleißig gearbeitete Fuge.

Das Graduale war von Antonio Caroli
in eben dem trockenen, gar nicht anziehenden Styl
gesetzt, als die oben angeführte Musik, und selbst
vor sechzig Jahren hätte man sie für abgedroschen
und abgeschmackt gehalten.

Das Credo hatte Sgr. Lorrenzo Gibelli,
einen Schüler den Padre Martini zum Verfasser,
und verdiente in Ansehung der Harmonie gelobt
zu werden.

Die Messe ward mit einer Symphonie, worin
Solostellen vorkamen, geschlossen. Sgr. Giovanni Piantanida, erster Violinist zu Bologna,
spielte die letztere, und setzte mich wirklich in Verwunderung. Dieser Geiger ist über sechzig Jahr
alt, und hat doch noch alles jugendliche Feuer
mit einem guten Tone und neuem Geschmacke.
Ueberhaupt schien er mir (obgleich seine Bogen-
hand einen plumpen, verkehrten Anstand hatte)
die Geige mehr in seiner Gewalt zu haben, als irgend einer, den ich bisher in Italien gehöret hatte.

In der Vesper oder Abendmusik war das
Domine von Sgr. Arc. Fontana di Carpi, einem
Priester gesetzt; es war ein reizendes Stück, das
immer in einem Zeitmaße fortgieng.

Das

Das Dixit war von dem Abt Giov. Calisto Zanotti, einem Neffen des gelehrten Bibliothekars dieses Namens; und seine Komposition hatte alle Zeichen eines originalen und gebildeten Genies. Die Stücke in verschiedener Bewegung, und sogar die Passagien waren gut contrastiret; und um in der Mahlersprache zu reden, so waren darin nicht bloß Licht und Schatten, sondern sogar die Halbschatten gut ausgedruckt. Er gieng von einem zum andern durch so leichte unmerkliche Stuffen über, daß man alles für ein Werk der Natur ansah, da es doch mit der größten Kunst war ausgeführet worden.

Die Instrumentalbegleitung war mit vielem Urtheile hinzugesetzt, die Ritornelle drückten allzeit etwas aus; die Melodie war neu und geschmackvoll, und das Ganze mit vielem Bedacht und sogar mit Gelehrsamkeit zusammengesetzt. Kurz ich habe selten in meinem Leben größer Vergnügen von einer Musik empfunden, als diese mir verschaffte; und doch wurden die Singstimmen nicht ausserordentlich ausgeführet, weil itzt zu Bologna keine große Sänger waren. Inzwischen waren ihrer ein Paar ganz gute, vornehmlich ein Altist, Sgr. Cicognani, der in einer ernsthaften Oper einen guten zweyten Sänger abgeben würde; und ein Discantist, Casoli, ein Knabe von etwa dreyzehn oder vierzehn Jahren, mit einer angenehmen aber schwachen Stimme, der viel Geschmack und Ausdruck hatte. Sgr. Zanotti ist

ist ein Schüler des Pater Martini, und einer von den Maestri di Capella der St. Petronius-Kirche.

Der Komponist, welcher nach ihm die Aufführung des Orchesters übernahm (denn jeder schlägt bey seiner eigenen Komposition den Takt) war Sgr. Gabrielle Dignali. Unter den Theilen der Kirchenmusik war ihm das Confitebor zugefallen; und er hatte es auf eine so schuldlose Art gesetzt, daß der schärfste Richter sich durch keine Fehler, so wie der neidischte Kritiker durch keine Schönheiten beleidigt fand.

Beatus Vir war von D. Giuseppe Coretti, einem verehrungswürdigen Priester, der in Bologna als Kontrapunctist einen grossen Namen hat, sehr gelobet. Seine Musik war sehr meisterhaft, und hatte in Ansehung der reinen Harmonie und regelmäßigen Modulation unbeschreibliches Verdienst.

Laudate Pueri hatte Sgr. Bernardo Ortani, gleichfals ein Schüler des Pater Martini gesetzt, der noch jung ist, und als Komponist viel verspricht. Sein Stück war voll sinnreicher artiger Gedanken; so wie das folgende von D. Franzesco Orsani, einem jungen Priester, der ebenfalls bey P. Martini die Komposition gelernt hatte.

Den Beschluß machte ein Magnificat des Sgr. Antonio Mazzoni, zweyten Kapellmeisters an der Dohm- oder Cathedralkirche, welcher auch Opernkomponist hieselbst ist, und als solcher zu Neapel, Madrit und Petersburg gestanden hat. Man sagt, daß er viel Feuer und Einbildungskraft besitzt, welche man aber in diesem Stücke, das aus lauter Chören bestund, nicht merkte; es gründete sich durchgehends auf einen Grundbaß, der von allen Instrumenten gespielt ward, und mir zu mühsam und gezwungen schien.

Alle Kritiker aus Bologna und den benachbarten Städten waren bey diesen Musiken gegenwärtig, und die Kirche war ungemein voll. Im Ganzen fand ich sehr gute Unterhaltung; die Mannigfaltigkeit des Styls, und die meisterhaften Kompositionen machten nicht nur der philharmonischen Gesellschaft, sondern auch der Stadt Bologna selbst Ehre, welche allezeit sehr fruchtbar an Genies gewesen ist, und eine Menge geschickter Leute in allen Künsten hervorgebracht hat.

Ich muß meinen musikalischen Lesern nicht verschweigen, daß ich bey diesen Musiken Herrn Mozart und seinen Sohn, den kleinen Deutschen vorgefunden habe, dessen frühzeitige und stets übernatürliche Talente uns vor einigen Jahren zu London in Erstaunen setzten, als er kaum über seine Kinderjahre hinaus war. Seit seiner Ankunft in Italien ist er zu Rom und Neapel sehr bewundert worden. Se. päbstl. Heiligkeit hat ihn mit dem Speron d'oro, oder goldenen Sporn beehret, und man trug ihm zu Mayland auf, die Oper für das nächste Carnebal zu komponiren.
Ich

Ich kann diese Stadt nicht verlassen, ohne noch einmal zu dem guten Pater Marrini zurückzukehren. Nach dem vorhin beschriebenen Wettstreite, gieng ich zu ihm ins Kloster, wohin er mich bestellt hatte, um von ihm Abschied zu nehmen, weil ich Bologna des Tages darauf früh verlassen wollte. Er wartete in seiner Studierstube auf mich, ungeachtet es schon spät und nach der Zeit war, wo die Mönche Gesellschaft annehmen. Er hatte die Güte gehabt, Empfehlungsschreiben nach Florenz, Rom und Neapel für mich fertig zu machen; und hatte noch mehr merkwürdige Bücher ausgesucht, um sie mir zu zeigen, wovon ich mir die Titel aufschrieb, in Hoffnung, sie künftig einmal irgendwo anzutreffen. Er hatte mir des Tages zuvor gesagt, daß er bey der philharmonischen Versammlung nicht gegenwärtig seyn könne, und sich daher auf mein Urtheil und Erzählung, wie die Stücke ausgefallen wären, verlassen wolle. Er verlangte demnach von mir, ihm jede Komposition zu beschreiben; welches ich auch auf das getreulichste that. Ich wollte mich empfehlen, als er zu mir sagte: „Wollen sie nicht „warten, bis der Text zu diesen Kanons hinzu„geschrieben worden?„ — Ich hatte nehmlich am vorigen Tage mit einem jungen Franziscauer, seinem Schüler aus einem gewaltig dicken geschriebenen Buche voll seiner Kanons, einige gesungen, wovon ich ein Paar zu haben wünschte; der vortrefliche Pater, welcher sich daran erinnerte, hatte jemand kommen lassen, der noch saß und

daran

daran schrieb, als ich in das Zimmer trat; weil er aber gewöhnlich einige Amanuenses daselbst hatte, so achtete ich auf diesen nicht. (*) Endlich nahmen wir Abschied von einander; ich auf meiner Seite mit Betrübniß, und er mit dem Auftrage, oft an ihn zu schreiben.

Florenz. (**)

Diese Stadt ist länger als irgend eine Stadt in Europa im Besitze der Musik gewesen, wenn man den Dichtern und Historienschreibern glauben darf. Dante, ein Florentiner, der 1265 gebohren war, spricht von der Orgel und Laute, als zu seiner Zeit sehr bekannten Instrumenten, und preißt gelegentlich seinen Freund Casella, einem Musiker im zweyten Gesange seines Purgatorio.

Der Geschichtschreiber Villani, ein Zeitgenosse des Petrarcha, sagt, daß seine Canzoni in Florenz allgemein von Alten und Jungen beyderley Geschlechts wären gesungen worden. Man erzählt, daß Lorenzo il Magnifico, zur Carnevals Zeit des Abends auszugehen pflegte mit einem

---

(*) Pater Martini hat eine erstaunende Menge gelehrter und gedankenreicher Kanons gemacht, worin er alle Arten von künstlicher Verwickelung und Erfindung, welche irgend bey dieser schweren Art Komposition Statt finden können, glücklich überwunden hat. Viele davon stehen als Vignetten in seiner Geschichte der Musik.

(**) S. Volkmann. 1 Th. 455.

„nem großen oftmals dreyhundert Mann starken Gefolge zu Pferde, die verlarvt und prächtig gekleidet waren, und mit eben soviel Fußgängern, die brennende Wachskerzen trugen, welche die Straßen so helle machten, als bey Tage, und dem ganzen Schauspiele ein herrliches Ansehn gaben. So zogen sie durch die Stadt von drey Uhr des Morgens an, sangen mit musikalischer Harmonie vier- acht- zwölf- ja gar funfzehnstimmig, und von verschiedenen Instrumenten begleitet, Lieder, Balladen, Madrigale und Scherz-Gesänge, über allerhand damals beliebte Gegenstände; und diese hießen Canti carnafcialeschi, weil sie zur Carnevals Zeit gesungen wurden. (*)

Selbst vor dieser Zeit noch ward die Gesellschaft der Laudisti oder Psalmsinger gestiftet, welche noch immer fortdauret. Sie heißt ißt la Compagnia, und sie giengen den Morgen nach meiner Ankunft zu Florenz, zwischen sechs und sieben Uhr bey dem Wirthshause, wo ich wohnte, vorbey in großer Procession, in weisser Uniform, und mit brennenden Kerzen in der Hand. Sie hielten dicht bey der Domkirche still, um eine dreystimmige fröhliche Hymne zu singen, welche sie sehr gut ausführten. Eben so gehen die Kaufleute und Handwerker in besondern Haufen, singend durch die Straßen nach der Kirche. Die von der

St.

(*) Sie wurden zuerst von Franzesco Spaziano gesammlet und herausgegeben, Florenz 1559.

St. Benedict-Gemeine waren, wie Crescimbeni
erzählt, in ganz Italien berühmt; sie zogen noch
im Anfange dieses Jahrhunderts zu Rom bey dem
großen Jubelfeste durch die Gassen und sangen, so
daß es Jedermann vergnügte und in Erstaunen
setzte.

Den 3ten September.

Ich gieng heute zu dem kleinen Theater di
via santa Maria, die komische Oper la Pesca-
trice welche Sgr. Piccini gesetzt hatte, zu hören.
Es sind nur vier Personen in diesem Drama, wovon zwey, die Sgra. Giovanni Baglioni und
ihre Schwester Constanza, die ich zu Mayland
hörte(*), spielten; die andern beyden wurden von
Sgr. Paolo Bonaveri, einem guten Tenoristen,
und Sgr. Constantino Ghigi, vorgestellt.
Giovanna Baglioni erschien hier weit mehr zu
ihrem Vortheile, als zu Mayland, wo das Theater so groß ist, daß eine Stentorlunge dazu gehöret, es zu füllen. Sie sang sehr schön; ihre
Stimme ist hell, sie hielt gut Ton, ihr Triller
war rein und deutlich; und ihr Geschmack und
Ausdruck war bey den Arien die sie sang, unverbesserlich. Man klatschte ihr sehr; das Theater
war ungemein voll, die Instrumente waren
gut besetzt, und die Musik Piccini's würdig;
voll

(*) Mad. Constanza und Rosina Baglioni sind itzt
bey der Wiener Oper. S. Müllers Nachrichten
von den Schaubühnen in Wien. Preßburg 1772.
S. 74.

voll von dem Feuer und der Einbildungskraft, welche alle Werke dieses geistreichen originalen Komponisten charakterisiren.

In der Dohmkirche, einer der größten in ganz Italien, ist eine Orgel von so schönen Tone, als ich je eine gehört habe. Ich weiß nicht, ob ihr Ton wie bey der in der Paulus-Kirche zu London durch die große und geschickte Bauart des Gebäudes verbessert wird; allein sie gefiel mir ungemein. Sie hat ausserdem den Vortheil, daß sie von Sgr. Marucci, itzigem Organisten sehr gut gespielt wird, dessen Spielart nicht nur ernsthaft und der Kirche gemäß, sondern auch kunstreich in dem Gange der Melodie, und bey langsamen Sätzen wirklich pathetisch ist.

Herr Maupertuis erhielt auf seiner Reise nach dem Nordpole von den Lapländern Nachricht von einem Monumente, welches sie für die wundernswürdigste Sache in ihrem Lande hielten: er muß beschämt gestehen, daß er bloß auf Glauben dieser Erzählung eine sehr mühsame und gefährliche Reise unternommen, um es zu sehen. Mir gieng es fast eben so: Als ich zum zweytenmale in die Oper gieng, fand ich zu meiner großen Befremdung das Theater ganz leer, und als ich nach der Ursache fragte, erzählte man mir, daß die vornehmsten Musiker und die feinste Gesellschaft in Italien zu Figline, etwa dreyßig Meilen von Florenz zusammen kämen, um eine Art von Jubiläum

biläum zu Ehren der heiligen Massimina, der Schutzpatronin dieses Orts, zu feyern; und ich muß zu meiner Schande gestehen, daß ich, ohne jemand, der es besser wissen konnte, zu fragen, diese Nachricht auf Glauben annahm, die ganze Nacht hindurch reisete, um des folgenden Tages bey diesen Lustbarkeiten gegenwärtig zu seyn.

Ich langte etwa um sieben Uhr des Morgens an dem Orte der Handlung an, und fand den Weg und das Städtchen voller Landleute, wie bey einem Landmarkte in England, allein wenig Kutschen, und keine Leute vom Stande und Lebensart; doch machte man auf dem grossen Platze viele Anstalten zu den Lustbarkeiten, die des Nachmittages vor sich gehen sollten.

Um eilf Uhr las man die hohe Messe in der Hauptkirche, welche sehr ausgeschmückt und mit unzähligen Wachskerzen erleuchtet war. Dieß und das größte Gedränge, worin ich je gewesen bin, machten die Hitze beynahe der in der schwarzen Höhle zu Calcutta gleich, und die Folgen davon wären eben so schädlich gewesen, wenn man den Leuten nicht erlaubt hätte, heraus zu gehen, so wie andere hereindrängten; allein weder der Eifer für die Religion, noch die Liebe zur Musik, vermogten jemand lange in der Kirche zu halten, der irgend herauskommen konnte.

Kurz, es war ein beständiges Ringen zwischen denen, deren Neugierde sie antrieb, sich in die Kirche

Kirche zu drängen, und denen, deren Leiden und Furcht sie bewog, alles mögliche anzuwenden, um wieder herauszukommen.

Ich ließ mich von dem Strome forttreiben, und erhielt also zuletzt einen erträglichen Platz, nahe an einer Thür, wo ich Geduld genug hatte, die ganze Messe hindurch zu bleiben, indem ich immer hoffte, für meine Leiden, durch den Gesang irgend eines großen Sängers, den ich vorher noch nicht gehört hatte, belohnt zu werden; allein ich fand mich in der Hoffnung betrogen, indem alle Sänger, einen einzigen ausgenommen (*), nurgemein mittelmäßig waren. Die Musik war indessen sehr schön; voll Geschmack und Einbildungskraft: sie war von Sgr. Feroce, einem Florentiner gesetzt; die erste Violine ward von Sgr. Modele gespielt, der sich mit seinem Sohne in einem niedlichen Doppelconcerte hören ließ. Hierauf sang der Abt Fibietti eine Mottete mit einem ausserordentlich feinem Geschmacke in den langsamen Sätzen, und mit bewundernswürdigem Feuer in den geschwinden. Seine Stimme war angenehm und hell, seine Intonation vollkommen rein, sein Ausdruck und Einbildungskraft einnehmend, und es fehlte nichts, als daß sein Triller etwas deutlicher gewesen wäre.

Des Nachmittags um vier Uhr fiengen die Spiele auf dem großem Platze an, welches ein
wel-

(*) Der Abt Fibbietti, ein vortrefflicher Tenorist.

weitläuftiges flaches Stück Land von länglicher Form ist. Es waren bey der Gelegenheit 1500 Bauern aus der Nachbarschaft beschäftigt, welche man drey Monate lang dazu vorbereitet hatte. Sie stellten die Geschichte von David und Goliath vor, welche aufs genaueste nach der Erzählung der Bibel und den Ueblichen der Alten vorgestellt ward. Die beyden Armeen der Israeliten und Philister stießen auf einander, und marschirten nach dem Schalle alter Instrumente, wie z. E. des Crotalon oder des Cymbels, des Sistrum und dergleichen. Alle waren à l'antique gekleidet; die Könige, Prinzen und Generale auf beyden Seiten recht prächtig und alle zu Pferde, so wie einige hundert von beyden Heeren.

Der Riese Goliath trat hervor und forderte einen Israeliten heraus. Diese zogen sich in der größten Bestürzung zurück, bis zuletzt der kleine David erschien und Saul bat, ihn an seiner Statt fechten zu lassen, welche Bitte ihm, nach einiger Ueberlegung, gewähret ward. Das übrige von der Geschichte ward recht gut vorgestellt, und zwar so daß, als David dem zu Boden geschleuderten Riesen den Kopf abhieb, viel Blut heraus strömte, worüber eine Menge Zuschauer, die sich einbildeten, es sey das Blut des Menschen, der den Philister vorstellte, heftig erschracken. Es kam hierauf zu einer Schlacht zwischen den beyden Heeren, und die siegreichen Israeliten führten David an der Spitze der Gefangenen und vor den

Beute-

Beutewagen, auf einem nach Art der Alten gemachten prächtigen Wagen im Triumph auf.

In der Vesper hörte ich eben die Geschichte in einem Oratorium, welches der Abt Feroce komponiret hatte; und worin Sgr. Fibbietti, der Tenorist die Hauptperson hatte, welcher er vollkommen Genüge leistete. Während dieser Musik war das ganze Städtchen ungemein artig erleuchtet, und es wurden auf dem großen Platze wohlersundne Feuerwerke abgebrannt. Zum Ruhme der friedlichen Gesinnungen der Toscaner muß ich bemerken, daß, ungeachtet hier wenigstens zwanzig tausend Leute bey dieser Gelegenheit versammlet und gar keine Wachen dabey waren, dennoch nicht der geringste widrige Vorfall oder Unordnung sich eräugete. Vielleicht muß man dieß einigermaßen der besondern Mäßigkeit der Italiäner zuschreiben; denn ich erinnere mich nicht, nur einen einzigen trunkenen Menschen, während der ganzen Zeit, die ich in Italien war, gesehen zu haben.

Da ich hier auf keine Weise ein Bette bekommen konnte, wenn ich auch hätte acht ja zehn Zechinen dafür geben wollen, und es eine sehr schöne Nacht war: so machte ich mich noch um eilf Uhr auf den Weg nach Florenz, wo ich um vier Uhr des Morgens anlangte. Ob die Musik zu Figline gleich das nicht war, was man mich erwarten ließ, so hielt mich doch das übrige schadlos; denn ich werde vermuthlich dergleichen nirgends wieder zu sehen kriegen; so daß ich im Ganzen nicht glaube, daß die Zeit, die ich auf diese Ausflucht wandte, verlohren war.

Mittwochen, den 6ten September.

Heute wohnte ich abermals einer Oper le donne vendicate, von Piccini, bey. Es waren nur vier Personen in diesem Drama, welche von eben den Sängern, welche die Pescarrice aufführten, recht gut vorgestellet wurde. Alle komischen Opern, die ich bisher in Italien gesehen habe, bestehen nur aus zwey Akten; doch kann man die Ballette gleichfalls für zwey rechnen; diese kann man Balli pantomimi, oder pantomimische Schauspiele nennen, da jedes beynahe so lang ist, als ein Akt aus einer Oper. Es sind ein paar reizende Arien in dieser Scherzoper. Constanza Baglioni sang vorzüglich schön; und der Tenorist, welcher ein Favorit hieselbst ist, ward ungemein beklatschet; allein ob er gleich ein guter Sänger ist, so deucht mir doch, daß er weder an Stimme noch an Geschmack Sgr. Lovatini gleich komme.

Freytags, den 7ten September.

Die Vesper hörte ich heute in der Kirche dell' Annunciata; sie ward von einer Menge Priester und Layen gesungen, die bloß von einer kleinen Orgel, einem Violonschell und zwey Violons begleitet

gleitet wurden. Die Musik war in dem alten Style des sechszehnten Jahrhunderts. Nach dieser vollstimmigen Musik auf dem hohen Chore ward noch in den verschiedenen Kapellen dieser schönen Kirche von Knaben gesungen, die auf verschiedenen Orgeln stunden, und von Tenor und Baßstimmen, die unten waren, begleitet wurden.

Sonnabends, den 8ten September.

Heute früh waren keine andere Instrumente zur Begleitung der Stimmen, als die, welche ich gestern in dieser Kirche hörte, ungeachtet es ein hohes Fest war: doch waren der Sänger vielmehr, und sie sangen eine achtstimmige Messe, vier auf jeder Seite, sehr gut. Orazio Benevoli aus der römischen Schule, der bald nach Palestrina lebte, hatte sie gesetzt, und für die Zeit und in ihrer Art war ihre Musik vortreflich. Es kommen keine regelmäßige Fugen darin vor, mit neuen Worten treten neue Subjekte ein, und die Melodie thut wenig oder gar keine Wirkung, wenn sie unter soviel Stimmen vertheilt ist; allein die Thema's und Nachahmungen müssen kurz seyn, weil sonst die Stücke kein Ende haben würden. Doch thut das Ganze auf die Freunde der Harmonie bewundernswürdige Wirkung. Als diese verschiedene Kirchenmusiken vorbey waren, sang Sgr. Veroli, ein sehr guter Discantist eine ernstvolle Mottete a voce sola. Er ist gewöhnlich der erste Sänger

Sänger in der hiesigen Oper, und hat eine sehr angenehme Stimme und sehr viel Geschmack. Die Mottete war vom Pater Dreyer, Maestro di Capella der Kirche dell' Annunciata gesetzt. Er war ehmals ein berühmter Sänger zu Dresden, und sang den Discant; weil er aber einer gewissen vornehmen Person zu sehr ins Auge fiel, so schickte man ihn fort. Er hält sich seit vielen Jahren in dieser Stadt auf, und ist gegenwärtig schon bey Jahren. Ich hatte eine lange Unterredung mit ihm, und fand einen sehr einsichtsvollen und gefälligen Mann an ihm. Wie er mir sagte, wird die palästrinische Musik hier alle Tage gemacht, ausgenommen an Festtagen. Als ich ihn bat, mir eine Abschrift von der berühmtesten Komposition zu verschaffen, welche in dieser Kirche aufgeführet würde, so erzählte er mir, daß es das Miserere des Allegri sey, welches hier bloß am Charfreytage auf die Art, wie in der päbstlichen Kapelle gesungen würde, und daß er es mir gleich wollte abschreiben lassen; allein da ich schon eine Abschrift dieser berühmten Komposition vom Pater Martini, dem sie auf ausdrücklichen Befehl des vorigen Pabstes war mitgetheilet worden, erhalten hatte, so verbat ich sein gütiges Anerbieten.

Des Abends gieng ich wieder in die Oper le donne vindicate, welches ich nur anführe, weil ich dabey Gelegenheit habe, die ausserordentliche gute Laune der italiänischen Zuschauer zu rühmen.

Weil

Weil dieß der letzte Abend war, da die gegenwärtige Gesellschaft spielte, so war der Zulauf und der Beyfall unbeschreiblich. Man warf gedruckte Sonnette zum Lobe der Sänger und Tänzer herab, die in großer Menge herumflogen, und welche die Zuschauer mit vielem Eifer zu erhaschen suchten, und beym Beschlusse hörte man mehr Freudengeschrey als Klatschen.

Sonntags, den 9ten September.

Heute früh hörte ich eine sehr feyerliche Kirchenmusik in dem Kloster delle Monache, oder der Nonnen des Portico, etwa eine Meile von Florenz.

Die Aufführung derselben kostete an 300 Zechinen; es war die letzte Einsegnung von acht Nonnen; der Erzbischof war gegenwärtig, und eine Menge der Vornehmsten aus Florenz. Der Sänger und Spieler war eine große Menge. Ich hatte hier das Vergnügen Sgr. Manzoli zu hören. In dem ersten Theile der Messe kam ein Terzett zwischen ihm, dem Sgr. Deroli und dem zweyten Kapellmeister der Annunciata, einem Baritonisten, vor. Die Musik der Messe war von Sgr. Soffi zu Lucca, weil er aber nicht zugegen war, so schlug Sgr. Deroli den Takt bey den Chören. Sgr. Manzoli sang einige Zeilen in der Messe, welche mir sehr viel Vergnügen machten, ungeachtet seine Stimme selbst in einer kleinen Kirche nicht mehr soviel Stärke hatte, als

da er in England war; ausserdem sang er noch eine
reizende Mottete, welche Sgr. Monza von Mayland komponiret hatte.

Sgr. Guarducci und Sgr. Ricciarelli ver-
ließen Florenz einige Tage vor meiner Ankunft
daselbst, sonst hätte ich ein Duett von Manzoli
und Guarducci gehört, welches sie in einem Privatconcerte sangen. Dieser Verlust war um desto mehr zu bedauren, je seltener diese großen
Sänger an einem Orte zusammen kommen, und
einmal mit einander singen.

Obgleich Florenz itzt keinen Ueberfluß an musikalischen Genies hat, die es selbst hervorgebracht
hätte, so ist es doch von andern Orten recht gut
damit versehen worden; denn ausser den oben angeführten Sängern wohnt Sgr. Campioni als
Kapellmeister des Großherzogs hier; Sgr. Dot-
tel, ein berühmter Flötenspieler ist in der Kapelle,
und Sgr. Nardini ist gleichfalls als erster Violinist in Großherzogl. Diensten. (*)

So habe ich auch hier in dieser Stadt eine gute
Spielerinn auf der Doppelharfe gehört, die Sgra.
Anna Fond, von Venedig, welche bey Hofe in
Diensten steht; wie auch meinen kleinen Lands-
mann Linley, der zwey Jahr durch vom Herrn
Nardini gelernt hat, und zu Florenz war, als
ich

(*) Diese drey großen Meister, deren Verdienste in
ganz Europa bekannt sind, wurden vor einiger Zeit
durch die Freygebigkeit des Fürsten bewogen, Livorno zu verlassen.

ich dahin kam, woselbst er von allen bewundert ward. Vom Tomasino, wie man ihn nennt, und dem kleinen Mozart spricht man in ganz Italien, als von zwey Genies, die die größte Hofnung geben.

Goldoni's Komödie, il saggio amico, die ich zu Brescia gesehen hatte, ward heute Abend auf einem andern Theater aufgeführet, das größer und prächtiger war, als das, auf welchen ich die Burletten gesehen hatte. Ich fand hier so viele Zuschauer, daß es unmöglich war, einen Platz zu bekommen. Das Stück selbst gefiel mir gar nicht, allein zwischen den Akten gab man ein Türkenballet, welches fast eine halbe Stunde dauerte, das war sehr sinnreich; und die Theaterverzierungen und Kleider darin waren prächtiger, als ich solche in meinem Leben gesehen hatte. (*)

Auf meinem Wege nach diesem Theater, gerade als es anfieng dunkel zu werden, begegnete mir in der Gasse eine Geselschaft Laudisti: sie war zu Ficsole gewesen, und war nun in Procession auf der Rückkehr nach ihrer kleinen Kirche. Ich besaß die Neubegierde ihnen nachzufolgen, und kaufte mir ein Buch, worin die Texte stehen, die sie sungen. (**) Vor jeder Kirche machten sie

---

(*) In diesem Theater bezahlt man fürs Parterre, wie in jeder komischen Oper in Italien, einen Paoli, welches ungefehr drey Gutegroschen macht.

(**) Der Titel dieser Hymnen lautet so: Laudi da cantarsi da Fratelli della venerabil Compagnia di S. M. Maddalena de' pazzi e S. Guiseppe in S. Maria in Campidoglio in Firenze, 1770.

sie Halte, und sangen ein Verset mit drey Stimmen, und als sie in ihrer eigenen Kirche anlangten, worin ich einen Platz bekam, fanden sie ein Orchester vor, das sie mit Instrumentalmusik empfieng, und zwischen jeder Strophe, die sie sangen, eine Symphonie spielte. Sie sangen die Vesper im Canto Fermo mit Hülfe ihres Caplans: Das Ganze ward mit vieler Anständigkeit ausgeführt, und war gewiß ein sehr unschuldiger Zeitvertreib. Einige Gesellschaften Laudisti in Florenz sind schon an die fünfhundert Jahr alt. Ich habe in der magliabechischen Bibliothek ein Manuscript in Folio von Laudi Spirituali mit Noten gefunden, komponirt zum Gebrauch der Mönche des Ordens der Umiliari, und gesungen in der Kirche aller Heil. Florenz 1336.

Montag, den 10ten Sept.

Diesen Nachmittag hatte ich das Vergnügen, den Herrn Nardini und seinen kleinen Schüler, Linley, in einem Concerte, in eines Engländers, Herrn Sempsons Hause zu hören, wobey eine zahlreiche Gesellschaft war. Dieser Herr bläset die Flöttraverse auf eine besondere Art, indem er den Ton dadurch sehr verbessert, daß er in das Oberstück ein Stückchen Schwam anbringt, wodurch der Wind gehen muß. Er blies ein Paar schwere Concerte von Hasse und Nardini, und brachte sie recht gut heraus. Es war eine Person

Person aus Perugia da, welche ganz angenehm ein Solo auf der Viole d'Amour spielte; und Sgr. Nardini gab uns ein Solo und ein Concert von seiner eignen Arbeit, in einer Manier, die nichts zu wünschen übrig ließ. Sein Ton ist egal und sanft; nicht überlaut, aber rund und fest; er hat ungemein viel Ausdruck im Adagio, und man sagt, den habe er glücklich seinem Meister, Tartini abgelernt. Was die Schwierigkeiten anbetrifft, so erregt er mehr Beyfall und Vergnügen, als Bewunderung. Kurz, er scheint mir der beste Violinspieler in ganz Italien zu seyn, und nach meinem eignen Gefühle und Urtheile, ist sein Styl delicat, gut gewählt und sehr gefeilet. (*)

Der Tommasino Linley spielte zwey Concerte ziemlich genau in der Manier seines Meisters. Sgr. Nardini hat viele junge Lehrlinge unter seiner Aufsicht, wie sein Lehrer Tartini gleichfalls gewohnt war, und unter diesen ist ein Sohn des Herrn Agus aus England.

Dienstags, den 11ten Sept.

Eine andere große Academia, im Hause des Sgr. Domenico Baldigiani. — Diesen Abend ward ich mit der berühmten Improvvisatrice, Sgra. Maddalena Morelli bekannt, die ich hernach

(*) Wer den feinen und polierten Vortrag der berühmten Madame Sirmen gehört hat, kann sich einen so ziemlich richtigen Begriff von der Spielart des Sgr. Nardini machen.

hernach ofte in ihrem Hause besucht habe. Man nennt sie gemeiniglich La Corilla, und sie ist gleichfalls eine Schülerinn des Herrn Nardini. (*) Ausser dem bewundernswürdigen Talente, über jede vorgegebene Materie auf der Stelle in Versen zu reden, und in einem Concerte eine Ripienstimme auf der Violine zu spielen, singt sie auch mit vielem Ausdrucke, und hat ziemlich viel Fertigkeit der Kehle.

Ich bin verschiedenemal im Hause des Sgr. Campioni gewesen, dessen Trios in England so viel Beyfall gefunden haben. Er ist mit einem Frauenzimmer verheyrathet, die recht hübsch mahlt, und auch sehr artig auf dem Flügel spielt. Nächst dem Pater Martini hat er die größte Sammlung von alter Musik, besonders Madrigale vom sechszehnten und siebenzehnten Jahrhundert, die ich jemals gesehen habe. Er hat auch, seitdem er sich in Florenz niedergelassen, vieles für die Kirche komponirt. Er zeigte mir die Partitur von dem Te Deum, das er für die Geburtsfeyer der ältesten Prinzessinn des Großherzogs gesetzt hatte, welches voller artiger Canons und dergleichen sinnreichen Erfindungen ist; es ward von einem Orchester von zweyhundert Personen an Sing- und Instrumentalstimmen aufgeführt.

Unter

(*) Sie hat fast jeden Abend eine Conversazione oder Assemblee, wobey sich die Fremden sowohl, als auch die Gelehrten von Florenz häufig einfinden.

Unter den Liebhabern zu Florenz wird der Marquis von Ligniville für einen großen Theoretiker und Komponisten gehalten. Er hat den Hymnus, Salve Regina, als einen dreystimmigen Canon komponirt; er ist zierlich in Kupfer gestochen, und seinen Freunden werden Exemplare ausgetheilet. Der Marquis war Zeit meines Aufenthalts nicht zu Florenz; ich ward gleichwohl mit einem Abdrucke von dieser fleißigen Komposition durch einen Musiker beschenkt, der bey Sr. Excellenz in Diensten steht. (*)

Herr Perkins, ein Engländer, der sich hier und in Bologna eine ansehnliche Zeit aufgehalten hat, ist ebenfalls ein guter Musikus. Ein Brief vom Pater Martini verschafte mir die Ehre seiner Bekanntschaft. Diesem Herrn bin ich meinen besten Dank schuldig für manche musikalische Seltenheit, die er so gütig war, mir zu verschaffen; und unter andern für einen Versuch, den er selbst geschrieben hat, über die Fähigkeit und dem Umfang des Violonschels, die Violine, die Flöte, das Waldhorn, die Trompete, Hoboe und den Bassoon nachzuahmen.

Zu

(*) Auf dem Titel dieses Salve Regina wird der Marquis von Ligniville auch Prinz von Conca, Cammerherr Ihro Kayserl. Majestäten, Direktor der Musik des Toscanischen Hofes, und Mitglied der philharmonischen Gesellschaft zu Bologna genannt. Er ist Prinz von Conca im Königreich Neapel von wegen seiner Mutter, und ein Sohn des berühmten Marschals Ligniville, der in dem Kriege 1733 in dem Garten zu Colorno, einem Landsitze des Herzogs von Parma getödtet ward.

Zu Florenz fand ich das Clavesin des Zarlino, dessen er in seinen harmonischen Institutionen pag. 140 erwähnt. Zarlino hatte dieses Instrument erfunden, um die Temperatur der drey Klanggeschlechte, des diatonischen, chromatischen, und enharmonischen genau anzugeben; es ward unter seiner Aufsicht, 1548 von Domenico Pesarese verfertigt, und ist nun in den Händen der Sgra. Moncini, Wittwe des verstorbenen Piscetti. Ich habe Zarlino's Unterricht, wie es zu stimmen, von seiner eignen Handschrift, auf der Rückseite des Vorderbrettes befindlich, abgeschrieben; allein sowohl diesen, als die ausführliche Beschreibung dieses seltnen Instruments, werde ich für die Geschichte der Musik aufsparen, wohin beydes eigentlicher hingehört.

Die Gallerie des Großherzogs, die Bibliotheken in den Pallästen Pitti, die Lorenzische, Magliabechische und Rinuccinische Bibliothek haben mir sämtlich theils Reflexionen, theils auch Materialien für mein vorhabendes Werk an die Hand gegeben; und die verschiednen Unterredungen, womit mich die Herren Dr. Bichierai, Dr. Perelli, Professor der Mathematik, Dr. Guadagni, Professor der Experimental=Physik, der Dr. Fossi und der Bibliothekar bey der großherzoglichen Bibliothek, Sgr. Bandini, nebst andern mehr, beehret haben, erleichterten meine Untersuchungen, und verschafften mir jede Gelegenheit, die ich zur Belehrung nur wünschen konnte, und machten meinen Auf=

enthalt

enthalt in dieser reizenden Stadt, welcher die Künste seit so langer Zeit her soviel zu verdanken haben, zugleich angenehm und nützlich.

Siena.

In dieser Stadt war den Monat August eine Oper gewesen, in welcher Sgr. Nicolini der erste Sänger gewesen, und vielen Beyfall gefunden hatte; aber so ungewiß ist die Gunst des Publikums, daß als er den folgenden Monat Septemb. in Lucca sang, man ihn völlig übersah, oder gar nicht leiden konnte, ob er gleich immer dieselbe Kunst und Natur besaß, einerley Stimmen neben sich hatte, und einerley Orchester zur Begleitung, und einerley Kompositionen sang.

Montefiascone,
den 18ten September.

Auf meinem Wege nach Rom besuchte ich den Sgr. Guarducci, der sich hier ein schönes Haus gebauet, und solches mit vielem Geschmack auf englische Art ausmöblirt hat. Er hatte schon von meiner Reise nach Italien gehört, und empfieng mich auf eine so höfliche Art, als man sich nur eine bilden kann. Er war so verbindlich, sich vor mir in einer Arie von Sacchini's Komposition hören zu lassen, und er sang solche ganz himmlisch. Seine Stimme, deucht mir, ist stärker, als da er in England war, und sein Geschmack und Ausdruck

druck scheint den höchstmöglichen Grad auserwählter Feinheit erlangt zu haben. Er ist ein sehr bescheidner Sänger; er setzt nur sehr wenige Noten hinzu; diese wenigen Noten aber sind so aus der Natur der Sache herausgehoben, daß sie grosse Wirkung thun, und das Ohr völlig befriedigen. Er hat zu Florenz ein Winterhaus, und dieses hat er zu Montefiascone, seinem Geburtsorte gebauet, um sich hier des Sommers aufzuhalten, und seine Mutter und sein Geschwister bey sich zu haben: es liegt sehr reizend an einer Höhe, von welcher man auf der einem Seite eine sehr schöne freye Aussicht hat, die bis nach Aquapendente, und überdem eine Strecke des Bolsenischen Sees geht; und auf der andern Seite sieht man die Berge von Viterbo und das davor liegende Land. — Er sagt, er habe das Theater völlig verlassen, und wollte nicht mehr öffentlich singen. Das ist ein Verlust für Italien, denn ich finde, daß ihm die Italiäner den ersten Platz unter allen Sängern dieser Periode einräumen, und zu Rom sprechen sie noch mit Entzücken von seinem Singen in Piccini's Didone Abbandonata. Sgr. Guarducci gab mir sehr verbindlicher Weise Briefe an verschiedene grosse Virtuosen in Rom und Neapel mit, und bewirthete mich nicht nur mit der grösseſten Gaſtfreyheit, so lange ich bey ihm war, sondern ließ auch in meine Kutsche allerhand Erfrischungen und vortreflichen Wein packen, der auf seinen eignen Weinbergen gewachsen war. (*)

Rom.

(*) Der Montefiastoner ist in Italien sehr berühmt, und zum Sprichworte geworden.

Rom. (*)

Es ist unmöglich, sich dieser Stadt, welche noch immer in Absicht auf die Künste die Hauptstadt der Welt ist, zu nahen, ohne von einem Gefühl hingerissen zu werden, dergleichen keine andere Situation erregen kann. Die Ueberbleibsel des Alterthums erhalten, wie die sibyllinischen Bücher, immer einen größern Werth, je weniger ihrer sind.

Ungeachtet meine Absichten und Wünsche, als ich nach Rom kam, vornehmlich auf Alterthümer und die Materialien giengen, welche die vaticanische und andere Bibliotheken mir zur Geschichte der alten Musik geben würden: so machte mir doch auch die neue viel Vergnügen.

Den 21ten September.

Als den Tag nach meiner Ankunft hörte ich in des Herzogs von Dorset Hause, den vornehmsten Geiger hieselbst, Sgr. Celestini, welcher sehr geschickt und mit vielem Ausdrucke spielt. Sgr. Corri, ein sinnreicher Komponist, der mit vielem Geschmacke singt, begleitete ihn. Es war auch ein guter Violonschellspieler da.

Sgr. Celestini spielte unter andern eins von seinen eignen Solo's, welches zwar außerordentlich schwer, aber doch sehr gefällig war, mit vielem Geschmacke, Genauigkeit und glänzendem Vortrage.

Sonn-

(*) S. den ganzen zweyten Theil der Volkmannischen Beschreibung von Italien.

Sonnabend, den 22sten September.

Heute Nachmittag gab Herr Backford, dessen Eifer für mein Hauptgeschäfte ich so viel zu verdanken habe, mir zu Gefallen ein Concert, welches aus zwölf oder vierzehn der besten Spieler in Rom bestund, die von Sgr. Celestini angeführet wurden. Es waren drey Singstimmen dabey, Sgr. Cristofero, aus der päbstlichen Kapelle, der beynahe ganz in Guarducci's Manier hier singt, und in Absicht auf die Delikatesse ihm wenig nachgiebt; Il Grassetto, ein Knabe, der sich aus eigner Wahl, und wider seiner Freunde Rath castriren ließ, um seine Stimme zu behalten, die wirklich sehr gut ist, so wie er überhaupt eine gefällige Singart hat; und ein Buffo-Tenorist, ein erzkomischer Kerl.

Den 23sten September.

Ward ich zu Sgr. Crispi, einem berühmten Kapellmeister geführt, in dessen Hause heute Nachmittag eine Accademia war, worin seine Frau sang. Dieser Komponist hat alle Freytage Nachmittags ein Concert, welches gut besetzt ist, und von einer ansehnlichen Gesellschaft besucht wird.

Den 24sten September.

Heute war wegen der Versöhnung des Pabsts mit dem Könige von Portugall eine große Funzione in der Kirche der Santi Apostoli; hier saß ich

ich seine Heiligkeit zuerst, nebst einer großen Menge Cardinäle, und hörte das Te Deum. Es waren zwey starke Musikchöre, und eine unbeschreibliche Menge Zuhörer. Die Musik war von Sgr. Mosi (*) Cristofero sang sehr reizend; die Arien waren schön, aber die Chöre armselig.

Des Abends war die äussere Seite der Kuppel, der Kirche und der Colonnade des heil. Petrus, nebst dem vaticanischen Pallaste sehr schön erleuchtet, welches den Einwohnern von Rom ein Schauspiel giebt, dergleichen in der ganzen Welt nicht aufzuweisen ist. In den Pallästen der meisten Cardinäle waren auf den Balkons, die an der Strasse liegen, ausser der Jllumination, mit einer Menge Spielern besetzte Concerte. Das vornehmste war in des portugiesischen Gesandten Hause, wobey über hundert Musiker waren, welche die ganze Nacht hindurch spielten. Doch war diese Musik, ungeachtet sie in freyer Luft aufgeführt ward, zu lärmend für mich, und ich gieng bald weg, um meine Ohren in des Grafen von Dorset Concerte mit gefälligern Tönen zu erquicken.

Dienstags, den 25sten Sept.

Heute früh hatte ich die Ehre, den Cardinal Alexander Albani, ersten Bibliothekar im Vaticano

---

(*) P. Mast, (bey dem Verfasser vermuthlich durch einen Druckfehler Mosi) Kapellmeister an der Kirche der Santi Apostoli, und Sänger in der päbstl. Kapelle, starb im April, 1772 am Schlage, nachdem er ebεn in der Messe gesungen hatte.

ticau, und Prefetto, oder Oberaufseher der päbstlichen Kapelle, vorgestellt zu werden. Se. Eminenz nahm mich aufs gefälligste und sehr herablassend auf, ergrif mich bey der Hand, und sagte: Figlio mio, che volete? Mein Sohn, womit kann ich dienen? „Als ich ihm die Absich„ten meiner Reise nach Italien erzählte, und „meinen Wunsch nach der Erlaubniß äusserte, „musikalische Manuscripte in der vaticanischen „Bibliothek und in den Archiven der päbstlichen „Kapelle durchzusehen, so sagte er mir: Sie sol„len die verlangte Erlaubniß haben, aber bringen „sie es in Form eines Memorials zu Papiere.„ Als dies geschehen war, rief er seinen Sekretär, den er einen Befehl ausfertigen hieß, welchen er unterschrieb, und an Monsignore l'Arcivescovo di Apomea, Prefetto della Vaticana addreßirte, um mich in die vaticanische Bibliothek einzulassen, wenn mirs beliebte, mich soviel Bücher und Manuscripte sehen zu lassen, als mir beliebte, und mir kopiren zu lassen, was mir anstünde.

Hiemit war ein wichtiger Punkt gewonnen, aber ohne die Einwilligung und den Beystand des Abts Elie, eines von den Custodi, oder Buchhaltern der vaticanischen Bibliothek, wäre mir mit der erhaltenen Erlaubniß wenig geholfen gewesen. Denn der Manuscripte in dieser berühmten Bibliothek ist eine solche Menge, und manche davon sind in solcher Unordnung, daß es ein Werk von

von mehr als einem Jahre gewesen wäre, die Schriften, welche ich brauchte, aufzusuchen, wenn er sie mir nicht angewiesen hätte. (*) Fünf bis sechs ganze Tage wandte er dazu an, mir ein Verzeichniß von allem dem zu machen, was die vaticanische Bibliothek zu meinem Zwecke brauchbares enthielt; worauf ich gewöhnlich den Morgen daselbst zubrachte, und dasjenige las und aussuchte, was ich entweder ganz abgeschrieben, oder wovon ich Auszüge zu haben wünschte. Mein Freund, der Abt übernahm es, dieß für mich auszuschreiben, unterdeß daß ich nach Neapel reiste.

Während meines ersten Aufenthalts in Rom, fand ich soviel zu betrachten, ich hatte soviel Untersuchungen, die alte Musik betreffend, zu machen, und soviel Zeit in der vaticanischen und andern Bibliotheken zuzubringen, daß ich nur wenige Zeit für die neuere übrig behielt. Doch diese wenige Zeit wandte ich mit großem Vergnügen an, öffentliche Kirchenmusiken und Privatconcerte sowohl in den Häusern der verschiedenen Virtuosen, als bey einigen Vornehmen zu hören. Weil aber viele Tage hieselbst von mir auf einerley Weise zugebracht wurden, so will ich, um Wiederholung

---

(*) Bis itzt hat man noch keinen ordentlichen Catalogus der occidentalischen Manuscripte in der vaticanischen Bibliothek. Von den orientalischen ward vor einigen Jahren einer verfertiget, und 17 in vier Folianten gedruckt; allein der Verfasser (J. S. Assemann) starb ehe das Werk vollendet ward; und nachher hat sich niemand daran gemacht.

zu vermeiden, die Schreibart eines Tagebuchs verlaſſen, und meine vornehmſten muſikaliſchen Begebenheiten zu Rom, ohne Rückſicht auf das Datum durchgehen. Ich würde mich bey dieſer Erzählung einer großen Undankbarkeit ſchuldig machen, wenn ich die Unterſtützung und den Beyſtand, womit mich meine Landsleute beehrten, mit Stillſchweigen übergienge. Man wird mir daher, wie ich hoffe, die Freyheit verzeihen, gelegentlich ihrer mit der ſchuldigen Verehrung für ihren Stand und für die Dienſte, welche ich von ihnen erhalten habe, zu erwähnen.

Ich habe wenige Abende in Rom zugebracht, ohne in des Herzogs von Dorſet Hauſe ein Concert zu hören. Er hatte die Gnade, dafür zu ſorgen, daß meine Neugierde meiſtens durch etwas Neues und Merkwürdiges entweder in Anſehung der Kompoſition oder des Vortrages unterhalten ward. Hier war es, wo ich die Gelegenheit hatte, die beſten Spieler in Rom zu der Zeit zu hören, als die Theater geſchloſſen waren, und es ſchwer geweſen wäre, ſie anderwärts zu hören.

Hrn. Herrn Leighton, der an Vortrag und Geſchmack in der Muſik die meiſten Liebhaber zuvor thut, habe ich einige merkwürdige Kompoſitionen, und den Umgang mit verſchiedenen Leuten in Rom zu verdanken, die wegen ihrer Geſchicklichkeit in der Ausübung, oder wegen ihrer Gelehrſamkeit in der Theorie der Muſik hervorragen; worunter der Marcheſe Gabriele und Monſignor Reggio waren.

Dem

Dem Rathe und Beystande der geschickten Alterthumskenner, Herrn Perkins, Morrison und Byers verdanke ich den grösten Theil meiner Originalzeichnungen von alten Instrumenten; und ihrer geschäftigen Freundschaft muß ich gleichfalls einen grossen Theil des Vergnügens und Unterrichts, welchen ich in Rom genossen habe, zuschreiben.

Nachdem ich diese Schuld meinen Landsleuten abgetragen habe, muß ich nochmals sagen, daß die gelehrten Italiäner und die schönen Geister unter ihnen, mich auf meiner Reise mit der grösten Gastfreyheit und Güte aufgenommen haben, indem jeder zu wetteifern schien, wer am meisten zu meinem Unterrichte und Unterhaltung beytragen könnte. Denn ausser den Gefälligkeiten, womit Herr Richio, Sir. Horace Man und die Herren Perkins und Sempson zu Venedig mich beehrten, muß ich allen Unterricht und Vergnügen bis zu meiner Ankunft zu Rom, den Italiänern selbst zuschreiben. Sie waren es, an die ich mich hauptsächlich wandte, indem ich es sowohl in Ansehung der Sprache als des Unterrichtes für sehr vortheilhaft hielt, mich mit den Eingebohrnen abzugeben. Allein zu Rom und Neapel fand ich so viele Engländer, die so sehr bereit waren, mein Unternehmen zu begünstigen, und mir in meinen Untersuchungen beyzustehen, daß ich nicht brauchte, oder richtiger, keine Zeit hatte, verschiedene Empfehlungsschreiben an angesehene Gelehrten

ten und Tonkünstler in diesen beyden Hauptstädten abzugeben.

Jedoch muß ich unter den Römern den Cavaliere Piranesi vorzüglich nennen, der mir verschiedne Zeichnungen von solchen alten Instrumenten, die sich unter den besten Ueberbleibseln des Alterthums noch befinden, gab, und Gelegenheit, andere zu nehmen, anwies. Ferner den Abt Orsini, welcher eine große Sammlung von musikalischen Kompositionen und Abhandlungen besitzt, und unter andern nützlichen Materialien zu meinem vorhabenden Werke mir alle musikalische Drama's zeigte, die zu Rom vom Anfange des letzten Jahrhunderts an, bis zu unsern Zeiten aufgeführet worden, und mir ein Verzeichniß davon gab; wie auch den Rath Reiffenstein, welcher zwar kein Römer von Geburt ist, aber doch so lange daselbst gelebt hat, und soviel Gelehrsamkeit und Geschmack in den schönen Künsten besitzt, daß ich durch seinen Umgang sehr viel lernte, und ihm für seinen Eifer und Einsichten, die mir sehr nützlich waren, vielen Dank schuldig bin; und den Cavalier Santarelli, Capellano di Malta, (*) und Kapellmeister seiner päbstlichen Heiligkeit.

Pater Martini hatte die Güte gehabt, mir an Sgr. Santarelli einen Brief mitzugeben, welcher alle erwünschte Wirkung that, indem ich diesen vortreflichen Musiker und würdigen Mann, nicht

---

(*) Als solcher trägt er ein kleines Kreuz und einen elfenbeinernen Stern an der Brust.

nicht nur geneigt fand, mich mit Höflichkeit, sondern auch mit Freundschaft in dem strengsten Verstande dieses Worts aufzunehmen. Er war um desto mehr im Stande, mir bey meinen musikalischen Untersuchungen wahre Dienste zu leisten, indem er ausser seiner Stelle in der päbstlichen Kapelle, und seiner großen Geschicklichkeit und Erfahrung in dem praktischen Theile der Musik, eine tiefsinnige Theorie und viel gelehrte Kenntniß der Geschichte seiner Kunst besitzt, und seit vielen Jahren mit einem lehrreichen Werke della musica del Santuario e della disciplina de suoi Cantori, oder einer historischen Abhandlung von der Kirchenmusik beschäftiget ist. Dies Werk ist nach den verschiednen Jahrhunderten der christlichen Zeitrechnung abgetheilt, und durchgehends mit Zeugnissen aus der Kirchengeschichte belegt worden. Der erste Band ward im Jahre 1764 gedruckt, ist aber niemals ausgegeben worden: der zwepte liegt noch im Manuscripte, und ist meist fertig. Es scheint alle Mängel eines andern merkwürdigen und seltenen Werkes über eben diese Materie zu ergänzen, welches 1711 unter dem Titel Offervazioni per ben regulare il coro della capella pontificia, oder Regeln zur Anführung des Chors in der päbstlichen Kapelle, von Andreas Adami erschienen ist. Der historische Theil dieses Buchs fängt erst mit dem Jahre 1400 und schliesst 1711; da aber Sgr. Santarelli's Werk von den ersten Anfange der Kirche an, bis auf unsre Zeiten sich erstreckt, so würde es gewiß für die Freunde der Kirchenmusik, die sie gern von ihrem Ursprunge an, kennen wollen, ein erwünschtes Geschenk seyn. (*) —

Herr Santarelli schenkte mir sein noch nicht ausgegebenes gedrucktes Werk, theilte mir den zweyten Band in der Handschrift mit, und war ausserdem so gütig, mir Auszüge aus zwey geschriebenen Bänden merkwürdiger Anekdoten und Stellen aus alten und raren Büchern, welche die Musik betreffen, zu machen; welches alles er durch vieljährigen Umgang und Lectur gesammlet hatte. Zu diesen Gefälligkeiten kam noch hinzu, daß er mir einige der merkwürdigsten und rarsten geschriebenen Bücher, welche ich zu Rom suchte, durch seinen freundschaftlichen Eifer verschafte. Ich hatte hier drey Wochen lang mit meinen Freunden mich vergeblich bemühet, das erste Oratorium, welches jemals in Musik gesetzt war, aufzusuchen, endlich bekam ich es durch seine Hülfe zu sehen, und erhielt eine Abschrift davon; und un-

---

(*) Es scheint, als wenn Sge. Santarelli von der Ausgabe seines Werks dadurch abgeschreckt worden, weil er keinen Beförderer desselben unter den Großen in Rom gefunden. Er ist von der Verachtung, womit die Musik gegenwärtig von den hohen Vorstehern der Kirche belegt wird, so empfindlich gerührt, daß er sich nur wenig Hofnung macht, daß sein Buch Beyfall finden werde; ungeachtet es ihm so viel Zeit und Arbeit gekostet hat, und gewiß des Schutzes und der Beförderung Sr. Heiligkeit vollkommen werth ist, da es zum Nutzen seiner Kapellbedienten sowohl, als zum Besten der Musik überhaupt vortreflich eingerichtet ist.

um das Maaß seiner Güte voll zu machen, gab er
mir nicht nur eine ächte richtige Abschrift des berühmten Miserere von Allegri, sondern auch
alle Kompositionen, welche in der Charwochen in
der päbstlichen Kapelle aufgeführet werden. (*)
Zugleich erhielt ich von ihm viele andere Kirchen-
Musiken von Palestrina, Benevoli, Luca Marenza und andern, welche nie gedruckt, ja nicht
einmal irgendwo, ausser in besagter Kapelle sind
aufgeführet worden.

So neugierig ich war, die vaticanische Bibliothek zu sehen, so war ich es wegen der päbstlichen Kapelle nicht weniger. Die Kirchenmusik
scheint in diesem berühmten Heiligthume wo nicht
ihr erstes Daseyn, doch wenigstens ihre erste Ausbildung erhalten zu haben. Cav. Santarelli
war so gütig meine Neugier in Ansehung dieser
Kapelle völlig zu befriedigen.

In der päbstlichen oder sixtinischen Kapelle
braucht man weder Orgel noch irgend ein ander
Instrument die Singstimmen zu begleiten. Dieser sind zwey und dreyßig, nämlich: acht Bässe,
acht

(*) Dieß Miserere von Allegri, nebst einem Stabat mater von Palestrina, einem Fratres, ego enim accepi,
einem Miserere von Thomaso Bay, und einem Populus meus, quid feci tibi von Petrus Aloysius Prenestinus hat Herr Burney vor kurzem in London
unter dem Titul: La Musica che si canta la settimana santa: in Partitur herausgegeben, und Kennern
damit ein wichtiges Geschenk gemacht.

acht Tenore, acht Alte und acht Discante, diese sind alle ordentlich angenommen: ausserdem sind noch verschiedene Ueberzählige, welche die Stelle derjenigen ersetzen, die etwa zufälliger Weise abwesend sind, so daß allemal die Zahl der zwey und dreyßig Sänger an den gewöhnlichen Feyertagen vollständig ist; an hohen Festtagen wird sie fast verdoppelt. (*)

Die Kleidung der ordentlichen Sänger besteht in einer Art von purpurfarbner Uniform; ihre Besoldung ist nicht groß, und itzt werden Sänger von ausserordentlichen Verdiensten nur wenig bemerkt und aufgemuntert, so daß die Musik hier, wie es scheint, sehr abnimmt und zu verfallen anfängt, wozu die hohen Besoldungen, welche schöne Stimmen und Sänger von großen Geschicklichkeiten in den vielen italiänischen Opern erhalten, nicht wenig beytragen. Allmählig werden sowohl die Auszierungen und die feine Ausführung der alten Musik, als auch die elegante Simplicität, weswegen diese Kapelle so berühmt ist, ganz verlohren gehen. Ehemals war hieselbst der Canto fermo seiner Reinigkeit und der ausdrucksvollen Art wegen, womit er gesungen ward, unendlich besser, als an allen übrigen Orten.

Ein

(*) Ausser den überzähligen Erspectanten bey dieser Kapelle werden in der Charwoche viele der besten Opernsänger aus andern Orten Italiens hier gebraucht.

Ein Freund, der neunzehn Jahr in Rom gewesen war, versicherte mich, ehe ich dahin reisete, daß ich nicht erwarten müßte, die Musik in der päbstlichen Kapelle so vorzüglich vor aller übrigen italiänischen Musik zu finden, als sie ehedem gewesen wäre, ehe die Opern aufgekommen, und man den vornehmsten Sängern so große Salarien gab; denn weil damals die päbstlichen Sänger besser bezahlt wurden, so konnte man hier auch leichter geschicktere Leute haben, als anderwärts. Jetzt ist das der Fall nicht mehr, und die Folge davon fällt in die Augen. Die Lage, worin die Sänger sind, ist der ähnlich, worin die englischen Chorsänger und Chorknaben sich befinden; ihre Salarien bleiben, wie sie bey der ersten Stiftung waren, und auf dieser Stuffe der Vollkommenheit scheint ihr Gesang gleichfalls stehen zu bleiben; die Lebensart ist kostbarer; das Geld von geringerem Werthe, anderwärts giebt man mehr; man ergreift, um zu leben, noch ein anders Geschäfte neben dem Singen, und die Kirchenmusik geräth also in Verfall, und wird immer schlechter, indem die theatralische durch die vermehrten Belohnungen täglich mehr und mehr empor kömmt. (*)

Sgr.

(*) Man sehe die Remarks on Mr. Avisons Essay on musical expression, welche 1753 herausgekommen sind, und worin der Verfasser die Ursachen des Verfalls unsrer Kirchenmusik, und der Ungeschicklichkeit derer, die sie aufführen, gut auseinander gesetzt hat. In Ansehung dieser sagt er: „Ich glaube, wenn man „die Statuten jedes Domstifts untersuchte, so würde „man

Sgr. Santarelli hat mir folgende besondere
Nachrichten das berühmte Miserere (*) des
Allegri betreffend, mitgetheilet. Dieß Stück,
welches über hundert und funfzig Jahr, jährlich
in der Charwoche in der päbstlichen Kapelle am
Mittwochen und Charfreytage aufgeführet werden,
und dem Ansehn nach so simpel ist, daß diejenigen,
welche es bloß auf dem Papiere gesehen haben,
sich

„man finden, daß die Salarien, welche jedem Mit-
„gliede vermacht sind, im genauen Verhältnisse zu
„einander stehen, etwa folgender Maaßen: dem Chor-
„knaben fünf Pfund; dem erwachsenen Sänger zehn;
„dem Canonicus minor zwanzig: dem Organisten
„eben soviel; dem residirenden Canonicus vierzig;
„und dem Dechant achtzig Pfund jährlich; welches
„mit vier multipliciret für dem ersten zwanzig, dem
„zweyten vierzig, dem dritten achtzig und dem fünf-
„ten hundert und zwanzig ausmachte. Dieß nebst
„der Curie der Geistlichen würde jedem in seiner Stel-
„le ein hinlängliches Auskommen gewähren, und ich
„wollte wohl behaupten, daß die drey ersten sehr zu-
„frieden damit seyn würden, wenn diese Zulage gleich
„beyden letztern nicht genung scheinen mögte. Allein
„diese theilen ohne Bedenken und ohne Gewissensbisse
„(wer sie dazu bevollmächtigt hat, weiß ich nicht)
„drey Viertheile der ihren Untergebnen zukommenden
„Einkünfte unter sich; welches offenbar der Absicht
„des Stifters entgegen, und verschiedenen Besitzern
„der Pfründen nachtheilig ist. Daher wird ein Ca-
„nonicat auf zweyhundert, und ein Dechanat auf
„hundert Pfund jährlich geschätzt; uud wenn diese
„Rechnung den Werth einiger überschreiten sollte, so
„muß man doch gestehen, daß andere viel höher zu
„schätzen sind.„

(*) Miserere mei, Deus etc. Gott, erbarme dich meiner.
Ps. 57. Allegri stammt von dem berühmten Mahler
Correggio her, dessen Familien-Name Gregorio Allegri
hieß.

sich wundern, woher seine Schönheit und Wirkung entstehen könne, hat keinen Ruhm mehr der Art, wie es aufgeführet wird, als der Komposition zu danken. Die nämliche Musik wird verschiedene mal mit verändertem Texte wiederholt, und die Sänger haben eine gewisse von Alters her überlieferte Art zu singen, gewisse Ausdrücke, gewisse hergebrachte Auszierungen (certe espressioni e gruppi) welche große Wirkung thun: Z. E. eine gemeinschaftliche Verstärkung oder Schwächung des Tons; die Beschleunigung oder Verzögerung des Takts bey gewissen Worten, und daß sie einige ganze Strophen geschwinder singen, als andere. Soweit Sgr. Santarelli. Ich will noch aus Andreas Adami oben angeführtem Buche folgendes hinzufügen: „Nach verschiedenen „vergeblichen Versuchen älterer Komponisten, vor „mehr als hundert Jahren, eben diese Worte so „in Musik zu setzen, daß die Häupter der Kirchen „völlig damit zufrieden wären, hatte Gregorio „Allegri das Glück, eine Komposition zu liefern, „die sich ewigen Ruhm erwarb: denn mit wenigen „wohl modulirten und wohl angebrachten Noten, „setzte er ein Miserere, welches noch lange jähr„lich an eben den Tagen in künftigen Zeiten wird „gesungen werden; welches gerade so gesetzt ist, daß „es dereinst noch jeden in Erstaunen setzen wird, „so wie es itzt alle Zuhörer entzücket.„

Doch müssen wohl einige von den großen Wirkungen, welche dieses Stück hervorbringt, eigentlich sich der Zeit, dem Orte und den feyerlichen Ceremonien zugeschrieben werden, welche bey der Aufführung gewöhnlich sind. Der Pabst und das ganze Conclave liegen kniend an der Erde, die Lichter der Kapelle und die Fackeln auf dem Geländer werden eins nach dem andern ausgelöscht; und der letzte Vers dieses Psalms wird von zwey Chören beschlossen, indem der Kapellmeister den Takt immer langsamer schlägt, und die Sänger die Harmonie bis zum völligen Schlusse ganz allmählig endigen oder vielmehr ausgehen lassen.(*)

Es wird ebenfalls von ausgesuchten Sängern aufgeführt, welche viele Proben machen, vornehmlich des Montags in der Charwoche, welchen man dazu anwendet, das Stück oftmals zu probiren, und die Feinheiten in der Ausführung zu lehren.

Diese Komposition wird so heilig gehalten, daß man glaubte, der Bann würde darauf stehen, wenn jemand sie abschriebe. Pater Martini erzählte mir, daß niemals mehr als zwey Abschriften auf päbstlichen Befehl davon gemacht wären, nehmlich eine für den verstorbenen König von Portugal, die andere für ihn selbst. Er erlaubte mir, diese letzte zu Bologna abzuschreiben, und Sgr. San-

---

(*) Adami's Anweisung lautet also: Averta pure il Signor Maestro, che l'ultimo verso del Salmo termina a due cori, e però sarà la battuta adagio, per finirlo piano, smorzando a poco a poco l'armonia. Osserv. per reg. il Coro della Cap. pont. p. 36.

Santarelli verschafte mir gütigst eine andere Abschrift aus den Archiven der päbstlichen Kapelle: bey der Vergleichung beyder Abschriften fand ich, daß sie sehr genau, vornehmlich in den ersten Verse übereinstimmten. Ich habe hie und da verschiedene unächte Abschriften dieser Komposition gefunden, worin die Discantstimme ziemlich richtig war, dahingegen die übrigen Stimmen sehr abweichen; und dieß machte mirs glaublich, daß die Oberstimme aus dem Gedächtnisse sey aufgeschrieben worden, welches nicht schwer seyn konnte, da sie so oft in diesem Stücke zu verschiedenen Worten wiederhohlet wird, und daß hernach irgend ein neuerer Contrapunktist die übrigen Stimmen hinzugesetzet habe.

Ehe ich einen Gegenstand verlasse, der für die Freunde der Kirchenmusik so interessant ist, will ich noch folgende Anekdote mittheilen, die ich ebenfalls von Sgr. Santarelli habe.

Kayser Leopold, welcher nicht nur ein Liebhaber und Gönner der Musik war, sondern auch selbst gut komponirte, befahl seinem Gesandten zu Rom, vom Pabste die Erlaubniß zu erbitten, daß er eine Abschrift von dem berühmten Miserere des Allegri zum Gebrauch der kaiserlichen Kapelle zu Wien nehmen dürfte: als er diese Erlaubniß erhalten hatte, schrieb der päbstliche Kapellmeister es für ihn ab, und schickte es dem Kaiser zu, der damals einige von den größten Sängern seiner Zeit in Diensten hatte. Allein der Geschicklichkeit

lichkeit dieser Sänger ungeachtet, that diese Komposition der Erwartung des Kaisers und seines Hofes, als sie aufgeführt ward, so wenig Genüge, daß er den Schluß machte, der päbstliche Kapellmeister hätte ihn hintergangen, und um seinen Schatz, als ein Geheimniß für sich zu behalten, eine Komposition untergeschoben. (*) Der Kaiser war darüber sehr aufgebracht, und schickte einen Kurier an Se. Heiligkeit, sich über den Kapellmeister zu beschweren, der deswegen in Ungnade fiel, und sogleich abgesetzt ward. Der Pabst war durch den vorgeblichen Betrug seines Kapellmeisters so sehr beleidigt, daß er ihn lange Zeit hindurch weder sehen, noch seine Vertheidigung hören wollte; doch endlich übernahm es einer von den Kardinälen, Fürsprache für ihn zu thun, und sagte Se. Heiligkeit, daß die in der päbstlichen Kapelle übliche Art zu singen, vornehmlich bey diesem Miserere so beschaffen wäre, daß sie nicht in Noten ausgedrückt werden, oder anders als durchs Exempel könne gelehrt, und an andern Orten eingeführt werden; weswegen diese Komposition, wäre sie auch noch so richtig abgeschrieben, ihrer Wirkung verfehlen müßte, sobald man sie anderswo aufführte. Se. Heiligkeit verstund keine Musik, und konnte gar nicht begreifen, wie die nehmlichen Noten an verschiedenen Orten so verschieden klingen könnten; intessen befahl er doch
seinem

(*) Sgr. Santarelli's Worte waren: Quantunque cantato da Musici suavissimi, fece alla Corte di Vienna la misera comparsa di un semplicissimo falso Bordone.

seinem Kapellmeister, eine schriftliche Vertheidigung einzugeben, welche nach Wien gesandt werden sollte: dieß geschah, und der Kaiser, welcher
sah, daß sein Wunsch in Ansehung dieser Musik
nicht anders konnte befriediget werden, hat den
Pabst, daß einige Sänger aus seiner Kapelle
nach Wien gesandt werden mögten, um den kaiserlichen Sängern Anweisung zu geben, wie sie das
Miserere von Allegri mit eben so viel Ausdrucke,
als in der sixtinischen Kapelle zu Rom geschähe,
aufführen müßten. Der Pabst bewilligte es;
allein ehe sie ankamen, brach ein Krieg mit dem
Türken aus, welcher den Kaiser von Wien weg-
zugehen nöthigte, und das Miserere ist vermuthlich itzt noch nirgends gehörig aufgeführet worden,
als in der päbstlichen Kapelle.

Bey meinem Aufenthalte in Rom besuchte ich
verschiedentlich Sgr. Mazzanti, der nicht nur
mit außerordentlich vielem Geschmacke singt, sondern auch ein vortreflicher Musiker ist. Er lieset
und schreibt über die Musik, und hat eine beträcht-
liche Sammlung von Büchern und Manuscripten.
Der Reichthum seines Geschmacks im Singen ersetzt den Mangel an Stärke seiner Stimme, welche überaus schwach ist. Er besitzt eine große
Menge von Palestrini's Kompositionen, und
theilte mir verschiedene davon mit, die ich sonst
nirgends bekommen konnte. Sgr. Mazzanti ist
berühmt wegen seiner Kunst, das Gedicht des
Tasso nach der Melodie der Barcarolli zu Vene-

dig zu singen. Er thut es mit unbeschreiblichem Geschmacke, und begleitet sich selbst mit der Violine, durch welche Harmonie er ausserordentliche angenehme Wirkungen hervorzubringen weiß. Er schrieb mir zu Gefallen die Originalmelodie nieder, um sie mit dem zu vergleichen, was ich in Venedig aufgeschrieben hatte, da ich sie in dem großen Canale singen hörte. Er hat selbst viel gesetzt, z. E. Opern und Motetten für die Singstimme; wie auch Trios, Quatuors, Quintetten und andere Stücke für die Geige. Er spielt recht schön auf der Geige, und ist im Besitze der schönsten und vollkommensten Steiner=Geige, die ich je gesehen habe. Er ist sehr weit in der Theorie der Musik; und hat, zur Uebung einen Auszug aus der Modulation des Palestrini gemacht, welcher sehr auserlesen und wohl geordnet ist; auch zeigte er mir einen beträchtlichen Theil eines musikalischen Tractats im Manuscripte, welchen er selbst verfertigt hatte.

Zu Rom hatte ich gleichfalls vielen Umgang mit Rinaldo di Capua, einem alten vortreflichen neapolitanischen Komponisten. Er ist ein natürlicher Sohn eines sehr vornehmen Mannes in diesem Lande, und studirte anfangs nur die Musik zu seinem Vergnügen; allein da ihm sein Vater nur ein geringes Vermögen hinterließ, welches er bald herdurchbrachte, so sah er sich gezwungen, Profeßion davon zu machen. Er war nur siebzehn Jahr alt, als er seine erste Oper zu Wien in Musik setzte.

setzte. Seine Kompositionen haben mir oft viel Vergnügen gemacht; jetzt ist er nicht sehr Mode mehr, wiewohl er vorigen Winter noch ein Intermezzo für das Capranica = Theater in Rom mit großem Beyfalle gesetzt hat. Sein Umgang ist sehr vernünftig; allein so ein gutes Herz er auch hat: so hegt er doch von seinen Mitkomponisten etwas sonderbare und strenge Meynungen. Er glaubt, sie hätten nichts mehr zu thun übrig, als sich selbst und andere auszuschreiben, und das Glück, welches sie hätten, den Ruhm der Neuheit und der Erfindung davon zu tragen, käme bloß entweder von der Unwissenheit oder Vergessenheit des Publikums her; indem von allem, was der Mühe werth wäre, sowohl in der Melodie als Modulation schon Gebrauch gemacht sey. Er schliesst sich selbst nicht von dem Tadel aus; und gestehet frey, daß, ungeachtet er vollkommen so viel geschrieben, als alle seine Nachfolger, doch in allen seinen Werken vielleicht nicht mehr, als eine neue Melodie könne gefunden werden, welche nicht in verschiedenen Tönen und Taktarten tausendmal durchgepeitscht worden. Was die Modulation anbeträfe, so müsse sie allezeit einerley seyn, um natürlich und gefällig zu bleiben; was man dem Publikum nicht mitgetheilt habe, sey bloß der Ausschuß von Tausenden, die es versuchten, und als unangenehm, oder in der Ausführung unmöglich, verwarfen. Die einzige Gelegenheit, die ein Komponist habe, neue Modulationen in Arien anzubringen, sey ein kurzer zweyter Theil, um den Zuhörer zu dem ersten zurückzuschrecken, dem er nur zum Zierrathe diente, um ihn vergleichungsweise schön zu machen. Er tadelt gleichfalls den Lärm und Tumult der Instrumente in den neumodigen Arien, sehr heftig.

Sgr. Rinaldo di Capua wird zu Rom für den Erfinder der begleiteten Recitative gehalten; allein als ich alte Kompositionen in den Archiven des Collegiums S. Girolamo della Carità durchsuchte, so fand ich ein Oratorium von Alessandro Scarlatti, welches er zu Ende des vorigen Jahrhunderts, ehe Rinaldo di Capua noch gebohren war, gesetzt hatte, worin sich begleitete Recitative befinden. Er selbst macht gar keinen Anspruch auf die Ehre der Erfindung; und eignet sich nichts mehr zu, als daß er einer von den ersten gewesen, welche lange Ritornelle oder Zwischenspiele in die Recitative, die eine heftige Leidenschaft oder Unglück enthielten, eingeführt, worin das ausgedruckt oder nachgeahmet wird, was die Singstimme nicht ohne Lächerlichkeit unternehmen konnte.

Rinaldo di Capua hat in seinem langen Lebenslaufe verschiedene Abwechselungen des Glücks ausgestanden; bald hatte er viel Ansehn, bald ward er nicht geachtet. Inzwischen, wie er sein Alter herannahen sahe, sammlete er seine Hauptwerke, welche er in der besten Blüte seines Glücks und seines Genies verfertigt hatte, und glaubte, daß dazu seine Zuflucht zur Zeit des Unglücks nehmen zu können. Diese Zeit kam; allerhand Widerwärtigkeiten und Unglück überfielen ihn und seine Familie, als seine Hülfe, seine einzige Hülfe, die gesammelten Früchte seiner Feder, von seinem ungerathenen Sohne für Makulatur verkauft wurden!

Die römischen Musiker, welche mir das größte Vergnügen machten, waren im Singen Sgr. Cristofero aus der päbstlichen Kapelle, in Ansehung der Stimme und vollkommenen Ausbildung seines Gesanges, und Sgr. Mazzant, in Ansehung des Geschmacks und der Einsicht in die Musik; La Bácchelli, gewöhnlich la Miniatrice (*) genannt, wegen ihres glänzenden und mannigfaltigen Vortrags; und die älteste Tochter eines berühmten Mahlers, Cavalier Battoni, eine Dilettante und Schülerinn des Sgr. Santarelli, wegen ihrer Kunst, die sie sehr gut zu bedecken weiß, und wegen der feinen Simplicität, und des wirklich pathetischen Ausdrucks, welche ganz unbeschreiblich sind.

Die besten Geiger waren Sgr. Celestini, dessen ich oben gedachte, Sgr. Niccolai, ein würdiger Schüler von Tartini; und Sgr. Ruma, ein junger Mann, den ich oftmals in Sgr. Crispi's Concerte gehört habe, und der mit vieler Leichtigkeit und Nettigkeit spielt.

Man

(*) Ihr Geschäft ist nehmlich nicht die Musik, sondern die Mahlerey.

Man hält den Abt Roſſi für den feinſten Flügelſpieler zu Rom; und Sgr. Criſpi, ohne ſich dafür auszugeben, ſpielt dieß Inſtrument recht gut. Allein die Wahrheit zu ſagen, ſo habe ich in ganz Italien noch keinen großen Flügelſpieler, noch irgend einen originalen Komponiſten für dieß Inſtrument gefunden. (*) Ich weiß keine Urſache davon anzugeben, als weil dieß Inſtrument hier, auſſer zur Begleitung der Singſtimmen, ſo wenig gebräuchlich iſt. Jetzt wird es von Inſtrumentmachern und Spielern ſo ſehr vernachläßigt, daß es ſich ſchwerlich beſtimmen läßt, ob die Inſtrumente oder die Spieler elender ſind. (**)

Hin-

(*) Es ſcheint, als wenn Alberti in jeder neuen Flügelſonate ausgeſchrieben oder nachgeahmet würde.

(**) Wer der engliſchen Flügel gewohnt iſt, dem kommen alle Clavierinſtrumente auf dem feſten Lande (Deutſchland hatte der Verfaſſer damals noch nicht geſehen,) gar nicht ſonderlich vor. Durch ganz Italien hat man in Privathäuſern kleine Octav-Spinette zur Begleitung beym Singen, zuweilen in Geſtalt eines Dreyecks, doch öfter unſern alten Virginals (einer Art kleiner Flügel) ähnlich. Die Taſten daran machen ſo viel Lärm, und der Ton iſt ſo ſchwach, daß man mehr Holz als Saiten hört. Der beſte Flügel, in Betracht des Anſchlags, den ich in Italien angetroffen habe, gehörte Sgr. Grimani zu Venedig; und in Anſehung des Tones der, welchen Monſignor Reggio zu Rom beſaß; allein ich fand drey engliſche Flügel in den drey vornehmſten Städten Italiens, welche von den Italiänern als ſoviel Wunderwerke angeſehen wurden. Der eine war von Shudi gemacht, und der engliſche Geſandte zu Neapel beſaß ihn. Die andern beyden, welche Herr Kirkmanns Arbeit ſind, gehörten damals der Frau Richiè zu Venedig und der Frau von Earl.

Hingegen was die Orgel anbetrift, so habe ich sie oft in Italien mit Geist und Geschmacke spielen hören. San. Martini zu Mayland hat eine ihm eigene Art, die Orgel zu schlagen, welche gewiß meisterhaft und einnehmend ist. Die ersten Organisten der St. Markus-Kirche zu Venedig, der Domkirche zu Florenz, und der St. Johannis Kirche im Lateran zu Rom (von welchem ich nachher noch gelegentlich reden werde) übertreffen in ihren Spielen beynahe alle andere, die ich auf dem festen Lande gehört habe. Ueberhaupt aber sind die Mönche und Ordensgeistlichen in Italien die besten Organisten: ich habe sie in den Kirchen und Kapellen ihrer Klöster nicht nur auf eine meisterhafte, sondern auch auf eine glänzende moderne Art, ohne den Geist ihres Instruments zu vergessen, spielen hören. Einige Mädchen in den Conservatorien zu Venedig sowohl, als die Nonnen in verschiedenen Theilen Italiens, spielen in ihren Kirchen nett und sehr fertig; doch fehlt es dem Spielen des Frauenzimmers fast allemal an Stärke, an Gelehrsamkeit und an Muth, welches vermuthlich von dem weiblichen sanften Charakter herrühret, womit das Frauenzimmer uns sonst so zu bezaubern pflegt.

Nachdem ich die vorzüglichsten Sänger und Spieler gehört, und mit den vornehmsten Theoretikern und Komponisten Bekanntschaft gemacht; nachdem ich viele von den Büchern, Manuscripten und Alterthümern, die ich suchte, gefunden, und was mir noch fehlte, meinen Freunden zu Rom aufgezeichnet hatte, welche mir gütigst ihren Beystand versprachen, in meiner Abwesenheit das Fehlende zu verschaffen: so gieng ich Sonntags Nachmittags den vierzehnten October nach Neapel.

Neapel. (*)

Ich kam hieher mit der größten Idee von der Vollkommenheit, worin ich die praktische Musik finden würde. Bloß zu Neapel hofte ich, daß meine Ohren durch die feinste musikalische Wollust, welche Italien hervorzubringen vermag, sollten erquickt werden. Die übrigen Oerter besuchte ich meiner Geschäfte wegen, um eine bestimmte Arbeit zu Stande zu bringen, die ich mir selbst aufgelegt hatte; hieher aber kam ich, von der Hofnung mich zu ergötzen, beseelt. Und welcher Freund der Musik könnte an einen Ort kommen, der die beyden Scarlatti, Vinci, Leo, Pergolese, Porpora, Farinelli, Jomelli, Piccini und unzählige andere Komponisten, Sänger und Spieler vom ersten Range hervorgebracht hat, ohne von den lebhaftesten Erwartungen voll zu seyn. Wie weit diese Erwartung erfüllet worden, wird der Leser aus dem Verfolge meiner Erzählung sehen, welche beständig eine getreue Uebersetzung der Empfindungen ist, die ich hatte, indem ich sie in mein Tagebuch gleich nachdem ich etwas gehört und gesehen hatte, ohne alle wissentliche Vorurtheile oder Partheylichkeit eintrug.

Dienstags

(*) S. Volkmann 3. B. S. 29. ff.

Dienstags, den 16ten October.

Ich langte hier etwa um fünf Uhr des Nachmittags an, und gieng denselben Abend zu dem Teatro de Fiorentini, die komische Oper, Gelosia per Gelosia, welche Sgr. Piccini gesetzt hat, zu sehen. Dieß Theater ist so klein, als das Foot'sche in London, aber höher; denn es sind fünf Reihen Logen darin. Ungeachtet der Hof zu Portici, und eine Menge vornehme Familien auf ihren Villeggiature oder Landhäusern waren, so war doch das ganze Haus voll Zuschauer; so groß ist Piccini's Ansehen. Eigentlich hatte diese Oper auch nichts als die Verdienste und den Ruhm des Komponisten für sich, indem sowohl die Poesie als die Sänger schlecht waren. Ich nehme eine komische Rolle aus, die Sgr. Casaccia, ein Mann voll unbeschreiblicher Laune, spielte. Sobald er erschien, gerieth das ganze Haus in Bewegung; die Lustigkeit dieses Schauspielers bestund nicht in Narrenspossen, und war nicht bloß lokal, wie es in Italien sowohl als auch an andern Orten nicht selten der Fall ist, sondern sie war von der originalen allgemeinen Art, welche zu allen Zeiten, und an allen Orten Lachen erregt.

Die Arie dieser komischen Oper ist voll schöner Stellen, und hat überhaupt eine sehr sinnreiche Instrumentalbegleitung: Ballette waren nicht dabey, so daß die drey Akten, woraus sie bestund, ziemlich lang zu seyn schienen.

Es sind in dieser Stadt drey Conservatorien, zur Erziehung der Knaben, welche von der Musik Profession machen wollen, welche eben so eingerichtet sind, als die venetianischen für die Mädchen. Gleichwie die Schülerinnen in den venetianischen Conservatorien wegen ihres Geschmacks und netten Ausführung berühmt sind, so haben die Schüler der Neapolitanischen lange Zeit den Ruhm der besten Contrapunktisten oder Komponisten in Europa gehabt.

Mittwochens, den 17ten October.

Diesen Nachmittag gieng ich, eine Musik zu hören, in die Franziskaner-Kirche, wo die drey Conservatorien, Morgens und Abends, Musik und Musiker zu einem achttägigen Feste hergeben. (*) Diese Kirche ist gros und schön, aber allzu verziert. Die Bauart daran scheint gut zu seyn, aber sie ist so sehr übergüldet, daß ich geblendet ward, wenn ich sie betrachten wollte; und an den wenigen Orten, wo kein Gold ist, hat man eine Menge bunte Blumen angebracht.

Das Orchester war zahlreich, und bestund aus mehr als hundert Sängern und Spielern. Sie

---

(*) Dieser Musik wegen bekommen die Conservatorien ihre Privilegien; und in Betracht dessen, daß die Knaben umsonst spielen, hat der König sie von allen Abgaben von Wein und Lebensmitteln befreyt, welche die übrigen Einwohner von Neapel bezahlen müssen.

Sie stunden auf einer dazu errichteten Gallerie, welche ganz übergulder und übersilbert war. Ungeachtet es eine recht gute Gesellschaft von Musikern zu seyn schien, und ihr Anführer sorgfältig und aufmerksam genug war, so machte doch die Entfernung einiger Spieler von den andern es beynahe unmöglich, allezeit genau Takt zu halten. Die Komposition war von Sgr. Gennaro Manni, und einige Stücke davon waren vortreflich; er schlug selbst den Takt. Die Einleitung war in einem wilden Geschmacke geschrieben, worauf diese Art von Anfangs-Symphonie zur Begleitung eines wohlgearbeiteten Chores ward. Es folgten verschiedene Arien und ein Duet darauf, welche mir sehr gefielen; es herrschte Einbildungskraft und Erfindung, Licht und Schatten darin, und obgleich der Gesang nicht von der besten Gattung war, so gefiel mir doch ein Altist und Bassist ungemein. Der Altist hatte eine so helle Stimme, als ich je gehört habe, sie drang durch das ganze Orchester in den lautesten und wildesten Theilen des Chors hervor. Er sang auch eine Arie, und da fand ich seinen Triller gut, und seinen Vortrag ungezwungen; allein sein Portamento war nicht völlig gut, und hatte etwas von der in England so genannten Cathedralmanier im Singen, durch die Gurgel. Die Baß-Arie war so geistreich geschrieben, als ich je eine gehört habe, die Instrumentalbegleitung war vollstimmig, ohne die Melodie der Singstimme zu unterdrücken: die Instrumente schienen, ohne ihren

Gesang

Gesang zu unterbrechen, oder zu verstümmeln, vielmehr ihn immer fortzusetzen und zu schliessen, indem sie dem Sänger Zeit zum Athemholen gaben. In einem Duette zwischen zwey Discanten, war die Begleitung ebenfalls unvergleichlich, wie auch in einem mit verschiedenen Solostellen untermischten Chore. In der Folge schien der Verfasser nicht so glücklich zu seyn. Es kamen einige unbedeutende, schwerfällige Stücke darin vor; in einem der ersten war nichts neues, als daß der Accent oftmals auf der unrechten Note stand, z. E. auf der zweyten anstatt der ersten, oder im schlechten Takte auf der vierten statt der dritten. Dieß mag in komischen Opern, wo man irgend eine Laune damit ausdrücken will, angehen; allein ein so elendes Nothbehelf ist unter der Würde der Kirchenmusik, woselbst in geschwinden Stücken ein ernsthafter und majestätischer Styl sollte beybehalten werden. Aber eben die Neuheitssucht, welche in der italiänischen Musik solche plötzliche Veränderungen hervorgebracht hat, bringt manchmal sonderbare Concetti zur Welt.

Die Nationalmusik ist hier sonderbar, und weicht sowohl in Ansehung der Melodie als Modulation von allen dem ab, was ich sonst wo gehöret habe. Heute Abend sangen zwey Leute eins ums andere; einer von ihren neapolitanischen Canzoni ward von einer Violin und Calascione begleitet. Der Gesang ist lärmend und gemein, aber die Begleitung ist vortreflich, und wird gut aus-

ausgeführt. Die Violin- und Calascione-Stim-
men waren sowohl während des Singens als der
Ritornelle beständig geschäftig. (*) Die Modulation überraschte mich sehr: der Gang von a mol
ins c und f war weder schwer noch neu; allein der
von a dur in e mol war erstaunend fremd, und
das um desto mehr, weil der Rückgang zu dem
Hauptone so unmerklich war, daß er weder das
Ohr beleidigte, noch leicht zu entdecken war, auf
welchem Wege, oder durch welche Tonfolge er
gieng.

Donnerstags, den 18ten October.

Es war bey meiner Ankunft zu Neapel ein
großes Glück für mich, daß ich, ungeachtet viele,
an welche ich Briefe hatte, auf dem Lande waren,
Sgr. Jomelli und Sgr. Piccini in der Stadt
antraf. Jomelli machte eine ernsthafte Oper
für das Theater von S. Carlo fertig, und Piccini hatte eben die komische Oper auf die Bühne
gebracht, deren ich oben gedacht habe.

Heute früh besuchte ich Sgr. Piccini, und
hatte das Vergnügen, mich lange mit ihm zu
unterhalten. Er scheint recht bequem zu leben,
hat

(*) Das Calascione ist ein zu Neapel sehr gewöhnliches
Instrument. Es ist eine Art von Zither, aber bloß
mit zwey Saiten, welche quintenweis gestimmt sind.
Die Gebrüder Colla haben sich seit einiger Zeit in
Deutschland damit hören lassen.

hat ein gutes Haus, und viele Bediente und Aufwärter. Er ist erst vier oder fünf und vierzig Jahr alt; sieht wohl aus; hat ein sehr lebhaftes Ansehn, und ist ein höflicher und angenehmer Mann, klein von Statur; aber für einen Neapolitaner, der so viel Feuer und Genie hat, ziemlich ernsthaft in seinem Betragen. Seine Familie ist ziemlich zahlreich, einer von seinen Söhnen studirt zu Padua. Nachdem er den Brief gelesen, den Herr Giardini mir mitgegeben hatte, sagte er mir, daß es ihm eine große Freude seyn würde, wenn er mir oder meinem Werke nützliche Dienste leisten könnte. Meine ersten Untersuchungen betrafen die neapolitanischen Conservatorien: denn weil er selbst in einem erzogen war, so konnte ich seine Nachrichten für authentisch und hinlänglich halten. Bey meinem ersten Besuche schränkte ich meine Fragen vornehmlich auf folgende Punkte ein:

1) Das Alter dieser Anstalten.
2) Ihre Namen.
3) Die Zahl ihrer Lehrer und Schüler.
4) Die Zeit, wenn man in diese Schulen eintrit, und wenn man sie verläßt.

Auf meine erste Frage antwortete er mir, daß die Conservatorien von alten Zeiten herstammten, welches man aus der verfallenen Beschaffenheit des einen Gebäudes sehen könnte, welches im Begriff war, einzustürzen. (*)

Auf

(*) Ich erhielt nachher von guter Hand die genaue Jahr-

Auf die zweyte, daß sie S. Onofrio, La Pietà und Santa Maria di Loretto, hießen.

Die dritte Frage beantwortete er also: Die Zahl der Schüler in dem ersten belaufe sich etwa auf neunzig, in dem zweyten auf hundert und zwanzig, und in dem dritten auf zweyhundert. Jedes habe zwey Oberkapellmeister, wovon der eine die Kompositionen der Lehrlinge durchsehe und verbessere, der zweyte auf das Singen achte, und Lektionen gebe. Es wären Untermeister da, welche Maestri secolari genannt würden, einer für die Violine, der andere für das Violonschell, einer für den Flügel, einer für die Hoboe, einer für das Waldhorn und so weiter für die übrigen Instrumente.

Auf meine vierte Frage gab er mir zur Antwort: daß man Knaben von acht oder zehn bis zu zwanzig Jahren aufnehme; daß man sie auf acht Jahre verpflichtete, wenn sie jung aufgenommen würden; wären sie älter, so sey ihre Aufnahme schwerer, wenn sie anders nicht schon in dem Studium und der Ausübung der Musik etwas gethan hätten. Wenn ein Knabe einige Jahre in einem Conservatorio gewesen sey, und man finde kein Genie an ihm, so werde er entlassen, um andern Platz

Jahrzahl ihrer Stiftung; ihre festgesetzten beständigen Gesetze, deren ein und dreyßig sind; und die Vorschrift, welche den Aufsehern alle Monate in Ansehung der Studien und Aufführung der Knaben gegeben wird.

Platz zu machen. Einige nehme man als Pensionärs an, und diese bezahlten für den Unterricht; andere, die ihre Zeit ausgehalten haben, bestelle man zu Lehrern für die andern; doch in beyden Fällen könnten sie das Conservatorium nach Belieben verlassen.

Ich erkundigte mich durch ganz Italien, an welchem Orte vornehmlich die Knaben durchs Castriren zum Singen tüchtig gemacht würden, aber ich konnte keine gewisse Nachricht erhalten. Zu Mayland sagte man mir, es geschehe zu Venedig; zu Venedig, es geschehe zu Bologna; zu Bologna leugnete man es, und wies mich nach Florenz; von Florenz nach Rom, und von da nach Neapel. Eine solche Operation ist freylich an allen diesen Orten so sehr wider die Gesetze als sie wider die Natur ist; und die Italiäner schämen sich derselben so sehr, daß sie sie von einer Provinz auf die andere schieben.

Ask where's the North? at York,
  'tis on the tweed;
In Scotland, at the Orcades; and there
At Greenland, Zembla, or the Lord
  Knows where.

Doch versicherte mich Herr Jamineau, brittischer Consul zu Neapel, der so lange daselbst gelebt und besondere Untersuchungen darüber angestellt hat, in Ansehung der neapolitanischen Conservatorien, daß diese Gewohnheit in denselben durch-

durchaus verboten sey, und daß die jungen Castraten von Leocia in Puglia kämen. D. Cirillo,
ein berühmter Arzt zu Neapel bestätigte seine Aus-
sage. Doch ehe die Operation vorgenommen
wird, führt man sie in ein Conservatorium, um
sie daselbst zu prüfen, ob eine gute Stimme von
ihnen zu erwarten ist, alsdenn nehmen ihre Eltern
sie zu diesem barbarischen Zwecke mit nach Hause.
Inzwischen steht die Todesstrafe darauf, wenn
jemand die Operation verrichtet, und der Bann,
wenn man darum weiß, es sey denn, daß es, wie
man oftmals vorgiebt, wegen einer Krankheit an
diesen Theilen, wovon man glaubt, daß sie die
Operation erfodere, und mit Einwilligung des
Knabens geschehe. Man hat Exempel, daß es
selbst auf Verlangen des Knaben geschehen sey,
welches mit Grassetto zu Rom der Fall war.
In Ansehung der vorläufigen Proben der Stimme, glaube ich, daß diese grausame Operation
nur zu oft ohne Probe, oder wenigstens ohne hinlängliche Beweise geschieht, daß die Stimme dadurch besser werden könne; sonst würde man gewiß nicht in jeder italiänischen Stadt eine solche
Menge Verschnittener finden, die gar keine Stimme oder doch keine so gute haben, die einen solchen
Verlust ersetzen könnte. Alle Musici (*) in den
Kirchen werden itzt aus dem Ausschusse der Opern-
häuser zusammengelesen, und sehr selten findet

P 2   man

(*) Das Wort Musico scheint itzt in Italien nichts als
einen Discantisten oder Altisten zu bedeuten, dessen
Stimme durch die Kunst erhalten worden.

man einen Sänger mit erträglicher Stimme in ganz Italien, der bey einer Kirche in Diensten stünde. Die Virtuosi, welche gelegentlich bloß an hohen Festen daselbst singen, sind gemeiniglich Fremde, die für diese Zeit bezahlt werden.

Ich gieng diesen Nachmittag wieder nach der Franciscaner=Kirche, wo das Orchester stärker war als gestern. Es war mit dem ganzen Conservatorio der Pietà, bestehend aus hundert und zwanzig Knaben, welche alle blau gekleidet waren, besetzt. Die Symphonie war eben angefangen worden, als ich ankam; sie war sehr glänzend und wohl ausgeführt: es folgte ein recht gutes Chor, und darauf eine Tenorarie, eine für den Sopran, eine andere für den Alt, und noch eine für einen andern Tenoristen; aber nie habe ich in Italien schlechter singen hören; alles war mittelmäßig und schülerhaft; die Cadenzen waren steif, studirt und schlecht herausgebracht, und der ganze Haufen der Sänger hatte nichts einem Triller ähnliches vorzuweisen. Der Discant zwang die hohen Noten so übelklingend hervor, daß sie jedem Zuhörer durch die Seele giengen, und der Baßist sang so rauh, als ein Dorfhund, dessen Bellen er nachzuahmen suchte. Ein junger Mann spielte eben so unrein und schülermäßig ein Solo auf dem Basson, welches mich aus der Kirche trieb, ehe die Vesper zu Ende war.

Von hier gieng ich gerade nach der komischen Oper, welche heute auf dem Teatro nuovo gespielt

spielt ward. Dieß Schauspielhaus ist nicht nur kleiner, als das der Fiorentini, sondern auch älter und schmutziger. Die Kutschen haben einen sehr unbequemen Weg, durch enge Straßen dahin. Die heutige Burlette hieß Le Trame per amore, und war von Sgr. Giovanni Paesiello, Maestro di capella napolitano, gesetzt. Das Singen war nur mittelmäßig; es waren neun Personen in dem Stücke, und dennoch keine einzige gute Stimme unter ihnen; gleichwohl gefiel mir die Musik sehr; sie war voller Feuer und Einbildungskraft, die Ritornelle waren reich an neuen Gedanken, und die Singstimmen hatten solche edle simple Melodien, die man gleich beym ersten male faßt, und sich ihrer wieder erinnert, wären sie auch nur von einem schwachen Orchester, oder auf dem bloßen Flügel gespielt worden. (*) Die Anfangssymphonie, welche bloß aus einem Satze bestund, war ganz komisch, und enthielt eine zusammenhängende Reihe artiger Einfälle. Ballette waren nicht dabey, und daher mußte man

die

────────

(*) Dieß ist bey den neuern Opern-Arien sehr selten, so sehr ist die Partitur und die Instrumentalbegleitung überladen. Auch Piccini wird beschuldigt, daß er die Instrumente so übermäßig beschäftigt, daß kein Notenschreiber in Italien eine von seinen Opern abschreiben will, ohne sich eine Zechine mehr bezahlen zu lassen, als er für jedes andern Komponisten Opern bekömmt. Allein bey den komischen Opern muß er gewöhnlich für schlechte Stimmen schreiben, und müssen die Instrumente also die beste Wirkung thun; und freylich kömmt in dergleichen Dramen so viel Zank und Laerm vor, daß man sie nothwendig durch die Instrumente kräftig ausdrücken muß.

die Akte zu einer ermüdenden Länge ausdehnen. Man beklatschte die Arien sehr, ungeachtet dieß die vierzehnte Vorstellung der Oper war. Der Verfasser hatte sich verbunden, auf das bevorstehende Carnaval für Turin zu komponiren, wohin er abreiste, als ich noch zu Neapel war. Die Vorstellung daurete von dreyviertel auf Acht bis nach eilf Uhr.

Freytags, den 19ten.

Heute Nachmittag gieng ich zum drittenmale nach der Franciskaner-Kirche, und hörte eine Musik, die von den Schülern des andern Conservatoriums, Santa Maria di Loreto, aufgeführt ward. Sie erschienen alle in weisser Uniform, mit einer Art von schwarzem Gürtel. Das Singen war ein bischen besser, als des Tages zuvor; aber die Instrumente waren kaum so gut. Die erste Arie, welche auf eine lebhafte Symphonie und Chor folgte, ward von einem unbedeutenden Tenoristen gesungen, eine andere Arie von einem Discantisten, der etwas besser war, hierauf folgte ein Baßist, dessen Stimme nichts weniger als unbedeutend war. So ein brüllender Stentor mit einer so unbiegsamen Kehle, muß noch nie existiret haben. Die Acht- und Sechszehntheile wurden so derbe und so abgestossen hergesungen, daß sie ganz groteske und lächerliche Wirkung thaten; hätte man nicht den ernsthaften Eindruck gesehen, den diese Musik auf die melan-
cho-

cholischen Zuhörer machte, so würde man nimmermehr gedacht haben, daß sie ernsthaften Inhalts wäre. Ein Solo auf dem schlechtesten Contraviolon wäre im Vergleich mit dieser Arie eine süße Musik gewesen. Nach ihm sang ein mittelmäßiger Altist, den alle Kraft der Lunge nicht angenehm machen konnte. Auf ihn folgte ein andrer Sopran, der was gutes hoffen ließ: seine Stimme war tonvoll, und er hatte einen leichten Triller, woraus was zu machen war. Kurz, dieß war der einzige hofnungsvolle Sänger, den ich seit zwey Tagen hörte. Zu den schlechten Stimmen kam eine plumpe, dumme und rohe Manier, daß die Leute aus der Kirche gesungen, sobald sie herein kamen. Ein junger Mann spielte solo in den Ritornellen, auf einer Art Clarinetten, welche zu Neapel eine vox humana genannt wird, ein anderer die Trompete, und ein dritter die Hoboe; aber auf eine unangenehme unreine Art. Die Knaben, welche die Arien sangen, brachten sehr armselige Cadenzen darin an, welche, weil es Arien mit einem zweyten Theile waren, beym Da capo noch einmal vorkamen.

Sonnabend, den 20sten.

Heute früh hörte ich in eben derselben Kirche die Knaben aus dem Conservatorio S. Onofrio, welche weisse Uniform tragen. Ihre Musik war ohngefehr eben so, wie die der andern beyden Conservatorien. Diese Pflanzschulen, welche ehemals

so große Virtuosen gezogen haben, scheinen itzt
ziemlich arm an Genie zu seyn. Jedoch so wie
diese Institute, gleich andern der Veränderung
unterworfen sind, so werden sie doch vielleicht,
nachdem sie einige Zeit ermattet liegen, gleich ihrem Nachbar dem Vesuv, in ein neues Feuer aus-
brechen.

Sonntags, den 21ten, und Montags, den 22ten.

Brachte ich zu, die Gegenden um Neapel zu
besehen. Doch kam ich, Paesiello's Oper in dem
Teatro nuovo zum zweytenmale zu hören, früh
genug zur Stadt zurück. Sie gefiel mir itzt eben
so sehr als zuvor, und zwar an einerley Stellen.
Die Anfangssymphonie schien mir noch immer komisch und original, die Arien waren gar nicht
gemein, obgleich meistentheils plan und simpel.
Wenn der Verfasser einen Fehler hat, so ist es der,
daß er gewisse Stellen zu oft, ja wohl fünf oder
sechsmal wiederhohlt; welches eben so ist, als
wenn man einen Nagel in eine übertünchte Mauer
schlägt, zwey oder drey Schläge befestigen ihn
besser als mehrere, denn sonst wird er los, oder
prellt zurück: so druckt eine wiederhohlte Berüh-
rung des Trommelfells im Ohre oftmals einen
Satz desto stärker ein; allein wenn sie zu oft wiederhohlet wird, so fällt nicht nur aller neuer Eindruck weg, sondern auch der schon gemachte, wird
dadurch ausgelöscht. Ich glaube noch immer,
daß

daß diese Oper, aus Mangel der Ballette, zu lang ist. (*)

Dienstags, den 23sten.

Als ich heute Abend einige ächte neapolitanische Sänger, von einem Calascioncino, einem Mandolin und einer Violine begleitet, hörte, so ließ ich die ganze Truppe zu mir herauf hohlen, doch nahm sie sich wie alle andere Gassenmusik besser in der Ferne aus; im Zimmer war sie rauh, übel stimmend und ohne Harmonie; da hingegen sie auf der Straße von allem diesem das Gegentheil schien: doch man mag sie hören, wo man will, so ist die Modulation und Begleitung sehr ausserordentlich.

In dem heutigen Canzone fiengen sie in a moll an, und ohne zu wissen wie, giengen sie in die frembdesten Töne über, die man sich denken kann; jedoch ohne das Ohr zu beleidigen. Nachdem die Instrumente eine lange Symphonie in a gespielt hatten, fieng der Sänger in f an, und schloß in c, welches weder ungewöhnlich noch schwer war; allein nach einem andern Ritornell aus f, fiel er in e moll, und schloß in a moll; hierauf kamen noch einige Uebergänge in b moll und d moll vor, welche, ohne das Ohr zu beleidigen, allemal wieder in den Haupton a moll übergiengen, oder

viel-

(*) Ich erfuhr nachmals, daß Ballette bloß auf dem Theater S. Carlo, welches das Hoftheater ist, erlaubt sind.

vielmehr glitten. Die Instrumente giengen inzwischen in geschwinden Noten ohne die geringste Pause fort. Die Singstimme ist sehr langsam, eine Art von Psalmodie. Der Text, wovon allzeit einige Strophen auf die nehmliche Melodie gehen, ist in neapolitanischer Sprache, und vom guten Italiänischen so verschieden, als Wällisch vom Englischen. Diese sonderbare Art von Musik ist so wild in ihrer Modulation, und so verschieden von aller übrigen Europäischen, als die Schottische, und ist vielleicht eben so alt, da sie bloß durch Ueberlieferung sich unter dem gemeinen Manne erhält. Doch schrieb der Violinspieler die Melodie der Singstimme für mich nieder, und brachte mir nachher etwas, das der Instrumentalbegleitung ähnlich war; allein diese Stimmen haben ein sonderbares Ansehn, wenn man sie auf dem Papiere zugleich sieht. Ich hörte diese Musikanten eine Menge neapolitanischer Lieder spielen, die durchgehends von aller andern Musik verschieden war.

Kurz vor Weihnachten kamen dergleichen Musikanten aus Calabrien nach Neapel; allein ihre Musik ist von dieser ganz verschieden: sie singen gemeiniglich in die Zither und Violine, welche sie nicht an die Schulter halten, sondern niederhängen lassen. Paesiello hatte einiges von dieser Musik in seine komische Oper gebracht, welche itzt gespielt ward. Sgr. Piccini versprach mir einige von diesen wilden National-Melodien zu verschaffen. Eine andere Art ist Apulien eigen,
wo

woburch die Leute ins Tanzen und Schwitzen gebracht werden, welche von der Tarantul gebissen sind oder seyn sollen. D. Cirillo verschafte mir eine Probe von dieser Art Musik. Sgr. Serrao, welcher eine besondere Disputation über diese Materie geschrieben, und D. Cirillo, der verschiedene Versuche angestellt hat, um die Sache zu entscheiden, sind beyde der Meynung, daß das ganze Factum eine Betrügerey sey, welche die Einwohner von Apulien treiben, um Geld zu gewinnen, und daß nicht nur die Cur, sondern auch die Krankheit selbst erdichtet ist. D. Cirillo versicherte mich, daß er die Tarantul nie hätte reizen können, entweder ihn selbst noch andere, mit denen er mehr als einmal den Versuch gemacht hätte, zu stechen. Dennoch glauben die Einwohner dieser Landschaften alles so treuherzig, daß sie, wenn andere giftige Insekte oder Thiere sie beißen, sich dieser Methode nach einer besondern Melodie zu tanzen, bedienen, bis sie in den Schweiß gerathen; welches sie nebst dem guten Glauben an die Cur manchmal gesund macht. Sie setzen den Tanz manchmal in einer Art von Wuth stundenlang fort, daß sie so gar vor Mattigkeit und Schwachheit niederfallen. (*)

(*) Diese Nachricht mag vielleicht die Ehre der Musik schmälern, indem sie die Zweifler an ihrer Wundermacht vermehrt; doch zur Steuer der Wahrheit durfte ich sie nicht verhehlen.

Mittwochen, den 24ſten.

Heute Abend gieng ich wieder nach Piccini's Oper, kam aber zu ſpät zur Symphonie; das Theater war ganz voll, und die Muſik gefiel mir mehr als das erſtemal. Die Melodien ſind nicht ſo gemein, als in Paeſiello's Oper, und es iſt auch mehr Fleiß darin; einige begleitete Recitative habe ich darin angetroffen, in deren Ritorneüen, ungeachtet einige ganz verſchiedene Stimmen zugleich arbeiten, eine Deutlichkeit, und wenn ich ſo reden mag, Durchſichtigkeit herrſcht, die recht wundernswürdig iſt. Das Singen, wie ich vorhin bemerkt habe, iſt elend; allein Caſaccia hat ſo viel komiſche Stärke, (vis comica) daß man an ſein Singen gar nicht denkt; allein aus Mangel der Ballette müſſen die Akte ſo lang ſeyn, daß es ganz unmöglich iſt, ſich in der Aufmerkſamkeit zu erhalten; daher fangen diejenigen, welche nicht plaudern, oder in Karten ſpielen, gemeiniglich an zu ſchlafen.

Donnerſtags, den 25ſten.

Nach Tiſche gieng ich noch einmal in die Franciſcaner-Kirche, die Knaben zu S. Onofrio zu hören. Sie ſangen eine Litaney, welche Durante geſetzt hatte; (*) Die übrige Muſik, welche von einem

---

(*) Durante, der ſeit einigen Jahren todt iſt, war lange Zeit Kapellmeiſter bey dem Conſervatorium S. Onofrio. Ich hatte mir aus Rouſſeau's Schilderung von den Verdienſten dieſes Komponiſten die größte

einem rohen unerfahrnen Komponisten herzukommen schien, hatte ein junger Mensch gesetzt, der den Takt schlug. Es kam hier wieder ein Solo auf der so genannten voce humana vor, welches Instrument einen angenehmen Ton und einen weiten Umfang hat, aber nicht sonderlich gespielt ward. Auch wurde ein Violinconcert dazwischen gespielt, wobey der Spieler eine fertige Hand und Feuer aber keinen Geschmack noch Vollkommenheit zeigte.

Freytags, den 26sten.

Heute früh hatte ich das Vergnügen, Sgr. Jomelli (*), der des Abends zuvor vom Lande in die Stadt gekommen war, zu sehen und zu sprechen. Er ist ausserordentlich korpulent, und hat im Gesichte etwas Händeln ähnliches, so viel ich mich des letztern erinnern kann, doch ist er weit höflicher und sanfter in seinem Betragen. Ich fand ihn in seinem Schlafrocke, er saß bey einem Flügel und schrieb. Er nahm mich sehr höflich auf, und entschuldigte sich sehr, daß er mir auf die

gröfste Idee gemacht; und sammlete während meiner Reise durch Italien eine grofse Menge seiner Kirchenmusiken. Herr Rousseau spricht in sehr starken Ausdrücken von ihm: „Durante est le plus grand „Harmoniste de l'Italie, c'est à dire, du monde." Dict. de musique.

(*) Jomelli ward im September des vorigen Jahres von einem Schlagflusse befallen, ist aber, so viel man in Deutschland weiß, noch am Leben.

die Karte, die ich in seinem Hause abgegeben, keinen Gegenbesuch gemacht hätte; allein es bedurfte hier gar keiner Entschuldigung, da er eben in die Stadt gekommen, und im Begriffe war, eine neue Oper auf die Bühne zu bringen, welche ihm Zeit und Nachdenken genug kosten mußte. Herr Hamilton hatte mit ihm von mir gesprochen. Ich gab ihm Pater Martini's Brief, und nachdem er ihn gelesen hatte, schritten wir unmittelbar zum Werke. Ich sagte ihm den Zweck meiner italiänischen Reise, und zeigte ihm meinen Plan: denn meine Zeit war kostbar. Er las ihn mit großer Aufmerksamkeit, und sprach sehr offen und einsichtsvoll mit mir. Die Geschichte der Musik, die ich bearbeiten wollte, sagte er, sey in Italien sehr vernachläßigt; die Conservatorien, wovon ich mir Nachrichten ausbat, wären sehr heruntergekommen, ungeachtet sie ehemals an großen Männern so fruchtbar gewesen. Er nannte mir einen großen Gelehrten, der die Psalme in vortrefliche italiänische Verse übersetzt, und in dieß Werk eine Abhandlung über die alte Musik einzuschalten beliebt habe, die er ihm auch mitgetheilet. Er hielt diesen Schriftsteller für einen feinen scharfsinnigen Kritiker; er sey in manchen Punkten mit Pater Martini nicht gleicher Meynung; habe mit Metastasio im Briefwechsel gestanden, und habe einen langen Brief von ihm über die lyrische Poesie und Musik erhalten, welches alles ich nothwendig sehen müßte. Er versprach mir das Buch zu verschaffen, und mich mit dem

Ver-

Verfasser bekannt zu machen. Er sagte sehr vieles zum Ruhme des Alessandro Scarlatti, wegen seiner Kirchenmusiken, nehmlich Motteten, Messen und Oratorien; und versprach mir nähere Nachrichten von den Conservatorien zu verschaffen, oder was sonst zu meinem Zwecke dienlich, und in seinem Vermögen stünde. Er schrieb meine Adresse auf, und versicherte mich, daß er ganz zu meinen Diensten wäre, sobald er nur seine Oper auf die Bühne gebracht hätte. Als ich ihm sagte, daß mein Aufenthalt zu Neapel nur sehr kurz seyn könnte, daß ich so gar schon auf der Rückreise seyn würde, wenn mich seine Oper, die ich so sehr zu hören wünschte, nicht aufgehalten hatte; daß sowohl dringende Geschäfte zu London, als auch die Furcht vor einem nahen Kriege, der mich auf dem festen Lande gefangen halten mögte, meine Abreise beschleunigten: worauf er mir allem Ansehn nach sehr aufrichtig zur Antwort gab, wenn ich nach meiner Zuhausekunft irgend etwas wichtiges zu meinem Plane gehöriges brauchte, so wolle er mirs gewiß übersenden. Kurz ich gieng sehr zufrieden von diesem wirklich großen Komponisten hinweg, der ohne Zweifel unter den itzt lebenden einer der ersten in seiner Kunst ist: denn wenn ich die itzigen Theaterkomponisten in Jtalien nach meinem Urtheile von ihren Verdiensten ordnen sollte, so wäre es folgendermaßen: Jomelli, Galuppi, Piccini und Sacchini. Es ist inzwischen schwer zu entscheiden, wessen Verdienste von den bepden erstgenannten Komponisten am

höch-

höchsten gehalten werden. Jomelli's Werke sind voll großer und edler Ideen, die er mit Geschmack und Gelehrsamkeit ausbildet; Galuppi ist reich an Einbildungskraft, Feuer und Empfindung; Piccini hat im komischen Style alle seine Vorgänger weit übertroffen, und Sacchini scheint in der ernsthaften Schreibart mehr als irgend jemand zu versprechen.

Der englische Minister an diesem Hofe, Herr Hamilton, der wegen seines Geschmacks und Eifers für die Künste, und als Gönner der Künstler in ganz Europa bekannt ist, war nicht in der Stadt, als ich nach Neapel kam; er bewies mir aber die Ehre, sobald er meine Ankunft erfuhr, mich auf sein am Fuß des Vesuvs gelegenes Landgut, villa angelica genannt, einzuladen. Ich machte ihm also heute, nachdem ich Sgr. Jomelli besucht hatte, zum erstenmale meine Aufwartung, und ward von ihm und seiner Gemahlin nicht nur höflich, sondern auch ungemein gütig aufgenommen. Ich hatte das Glück, daselbst zwey oder drey Tage bey ihnen zuzubringen, und während der Zeit fehlte es unter andern Belustigungen, nicht an Musik, indem Herr Hamilton zwey Personen in Diensten hatte, die zugleich beyde, der eine auf der Geige, der andere auf dem Violonschell vortreflich spielten.

Sonnabends, den 27sten.

Ungeachtet ich heute Abend heftiges Kopfweh hatte, so entschloß ich mich doch, theils dem Schmerz

zu trotzen, theils ihn zu lindern, in Piccini's
Oper zu gehen, und fand, daß sie zwar mein Uebel nicht curiren konnte, aber doch den Schmerz
linderte, und meine Aufmerksamkeit davon abzog.
Das Theater war voller Zuschauer, und die
Schauspieler agirten sehr lebhaft. Endlich kam
ich diesmal früh genug, die Symphonie zu hören;
sie war sehr schön und voller Einbildungskraft;
sie bestund nur aus zwey Sätzen, wobey die Violinen schwere Arbeit zu verrichten hatten. Was
mir vorher gefiel, gefiel mir itzt noch mehr. Es
ist unmöglich an den originalen Gedanken und an
dem unerschöpflichen Reichthume dieses Komponisten kein Vergnügen zu finden.

Montags, den 29sten.

Als Herr Hamilton nach Neapel zurückkam,
gab er, um meine musikalische Neugierde zu befriedigen, ein großes Concert in seinem Hause, wo
viele Gesellschaft war, und wo ich das Vergnügen hatte, die vornehmsten Musiker dieser Stadt
anzutreffen: worunter Sgr. Barbella, ein berühmter Geiger, und Orgitano, einer der besten Flügelspieler und Komponisten für dieses Instrument, sich befanden. Doch übertrifft Mrs
Hamilton sowohl ihn als alle andere, die ich hier
gehört habe auf diesem Instrumente. Sie spielt
ungemein rund, leicht und mit mehr Ausdrucke
und Gefühl, als man gewöhnlich bey den Flügelspielerinnen antrifft; denn man muß gestehen, daß

das

das Frauenzimmer, ungeachtet es oftmals viel Fertigkeit erlangt, dennoch sich selten um den Ausdruck bekümmert. Barbella hintergieng meine Erwartung; sein Spiel hat itzt nichts Ausserordentliches; freylich ist er nicht jung, und man macht hier nichts aus den Solospielen, welche selten vorkommen; so daß unterrichten und im Orchester mitspielen sein vornehmstes Geschäft ist. Er spielte jedoch das berühmte neapolitanische Lied, welches der gemeine Mann gewöhnlich um Weihnachten zu Ehren der Jungfrau Maria zu spielen pflegt, vortreflich. Dieß spielt er mit einem brummenden Dudelsacks-Baß in einer sehr launigten aber delikaten Manier. Als Solospieler hingegen, so sanft und angenehm auch sein Ton ist, muß er Nardini und verschiednen andern Italiänern nachstehen; doch scheint er die Musik recht gut zu verstehen, und viele Einbildungskraft in seiner Komposition zu haben, die zuweilen in eine nicht unangenehme Räserey übergeht.

Hier ward ich zuerst dem Lord Fortrose vorgestellt, von welchem ich nachher viele besondere Gütigkeit genossen habe. Auch ward ich mit dem französischen Consul, Herr d'Astier bekannt, der ein wahrer Kenner der Musik, und mit den verschiednen Schreibarten aller großen Komponisten in Europa, sowohl der ehmaligen als der itztlebenden genau bekannt ist, deren verschiedene Verdienste er sehr gut aus einander zu setzen weiß. Ich theilte ihm meinen Plan mit, und hatte eine lehrreiche

reiche Unterredung mit ihm. Um zu muſikaliſchen Unterſuchungen mit dieſem Herrn und Sgr. Barbella deſto beſſer Zeit zu haben, ward eine ausgeſuchte Geſellſchaft von zehn bis zwölf Perſonen zum Abendeſſen behalten, und wir blieben bis früh um zwey Uhr beyſammen.

Barbella iſt der beſte Mann von Charakter, ſein Temperament iſt, wie einer von der Geſellſchaft bemerkte, ſo ſanft wie der Ton ſeiner Geige. Indem ich dicht bey ihm ſaß, erfuhr ich viele Lebensumſtände alter neapolitaniſcher Komponiſten. Herr Hamilton hatte ſich erboten, an alle Aufſeher der verſchiednen Conſervatorien zu ſchreiben, allein Herr Barbella übernahm es gütigſt, mir alle Nachrichten zu verſchaffen, welche ich von dieſen berühmten muſikaliſchen Schulen zu haben wünſchte. Lord Fortroſe, zu dem er alle Morgen geht, lud mich ein, mit ihm in ſeinem Hauſe, ſo oft es mir beliebte, zuſammen zu kommen. Auf dieſe Weiſe erhielt ich vom Herrn Barbella und einem jungen Engländer, Herrn Oliver, der vier Jahre in dem Conſervatorium S. Onofrio geweſen iſt, hinlänglichen Unterricht von allem, was ich deswegen zu wiſſen brauchte. Herr Hamilton nahm ſich meines Geſchäfts ſo eifrig an, daß er eine Liſte alles deſſen, was mir noch fehlte, von mir verlangte, um zu ſehen, wie er mir es am beſten verſchaffen könnte.

Mittwochen, den 31sten October.

Heute früh gieng ich mit dem jungen Herrn Oliver zu dem Corservatorium S. Onofrio, und besah alle Zimmer, wo die jungen Leute sich üben, essen und schlafen. Auf dem ersten Absatze der Treppe stund ein Trompeter, der auf seinem Instrumente so lange kreischte, bis er beynahe zerplatzte; auf dem andern war ein Waldhornist, der eben so laut bellete. In dem gewöhnlichen Uebungssaale war ein holländisches Concert, (dutch concert) welches aus sieben oder acht Flügeln, noch mehr Violinen, und verschiedenen Stimmen bestund, die alle verschiedene Stücke aus verschiedenen Tönen spielten: andere Knaben schrieben in dem Zimmer; weil es aber ein Heiligen-Tag war, so fehlten viele, die sonst auch in diesem Saale studiren und sich üben. Die Einrichtung des Hauses mag diese Zusammenhäufung aller Lehrlinge erfodern, wodurch die Knaben vielleicht, wenn auch neben ihnen noch so viel vorgeht, fest auf ihre Arbeit Acht zu haben lernen; sie mögen auch dadurch Stärke erhalten, weil sie so laut spielen müssen, um sich selbst zu hören: allein mitten unter solchem, beständig fort unharmonischen Lärm ist es unmöglich, ihrem Spielen die geringste Feinheit oder Vollkommenheit zu geben. Daher ihre plumpe rauhe Manier, welche in ihrer öffentlichen Ausführung so merklich ist; daher der gänzliche Mangel an Geschmacke, Rundung und Ausdruck bey allen diesen jungen Musikern,

ſtern, ſo lange ſie dieſe Vorzüge nicht auſſerhalb
Landes erlangt haben.

Die Betten, welche in eben dem Zimmer ſind,
dienen den Flügel- und andern Inſtrumentſpielern
zu Sitzen. Von dreyßig bis vierzig Knaben, die
ſich hier übten, konnte ich nur zwey ausfindig
machen, die einerley Stück ſpielten: einige von
denen, die ſich auf der Violine übten, ſchienen
viel Stärke in der Hand zu haben. Die Violon-
ſchelliſten üben ſich in einem andern Zimmer, und
diejenigen, welche die Flöte, Hoboe und andere
Blaſinſtrumente ſpielen, in einem dritten; ausgenommen die Trompeter und Waldhorniſten,
welche entweder auf der Treppe oder auf dem Boden ihre Künſte üben müſſen.

Es ſind ſechszehn junge Caſtraten in dieſem
Collegio, und dieſe liegen oben allein, in wär-
mern Zimmern, als die übrigen Knaben, aus
Furcht ſich zu verkälten, wodurch ihre weichlichen
Stimmen nicht nur zu ihren gegenwärtigen Uebungen ungeſchickt werden, ſondern auch Gefahr lau-
fen mögten, ganz verlohren zu gehen.

Die einzigen Ferien in dieſer Schule fallen
in den Herbſt, und dauren nur wenige Tage.
Während des Winters ſtehen die Knaben zwey
Stunden vor Tage auf, von welcher Zeit an ſie
ihre Uebung (anderthalb Stunde zum Mittags-
eſſen ausgenommen) bis acht Uhr des Abends fort-
ſetzen. Dieſe anhaltende Uebung, welche einige
Jahre hindurch währet, muß mit Genie und

gutem

gutem Unterrichte verbunden, große Musiker her, vorbringen.

Nach Tische gieng ich nach dem Theater S. Carlo die Probe von Jomelli's neuer Oper zu hören. Es waren nur zwey Akte fertig, allein diese gefielen mir ungemein; die Anfangssymphonie ausgenommen, welche sehr kurz war, und meine Erwartung nicht befriedigte. Die Arien und begleiteten Recitative hingegen hatten durchgehends ihre besondern Vorzüge, und ich wüßte mich keiner zu erinnern, die so unbeträchtlich gewesen wären, nicht Aufmerksamkeit zu erregen. Die Oper hieß Demophoon, die Namen der Sänger wußte ich nicht, ausgenommen Aprile, der erste Sänger, und Bianchi (*) die erste Sängerinn. Aprile hat eine schwache, ungleiche Stimme, doch ist er in seiner Intonation standfest; seine Person ist wohl gebildet, sein Triller gut, und er hat viel Geschmack und Ausdruck. Die Bianchi hat eine angenehme, niedlich tönende Stimme, hält allezeit genau Ton, und hat ein vortrefliches Portamento; nie hört ich eine mit mehr Leichtigkeit oder so ganz ohne allen Zwang singen. Die übrigen Sänger waren alle über das Mittelmäßige hinweg: ein Tenorist, der Stimme und Geschmack genug hatte, Aufmerksamkeit

---

(*) Dieß ist ohne Zweifel, wie man mich versichert hat, die ehmals in Braunschweig so beliebte Sängerinn, Sara. Tozzi, deren zweyter Mann Herzogl. Braunf. Kapellmeister war. Ihr Familienname ist Bianchi.

keit zu erregen; ein sehr schöner Altist; ein junger Sopranosänger, dessen Gesang voll Gefühl und Ausdruck war, und eine zweyte Sängerinn, deren Gesang gewiß nicht verächtlich war. Solche Sänger und Sängerinnen waren zu dieser Musik nöthig, welche in einer schweren Schreibart abgefaßt ist, und durch die Instrumente mehr Wirkung thut, als durch die Singstimmen. Zuweilen scheint sie etwas mühsam gesetzt zu seyn, allein im ensemble ist sie bewundernswürdig: meisterhaft in der Modulation und in der Melodie voll neuer Gedanken. Dieß war die erste Probe. Die Instrumente waren noch rauh und nicht standfest genug, weil sie das eigentliche Zeitmaaß oder den Ausdruck eines jeden Satzes noch nicht genau kannten; doch so viel ich damals urtheilen konnte, war die Komposition den Talenten der Sänger vollkommen gemäß, welche zwar alle gut, aber keiner vom ersten Range war, und daher der Hülfe der Instrumente sehr bedurften, um die Bilder auszumahlen, und die Leidenschaften zu verstärken, welche der Dichter vorgezeichnet hatte.

Die allgemeine Erwartung von dieser Arbeit des Sgr. Jomelli war nach der Menge Zuhörer zu urtheilen, die bey der ersten Probe waren, sehr groß; denn das Parterre war ganz voll, und viele Logen mit Leuten von Stande besetzt.

Die Bauart des Theaters S. Carlo ist edel und zierlich: es ist ein Oval oder vielmehr ein

Seg-

Segment eines Ovals, das an der Theaterseite abgeschnitten ist. Es sind sieben Reihen Logen darin, welche weit genug sind, daß in jeder zehn oder zwölf Personen so bequem auf Stühlen sitzen können, als wenn sie zu Hause wären. In jedem Range sind dreyßig Logen, ausgenommen in den drey untersten, welche wegen der königlichen Loge, die darin angebracht ist, nur neun und zwanzig haben. Im Parterre sind vierzehn oder funfzehn Reihen Sitze, welche sehr geräumig, bequem und mit ledernen Küssen und ausgestopften Rücklehnen versehen sind, wobey auch jeder Sitz von dem andern durch eine breite Armlehne abgesondert ist: mitten im Parterre können dreyßig neben einander sitzen.

Den 1sten November.

Da es heute Allerheiligentag war, so gieng ich wenigstens zwey Meilen nach der Kirche der Incurabili, wo man mir eine gute Musik verheissen hatte; allein ich fand sie erbärmlich. Von hier gieng ich zu verschiednen andern, wo ich schlechte Musik hörte, die schlecht aufgeführt ward.

Freytags, den 3ten November.

Heute besah ich das königliche Museum zu Portici(*), wo ich über alte Instrumente und Manuscripte Untersuchungen anzustellen hatte, die für meine Geschichte vorzüglich wichtig waren. In dem

(*) Vgl. Volkmann. B. 3. S. 287. f.

dem dritten Zimmer dieses merkwürdigen Kabinets, wo die alten chirurgischen Instrumente liegen, fand ich folgende musikalische: drey Sistra, nehmlich zwey mit vier Stangen von Erzt, und eins mit dreyen; verschiedene Crotola oder Cymbeln; Tambours de basque; eine Syrinx mit sieben Pfeiffen, und eine große Anzahl zerbrochener Flöten von Elfenbein.

Das sonderbarste von allen diesen Instrumenten ist eine Art von Trompete, die vor etwa einem Jahre zu Pompeji gefunden worden; sie ist zum Theil zerbrochen, allein doch nicht so sehr, daß man die Form des Ganzen nicht noch wahrnehmen könnte. Es sind noch Ueberbleibsel von sieben kleinen Pfeiffen von Knochen oder Elfenbein dabey, die in eben so viel andern von Erz stecken, alle von gleicher Länge und Durchschnitt; diese umgeben die große Röhre, und scheinen in ein Mundstück auszugehen. Einige von den kleinen ehernen Pfeiffen sind zerbrochen, und also die von Elfenbein bloß. Es ist natürlich, vorauszusetzen, daß sie alle auf einmal geblasen worden, und daß die kleinen Pfeiffen mit einander unisono gestimmt, und eine Octave höher waren, als die große. Man pflegte dieß Instrument über die Schulter zu hängen. Diese sonderbare Art von Trompete ward in der Hauptwache gefunden, und scheint der wahre Clangor tubarum zu seyn.

Da niemand in dem Museum eine Bleyfeder brauchen darf, so war Herr Robertson, ein geschickter

schickter junger Künstler von unsrer Gesellschaft, so gütig, als wir mit den übrigen, die das Museum besehen hatten, in das Wirtshaus, wo wir speiseten, zurückgekommen waren, aus dem Gedächtniße eine Zeichnung dieser Instrumente in meine Schreibtafel zu machen, welche die ganze Geselschaft, die aus sieben Personen bestund, sehr richtig fand.

In dem neunten oder zehnten Zimmer sind alle Manuscripte, welche man bisher im Herculanum gefunden hat, wovon nur zwey, welche griechisch geschrieben sind, lesbar gemacht worden. Eins handelt von der epicurischen Philosophie, eins von der Rhetorik, eins von der Moral, und eins von der Musik; jedes Manuscript scheint ganz zu Kohlen verbrannt zu seyn.

Von dem musikalischen Manuscripte, wovon Philodemus Verfasser ist, sah ich zwey Blätter entwickelt und aufgespannt. Es ist kein Gedicht über die Musik, wie Herr de la Lande sagt; noch eine Satyre darauf, wie andre behaupten, sondern eine Widerlegung des Systems des Aristoxenus, der ein praktischer Musiker war, und also das Urtheil des Ohrs den pythagorischen Zahlen, und den arithmetischen Proportionen bloßer Theoristen vorzog. Ptolomäus that eben dasselbe nachmals auch. Ich unterredete mich über das Manuscript mit dem Pater Antonio Pioggi, der es entwickelt und erkläret hatte. Er hat ihr
die

die Aufsicht in einer Schriftgießerey, wo eine neue Art griechischer Lettern gegossen werden, welche denen, worin dieß Manuscript geschrieben ist, völlig ähnlich sind, und womit dieß Werk soll gedruckt werden.

Jeder Freund der Gelehrsamkeit muß sich über die Langsamkeit wundern, womit man bey der Entwickelung dieser Manuscripte verfährt. Alle die bisher gefunden, sind aus dem Herculanum; die zu Pompeji sollen alle im Feuer aufgegangen seyn.

Sonnabend, den 3ten.

Heute Abend gieng ich nach einem niedlichen neuen Komödienhause, welches eben eröfnet ward. Man spielte eine Komödie in Prosa, welche eine türkische Geschichte enthielt; schlecht geschrieben und nicht sonderlich vorgestellt.

Sonntags, den 4ten.

Ich gieng heute früh in die Kirche des heil. Januarius, um die Orgel zu hören, und die Kapelle zu sehen, worin die Gemählde von Domenichini sind. Hierauf führte mich ein Freund nach Don Carlo Corumacci's Hause, welcher Kapellmeister des Conservatorium S. Onofrio ist. Ich hörte ihn auf dem Flügel spielen, und er theilte mir eine große Menge Anekdoten, die

ältere

ältere Musik betreffend, mit. Er war im Jahre
1719 ein Schüler des Ritter Scarlatti, und
zeigte mir die Sonaten, welche dieser große Meis
ster ihm eigenhändig vorgeschrieben hatte. Ich
erhielt auch eine sehr genaue Nachricht von Scar=
latti und seiner Familie. Sgr. Cotumacci war
Durante's Nachfolger. Er spielt in dem alten
Orgelstyl sehr vollstimmig und künstlich in der
Modulation. Er hat sehr viel Kirchenmusiken
gesetzt, wovon er mir ein Paar merkwürdige
Stücke schenkte. Er hat große Geschicklichkeit
im Unterrichte, und er zeigte mir zwey von ihm
selbst geschriebene Manuscripte, das eine vom
Accompagnement, und das andere vom Contra=
punkt. Ich halte ihn für älter als siebzig.

Diesen Abend gieng ich in die erste öffentliche
Vorstellung von Sgr. Jomelli's Oper Demo=
phoon aus dem großen Theater S. Carlo, wo
Herr Hamilton mich mit einem Platze in seiner
Loge beehrte. Es ist schwer sich die Hoheit und
Pracht dieses Schauspiels vorzustellen und sie zu
beschreiben. Weil es S. Carls Heiligentag,
und des Königs von Spanien Namenstag war,
so erschien er in großer Galla, und das Haus
war nicht nur zwiefach erleuchtet, sondern auch
erstaunend voll von wohlgekleideten Leuten. (*)
Vor jeder Loge hängt ein drey bis vier Fuß langer
und

(*) Der vierte November wird eben so gefeyert, als
der Namenstag der Königinn von Neapel und des
Prinzen von Asturien.

und zwey bis drey breiter Spiegel, vor welchen zwey grosse Wachskerzen stecken; diese leuchten durch den Wiederschein doppelt, und vermehrten das Licht, das vom Theater und aus den Innern der Logen kam, und machten den Glanz zu blendend, und dem Auge beschwerlich. Der König und die Königinn waren gegenwärtig. Ihre Majesteten haben eine grosse Loge vorn im Schauspielhause, welche in der Länge und Breite den Platz von vier Logen einnimmt. Der Umfang des Theaters ist unermeßlich, und die Scenen, Kleidungen und Theaterverzierungen waren ausserordentlich prächtig. Mir deucht dieß Theater übertreffe hierin sowohl als in der Musik das grosse französische Operntheater zu Paris. Herr de la Lande ist zwar anderer Meynung; denn nachdem er eingeräumt hat, daß die italiänische Oper, sowohl was die Musik als die Poesie anbetrift, sehr gut ist, so schließt er folgendermaßen: dieß ist sie aber in andern Stücken meiner Meynung nach gar nicht, und zwar aus folgenden Ursachen:

1) Es ist beynahe gar keine Maschinerey in den italiänischen Opern. (*)
2) Sie haben keine solche Menge reicher und prächtiger Kleidungen als zu Paris. (**)

3)

(*) Die Italiäner haben längst die kindischen Vorstellungen fliegender Götter und Göttinnen aufgegeben, worin die Franzosen so verliebt und worauf sie so stolz sind.
(**) Wenn der spielenden Personen weniger sind, so müssen folglich auch der Kleidungen weniger seyn.

3) Die Anzahl und Mannigfaltigkeit der Schauspieler ist geringer.

4) Der Chöre sind nicht so viel, und sie sind weniger gearbeitet, und

5) Die Vereinigung des Gesanges und der Tänzer wird vernachläßigt. (*)

Allein auf alle diese Einwürfe würde ein wahrer Liebhaber der Musik antworten: Desto besser.

Herr de la Lande gesteht, daß das Orchester zahlreicher und mannigfaltiger sey; allein er klagt, daß der schönen Stimmen in einer italiänischen Oper so wenige sind, und daß sie auch mit der Musik und der Auszierung derselben zu viel zu thun haben, als daß sie auf Deklamation und Gesten achten könnten.

Diese letzte Beschuldigung ist ganz und gar ungerecht. Wer sich nur des Perrici und Laschi in den komischen Opern, die etwa vor zwanzig Jahren zu London waren, erinnert, oder neulich die Buona Figliuola daselbst gesehen hat, als Sgra. Guadagni, Sgr. Lovarini und Sgr. Morigi sie aufführten; oder in der ernsthaften Oper an Monticelli, Elisi, Mingotti, Colomba Mattei, Mansoli zurückdenkt, oder in den itzigen Opern Sgr. Guadagni gesehen hat, muß gestehen, daß die Italiäner nicht nur gut recitiren, sondern auch vortrefliche Akteurs sind. Man

(*) Voyage d'une François. Tom. VI. ☞ Volkmann B. 3. S. 157. ff. Wo aber einiges verändert ist.

Man gebe einem Freunde der Muſik eine Oper
auf einem ſchönem Theater das wenigſtens noch
zweymal ſo groß als das pariſer iſt, die Muſik
ſowohl als die Poeſie ſey gut, und die Sänger
und Spieler thun das ihrige: ſo wird er allen
übrigen ohne Murren entſagen; ſollte auch ſein
Ohr weniger durch Chöre betäubt, und ſein Auge durch Maſchinereyen, Kleidungen und Tänze
weniger geblendet werden, als zu Paris. (*)

Doch

(*) Herr Burney ſcheint in dieſen Anmerkungen gegen Herrn de la Lande faſt den Engländer und den
Tonkünſtler zu ſehr zu verrathen. Es verſteht ſich
daß in der Oper die übrigen ſchönen Künſte der Muſik einigermaſſen untergeordnet ſeyn müſſen. Doch
ſoll ſie nicht allein herrſchen, nicht der Unterſtützung
und Mitwirkung ihrer Schweſtern ganz entbehren
wollen. Vielmehr wird ſie oftmals in weit ſchwä-
cherem Lichte erſcheinen, je weiter ſie die Poeſie,
Pantomime, Tanzkunſt und Mahlerey von ſich
entfernt hält. Wie viel Antheil jede von dieſen
Künſten an dem Ganzen einer Oper haben dürfe,
welche mehr oder weniger zur Hauptwirkung beytragen müſſe, zu welcher Zeit jede mitwirken könne,
das hängt von der Fabel der Oper und von ihrer
ganzen Anlage ab, und es zu beſtimmen, dazu gehört ein feiner Kenner aller dieſer Künſte. Ein
ſolcher Operndichter, der auch in einigem Grade
Tonkünſtler, Dekorateur und Ballettmeiſter mit
wäre, oder mit dieſen Künſtlern gemeinſchaftlich ar-
beitete, und deſſen Plan alsdenn gehörig aufgeführet würde, müſte uns, (deucht mir) eins der
reizendſten und prächtigſten Schauſpiele geben, wodurch gerade die Sinnen, welche der Seele die
meiſte Nahrung geben, auf das angenehmſte unterhalten würden. Vielleicht aber ſind ſolcher Kenner
zu wenige, oder die Gelegenheit, ihre Gedanken
durchgehends mit nöthiger Vollkommenheit auszuführen,

Doch ich komme wieder auf das Theater S. Carlo. Es übertrift an Pracht alles, was Dichtkunst und Romanen je geschildert haben: doch muß

führen, sind zu selten: und es ist um deswillen rathsamer, sich nur der Hülfe der Poesie und Pantomime zu bedienen, und die Tanzkunst und Mahlerey wegzulassen, weil ihre geschickte Vereinigung in der Anlage einer Oper sowohl, als in der Ausführung so schwer ist? Dieß scheint der Grund zu seyn, warum der Verfasser nebst andern, sich aus den Theaterverzierungen und dem Tanze so wenig machen. Allein schwer und verwerflich ist zweyerley. Herr de la Lande will unter der Maschinerey auch wohl nicht das Spielwerk magischer Dekorationen verstehen, das in Nicolini's so genannte Pantomimen gehört: mir deucht, man könne einen würdigen Gebrauch davon machen; wiewohl ich gern zugebe, daß er sparsam seyn müsse, wenn er gute Wirkung thun soll. Der Tanz in sofern er eine schöne Kunst ist, oder so wie Noverre und Angiolini ihn ausüben, ihre Ballette, welche einzelne Theile der Haupthandlung (oder auch Episoden, wenn sie nur die Hauptfabel hervorheben) vorstellen, die fest mit ihr verwebt sind, welche die Handlung fortführen, und so wie Poesie und Musik Leidenschaften schildern und erregen, ein solcher Tanz verträgt sich zu gut mit einer Feyerlichkeit, welche die Musik giebt. Er kann einem Schauspiele so viele Mannigfaltigkeit verschaffen, und wenn er in gehörigem Verhältnisse mit den übrigen Theilen desselben steht, diese so sehr heben, daß die Wirkung des Ganzen nothwendig dabey ungemein gewinnen muß. — Ohne mich in eine Vertheidigung der französischen ernsthaften Opern, oder gar ihrer Musik einzulassen, glaube ich auch, behaupten zu können, daß die italiänische Art von Chören leichten und dünnen Gewebes, nicht gerade die einzige gute ist, und daß man auch wohl nach Beschaffenheit der Fabel stärker gearbeitete Chöre auf die Opernbühne bringen könnte, ohne eben Kirchenmusik zu liefern, und das Gedächtniß der Sänger zu stark anzugreifen.

Auch

muß man bey allen dem gestehen, daß wegen der Größe des Gebäudes und des Lärms der Zuschauer
die

Auch die Klage des Herrn de la Lande über die von der Musik unterdrückte Aktion scheint mir nur allzugegründet; es ist auch seine Klage nicht allein. Leute von Geschmack haben längst schon bemerkt, daß die ihige künstliche Form der Arien, welche der Eitelkeit der Sänger ihren Ursprung zu danken hat, dem Ausdrucke des Affekts schade, und die gute Aktion fast unmöglich mache. Einige Wiederhohlung in der Aktion wird man dem Sänger bey einer Arie gern erlauben, denn die Vorzüge der Musik bedecken die Mängel der Aktion, und aus der Vereinigung des Gesanges, der Instrumentalmusik und Pantomime entstehet erst die abgezweckte Wirkung: allein bey solchen Ritornellen, Passagen, Cadenzen, und Dacapo's, als die neuern italiänischen Opern in ihren Arien haben, ist es unmöglich, wenn der Sänger nicht lieber ganz kalt und müßig seyn, oder sich überagiren will, nicht in langweilige Dehnungen und matte Wiederhohlungen einer und derselben Gesten zu verfallen. Der Sänger verweilt allzu lange bey einem Gedanken, als daß der Vorrath der Aktion, wenn er auch den weisesten Gebrauch davon machte, nicht erschöpft werden sollte; Gesang und Aktion stehen auf diese Weise in einem gar zu übeln Verhältnisse, in zu großer Entfernung von einander, und der Ausdruck des Affekts muß uns endlich viel schwächer werden, als er seyn könnte, wenn die Musik ihrem übertriebenen Puze etwas entsagte, und der Aktion Raum gäbe, mitzuwirken. Die großen Sänger in der ernsthaften Oper, welche der Verfasser auch als große Schauspieler anführt, würden in leztem Betrachte bey genauer Untersuchung schwerlich die Probe halten, sie würden wohl nur verhältnißweise gut seyn. Im Komischen ist es ein anderes, denn da ists erlaubt, von der natürlichen Aktion zur Karrikatur überzugehen, und da ist auch die Musik nicht so mit Zierrathen überladen, und namentlich in der Serva Padrona am wenigsten. J. D. U.

die Sänger so wenig als die Instrumente können deutlich gehört werden. Man erzählte mir indessen, daß die Zuschauer wegen der Gegenwart des Königs und der Königinn weit weniger Lärm machten als sonst. Keine Hand bewegte sich zum Klatschen, während der ganzen Vorstellung, ungeachtet die Zuschauer mit der Musik sehr zufrieden zu seyn schienen; allein die Wahrheit zu gestehen, so machte sie mir nicht so viel Vergnügen, als bey der Probe; auch zeigten sich die Sänger, ungeachtet sie sich noch mehr angriffen, nicht so sehr zu ihrem Vortheile, indem keine einzige von den itzigen Singestimmen Stärke genug für so ein Theater hatte, vornehmlich wenn es voll und unruhig ist. Sgra. Bianchi, die erste Sängerin, deren angenehme Stimme und simple Singart mir und andern bey der Probe so viel Vergnügen machte, that den Neapolitanern, welche an die Stärke und das Glänzende einer Gabrieli (*) Teuber, und de Amici gewohnt waren, kein Genüge. Ihre Manier hat für den verderbten Geschmack dieser enfans gatés, die nie zufrieden sind, als wenn sie in Erstaunen gesetzet werden, zu viel Simplicität. In Ansehung der Musik gieng viel von den Helldunkeln verlohren, und man konnte nichts deutlich hören, als die lärmenden und wüthenden Sätze, welche bloß dazu

---

(*) Sgra. Gabrieli ist vor kurzer Zeit nach Petersburg gegangen, wo sie ausser freyer Wohnung und Tafel ein Gehalt von 6500 Rubeln bekömmt; Sgra. Teuber ist schon im vorigen Jahre, wie man mir erzählt hat, von Petersburg nach London gegangen.

dazu dienen sollten, das übrige hervorstehend zu machen, die Mezzotinten, und der Hintergrund giengen ganz verlohren, und es blieb eigentlich nicht viel mehr übrig, als die kühnen und rauhen Pinselzüge des Komponisten.

Während der Vorstellung kam Caffarelli in das Parterre; Sgr. Giraldi, der in Herr Hamiltons Loge war, versprach mich mit ihm bekannt zu machen, und führte mich, als die Oper aus war, zu ihm. Er sieht wohl aus, und hat eine lebhafte feurige Miene; er scheint nicht über funfzig Jahr alt zu seyn, ungeachtet man ihn für drey und sechzig ausgiebt. Sein Betragen war sehr höflich, und er ließ sich sehr zuvorkommend und gefällig mit mir ins Gespräch ein; er fragte mich nach der Herzogin von Manchester und Lady Fanny Shirley, die ihn, während seines Aufenthalts in England, welcher, wie er sagte, in die letzten Jahre der Regierung Heideggers (*) fiel, mit ihrer Gunst beehrten. Er stellte mich Sgr. Gennaro Manno, einem berühmten neapolitanischen Komponisten vor, der hinter ihm saß. Sgr. Giraldi war vorhin bey ihm gewesen, um von ihm die Zeit zu erfahren, wenn er mich zu ihm führen dürfte; es war nun ausgemacht, daß wir bey Lord Fortrose zusammen kommen sollten; der Lord war es, dem ich diese und sehr viele an-

---

(*) Heidegger war vordem Unternehmer der Opern in London, zu der Zeit, als Händel daselbst blühete.

dere Gelegenheiten, meine Kenntnisse zu vermehren, in Neapel zu danken hatte.

Das Haus ward sehr bald leer, und ich war verbunden, diesem Altvater des Gesanges mich zu empfehlen, welcher der älteste Sänger in Europa ist, der seine Kunst noch öffentlich ausübt; denn er singt noch oftmals in Klöstern und Kirchen, ungeachtet er das Theater vor einiger Zeit verlassen hat.

In der heutigen Oper kamen unterhaltende Tänze vor, aber alle von der lebhaften Art; denn andere können die Italiäner nicht leiden. Ihre Ballette, wie ich oben bemerkt habe, sind eigentlich mehr pantomimische Unterhaltungen, worin die Theaterverzierungen gewöhnlich schön sind, und die Geschichte faßlich und angenehm vorgestellt wird. Der Gegenstand des ersten war l'isola disabitata, (die wüste Insul,) die zweyte stellte die Belustigungen vor, welche Vauxhall in England eigen sind; hier kamen Quäker, Matrosen, savoyardische Guckkästen und dergleichen vor, und in dem dritten Ballette zum Schlusse der Oper, tanzten Thracier zu Ehren der Vermählung Creusens und Eberinths, zweyer Personen, welche in der Oper vorkommen. Die sechs vornehmsten Tänzer waren die Sgri. Onocuto Vigano, Giuseppe Trafieri, Francesco Rafetii; und unter den Tänzerinnen waren Sgra. Colomba Beccari, Anna Torselli und Caterina Ricci die vornehmsten. Der erste Tänzer hat viel Kraft und

Nettigkeit, und scheint Slingsby in seinem à plomb, oder genauen Beobachtung des Zeitmaßes gleich zu kommen; und der Beccari vielfüßig hüpfender Tanz scheint an Flüchtigkeit der Radicati ihrem zu gleichen.

Montags, den 5ten.

Heute früh gieng ich in das Conservatorium S. Onofrio, um die Knaben in ihren Lehrstunden zu sehen, und einige der besten unter ihnen spielen zu hören. Sie waren alle eifrig bey der Arbeit, und machten ein vortrefliches Getöse, welches nicht erreicht werden konnte

Von hundert Kehlen, nicht von hundert Zungen
Von hundert Paaren ehrnen Lungen,
Von zehn laut tönenden Trompeten nicht.

Doch schont man der Ohren sowohl der Lehrer als Schüler, wenn Unterricht im Singen gegeben wird, denn dieß Geschäfte wird in einem ruhigen Zimmer verrichtet; allein in den andern Uebungssälen ist der Lärm und das Mißgetöne unbeschreiblich. Dennoch hörte ich in einem Nebenzimmer zwey Knaben mit einander besonders spielen; der eine spielte ein Solo von Giardini auf der Violine, und der andere eines von seiner eignen Arbeit auf dem Violonschell. Das erste ward nur mittelmäßig ausgeführt, allein das zwepte war schön gesetzt, und ward sehr gut gespielt. Ich habe durch ganz Italien gefunden, daß Giardini's Solos nebst des Londner Bachs und Abels Symphonien in großem Ansehn stehen, und zwar mit Recht, weil ich auf meiner ganzen Reise nichts gehört habe, daß ihnen gleich käme.

Von hier gieng ich nach dem Kloster der Donna Regina, um einer großen Feyerlichkeit zuzusehen. Es war eine bellissima Funzione, wie die Italiäner es zu nennen pflegen, bey Gelegenheit zweyer Türkensclaven, die sich zum Christenthume bekehrt hatten, und heute öffentlich getauft wurden. Verschiedne Bischöfe wohnten der Handlung bey, und die Kirche war voll der feinsten Leute aus Neapel. Die Musik hatte Giuseppe di Majo, ein neapolitanischer Komponist, der in dem Conservatorium der Pietà erzogen war, gesetzt; sie war vortreflich, aber die Ausführung taugte nichts.

Heute hatte ich die Ehre bey unserm Minister zu essen, und ward nach Tische durch einen fetten Dominicaner, der dahin kam, Buffo-Arien zu singen, sehr angenehm unterhalten. Er accompagnirte sich selbst auf dem Flügel, und sang eine Menge lustiger Scenen aus Piccini's und Paesiello's komischen Opern, welche er mit einer komischen Stärke vortrug, die Casaccia's seiner wenig nachgab, den er an Stimme weit übertraf.

Sgr. Naski, Direktor des Orchesters bey der komischen Oper in dem Theater de Fiorentini, bei begleitete den Dominicaner mit der Violine, und spielte nachher in einigen Trios von seiner Arbeit, die ausserordentlich schön waren, und einen ungewöhnlichen Grad von Anmuth und Leichtigkeit hatten.

Hierauf war Herr Hamilton so gütig, mir ein reizendes Gemählde von Corregio, welches er besitzt, zu zeigen. Es stellt die nakte Venus vor, mit welcher Cupid um den Bogen ringt, den sie ihm geraubt hat, unterdeß daß ein Satyr mit seinem Köcher davon läuft. Es ist ein wundernswürdiges Stück, und wird wegen der vielen Figuren dem heil. Hieronymus zu Parma gleich geschätzt.

Das Kunst- und Naturalienkabinet des Herrn Hamiltons ist sehr groß und unschätzbar. Es war für meine Untersuchungen ein wichtiges Geschäft, seine unermeßlich große Sammlung von hetruscischen Vasen und andern Seltenheiten des höchsten Alterthums zu besehen; doch sein Umgang und Rath gaben mir mehr Licht in Ansehung der Musik und Instrumente der Alten, als diese kostbaren Ueberbleibsel der Kunst.

Als wir aus den Zimmern, die wir besehen hatten, zurückkamen, um die Bibliothek zu besehen, fanden wir einen neapolitanischen Prinzen und Prinzeßinn, einige Abgesandten, Lord Fortrose, den französischen Consul, verschiedne Herren aus England, und viele andere; des Nachmittags war wieder Concert, und eine ausgesuchte

Gesellschaft blieb zum Abendessen, und gieng erst um zwey Uhr auseinander, da ich vom Herrn Hamilton und seiner Gemahlin sehr gerührt Abschied nahm, weil die Unterstützung und gütige Aufnahme, womit sie mich während meines Aufenthalts zu Neapel beehrten, mir und meinem Plane so nützlich und wichtig waren, daß ich nie unterlassen werde, mit der größten Dankbarkeit daran zu gedenken.

Donnerstags, den 6ten.

Heute hatte ich die Ehre bey Lord Fortrose zu speisen. Die Gesellschaft war sehr zahlreich, und meistentheils musikalisch. Barbella und Orgitano waren auch eingeladen, auch war der französische Consul, Herr d'Astier da. Nach Tische versammlete sich ein zahlreiches Orchester auf der Gallerie, und wir hatten Musik bis nach eilf Uhr. Barbella gefiel mir heute weit mehr, als zuvor; er ist sehr fest im Tone, und hat viel Geschmack und Ausdruck; wenn er nur etwas mehr Glänzendes, einen vollern Ton, und mehr Mannigfaltigkeit im Style hätte, so wäre sein Spielen unverbesserlich, und überträfe vielleicht manche Spieler in Europa: so aber scheint sein Ton schläfrich, und seine Manier unbelebt zu seyn.

Orgitano spielte den Flügel, und Sgr. Consorte, ein Castrat sang; auch hörte ich einen recht guten Hoboisten ein Solo spielen. Die ganze

Geſellſchaft verzweifelte, daß Caffarelli kommen
würde, ſiehe da kam er herein, und war ausserordentlich aufgeräumt; und wider alles Vermuthen
ließ er ſich ſehr bald erbitten, zu ſingen. Manche
Töne giebt ſeine Stimme itzt nur ſchwach an, doch
hat ſein Geſang noch Schönheiten genug, um jedem, der ihn hört, zu beweiſen, daß er ein ausserordentlich großer Sänger müſſe geweſen ſeyn; er
accompagnirte ſich ſelbſt auf dem Flügel und ſang
ohne alle andere Begleitung. Gefühl und Anmuth, und ein ausserordentlich genau angemeſſener
Ausdruck ſind ſeine charakteriſtiſchen Züge. Ungeachtet Caffarelli und Barbella ziemlich alt ſind,
und in Verfall gerathen, ſo ſind die Ueberbleibſel
ihrer Kunſt eben deswegen deſto ſchätzbarer. Caf=
farelli ſchlug mir vor, einen ganzen Tag mit
einander zuzubringen, um über muſikaliſche Materien zu reden, und ſagte, dieſe Zeit würde noch
zu kurz ſeyn, für alles, was wir zu ſagen hätten;
allein als ich ihn überzeugte, daß ich nothwendig
den folgenden Abend gleich nach geendigter Oper
nach Rom reiſen müßte, ſo that er mir den Vor-
ſchlag, den folgenden Morgen bey Lord Fortroſe
zuſammen zu kommen.

Nach dem Abendeſſen ſpielte Barbella verſchiedene Calabriſche, Lecciſche und Neapolitaniſche
Arien und unter andern ein launigtes Stück, das
er ſelbſt geſetzt hatte, und welches er ninna nonna
nannte; es iſt ein lullaby, oder ein Wiegenlied,
vortreflich in ſeiner Art, und gut ausgedruckt.

Mittwochs, den 7ten.

Heute erlaubte mir der Padre della Torre, an den ich Briefe hatte, ihn zu besuchen. Er ist Bibliothekar des Königs, und Aufseher des königlichen Raritäten-Kabinets, in dem Pallaste Capo di Monte. Nie habe ich einen Mann von so gefälligen liebreichen Charakter gesehen. Er kann nicht unter siebenzig Jahr alt seyn, und doch ist er so lebhaft, und selbst scherzhaft, als ein Jüngling von zwanzig Jahren. Er und sein Gehülfe hatten mit großem Fleiße in der königlichen Bibliothek, welche vorher der Farnesischen Familie gehörte, und von Parma hierher gebracht ward, Materialien zur Geschichte der Musik aufgesucht. Unter andern Büchern und Manuscripten, die ich schon kannte, zeigte er mir einige ungedruckte merkwürdige Tractate, welche sich sonst nirgends finden (*)

Hierauf zeigte er mir seine Mikroscope und Telescope, welche durch ganz Italien berühmt sind; denn man behauptet, daß sein Vater beyde, vornehmlich die Mikroscope sehr verbessert habe, indem er eine kleine Linse oder Kügelchen von reinem Crystalglas, je kleiner je besser, hinzugefügt hat.

Er

(*) In seinen Werken befindet sich eine Abhandlung vom Schalle; sie sind unter dem Titul: Elementa Physicae auctore *P. D. Johanne Maria de Torre*, zu Neapel 1769 in 9 Bänden in Octav herausgekommen. Seine Geschichte des Vesuvs, welche zu Paris 1766. 8. aus dem Italiänischen ins Französische übersetzt worden, ist bekannt.

Er schmelzt sein Glas selbst in einem Geschirre von tripolitanischer Erde, und macht es in einer reinen Flamme sphärisch. Es vergrössert den Durchmesser einer Sache, wenn das Kügelchen von der kleinsten Art ist, 2560mal; da hingegen die gewöhnlichen Mikroscope etwa 350 mal vergrößern. (*)

Nachdem er mir den ganzen Proceß gezeiget hatte, war er so gefällig, mir mit verschiedenen von diesen Glaskügelchen zu meinem eigenen Gebrauche ein Geschenk zu machen.

Von ihm gieng ich nach des Lord Fortrose Hause, um Caffarelli anzutreffen. Itzt da ich seinen Namen zum letztenmal nenne, nehme ich der Gelegenheit wahr, meinen Lesern zu sagen, daß dieser berühmte Sänger ein Herzogthum gekauft hat, welches sein Neffe nach seinem Tode be-

---

(*) Diese Entdeckung ist nicht neu; Leuenhoeck soll schon kleine Glaskugeln in seinen Mikroscopen gebraucht haben. Baker in seinem erleichterten Mikroscop, (microscope made easy, welches auch ins Französische und zweymal ins Deutsche übersetzt worden) urtheilt zwar sehr verächtlich davon, und sagt: „Die Erfahrung hat gelehrt, daß sie so wenig Licht „zulassen, und einen so kleinen Theil eines jeden „Objekts zeigen, so schwer zu gebrauchen sind, und „die Augen so sehr angreifen, daß ihre Kraft zu ver„gröẞern aus Mangel der nöthigen Deutlichkeit, „wohl mehr Irrthümer hervorbringen, als neue rich„tige Entdeckungen veranlassen mögte.„ Doch so wahr dieß auch damals seyn mogte, als Baker schrieb, so scheint doch itzt der Padre de la Torre jedem Einwurfe gegen diese gläsernen Kügelchen durch die Art, wie er sie verfertigt und gebraucht, zuvor gekommen zu seyn.

beſitzen ſoll. Sein Titul iſt Duca di Santi Dorato. Er iſt ſehr reich, und ſingt dennoch oft für Geld in den Klöſtern und Kirchen. Er hat ſich ein prächtiges Haus gebauet, über deſſen Thür dieſe Auffſchrift ſteht:

AMPHION THEBAS, EGO DOMUM. (*)

Heute erwies mir Sgr. Fabio, erſter Violiniſt bey dem Opern-Theater S. Carlo die Ehre mit mir zu Mittag zu eſſen; er war ſo gefällig und ſo gütig ſeine Geige mit zu bringen. Es iſt gar nichts neues in den großen Städten Italiens, daß Virtuoſen vom erſten Range ſelbſt ihre Inſtrumente über die Gaſſen tragen. Ein ſo kleiner Umſtand ſcheint nicht der Mühe werth zu ſeyn, erwähnt zu werden, doch bezeichnet er den Unterſchied der Sitten und des Charakters zweyer nicht weit von einander entfernten Länder ſehr ſtark. In Italien trägt der Vorſpieler der erſten Oper in der ganzen Welt, das Inſtrument ſeines Ruhms und ſeines Glücks mit eben ſo viel Stolze bey ſich, als ein Soldat ſein Schwert oder ſeine Flinte; dahingegen in England die unwürdige Begegnung, die er von dem Pöbel würde auszuſtehen haben, ihn bald lehren würde, ſich ſeiner Kunſt zu ſchämen, und ſein Inſtrument aus Furcht zurückzulaſſen.

Ich erhielt vom Sgr. Fabio eine genaue Nachricht von den Perſonen, die das große Opernorcheſter ausmachen: es ſind achtzehn bey der erſten,

(*) Amphion bauete Theben, ich nur ein Haus.

sten, achtzehn bey der zweyten Geige, fünf bey dem Violon, und nur zwey bey dem Violonschell; welches, wie mir deucht, schlechte Wirkung thut, da der Violon durch ganz Italien so schlecht gespielt wird, daß er keinen musikalischern Ton hervorbringt, als ein Hammer oder dergleichen Handwerkszeug. Dieser Spieler, ein fetter, gutherziger Mann, hat sich durch sein beständiges Vorspielen, bey einem so großen Orchester, eine etwas rauhe und harte Art zu spielen angewöhnt, und er schickt sich also besser zum Mitspielen im Orchester, als zum Solospielen. Doch sang er einige Buffo-Arien sehr schön, und begleitete sich selbst auf der Violine so meisterhaft, daß es beynahe eben die Wirkung that, als wenn ein ganz Musikchor gespielt hätte. Nach Tische accompagnirte ihn ein anderer verschiedene Solos von Giardini und andere Stücke.

Ich brachte den Nachmittag mit Barbella zu, der mir alle Materialien einhändigte, die er für mich hatte sammeln können, sowohl was die Geschichte der neapolitanischen Conservatorien, als auch Unekdoten von alten Komponisten und Spielern aus dieser Schule betraf: ausser diesen schrieb ich alle mündlichen Nachrichten von Musikern und musikalischen Sachen nieder, die er mir aus dem Gedächtnisse mittheilte. Während meines Besuchs hörte ich einige von seinen besten Schülern ein Solo von Giardini sehr geschickt spielen; er war der brillanteste Violinspieler, den ich in Neapel angetroffen habe.

Nachdem ich meinen Lesern eine Nachricht
von der musikalischen Unterhaltung gegeben habe,
welche Neapel mir verschaffte, so hoffe ich die
Erlaubniß zu haben, noch einige wenige Betrachtungen anzustellen, ehe ich diese Stadt verlasse,
die man so lange Zeit für den Mittelpunkt der
Harmonie und die Quelle angesehen hat, woraus
sich musikalisches Genie, Geschmack und Gelehrsamkeit über ganz Europa ergossen; daß so gar
diejenigen, welche selbst urtheilen können, dieß auf
Treu und Glauben für wahr annehmen, und den
Neapolitanern mehr Ruhm beylegen, als sie itzt
verdienen, ungeachtet sie in vorigen Zeiten ge-
gründeten Anspruch auf diesen Ruhm machen
konnten.

Herrn de la Lande Nachricht von der Musik
zu Neapel ist nichts weniger als genau, und
man geräth in Versuchung zu glauben, daß er
entweder nicht gehörig darauf achtete, oder daß
er kein feines musikalisches Ohr hatte.

„Die Musik, sagt er, ist vorzüglich der
„Triumph der Neapolitaner; es scheint, als wenn
„das Trommelfell in diesem Lande schärfer ge-
„spannt, harmonischer und empfindlicher
„gegen die Töne wäre, als in dem übrigen
„Europa. Die ganze Nation singt, jede
„Gebärde und jede Biegung der Stimme, ja so
„gar die Prosodie ihrer Sylben im Umgange, sind
„voll Harmonie und Musik. Daher kömmt es,
„das Neapel die vornehmste Quelle der italiäni-
„schen

„schen Musik, großer Komponisten und vortreff=
„licher Opern ist.„ (*)

Ich gebe gern zu, daß die Neapolitaner eine
natürliche Anlage zur Musik haben: allein ich
kann nimmermehr zugeben, daß ihre Stimmen
biegsamer und ihre Sprache harmonischer sey, als
die der übrigen Italiäner, da vielmehr gerade
das Gegentheil wahr zu seyn scheint. Der Gesang
in den Straßen ist weit weniger angenehm, ob=
gleich origineller, als an andern Orten; und man
behauptet durchgehends, daß die neapolitanische
Sprache die barbarischte von allen Dialekten
Italiens sey. (**)

Man muß freylich gestehen, daß das itzt em=
porkommende Geschlecht von neapolitanischen Mu=
sikern, ungeachtet es eigentlich weder Geschmack
noch Delikatesse, noch Ausdruck hat, dennoch in
seinen Kompositionen, was den Contrapunkt und
die

(*) Voyage d'une François. Tom. VI. (der deutschen
Uebersetzung 3. B.) Eben die Unrichtigkeit, womit
Herr de la Lande hier von der Musik und Musikern
spricht, herrscht durch sein ganzes Werk, und ist von
dem deutschen Herausgeber nicht allemal berichtiget
worden. Er rechnet Corelli und Galuppi unter die
neapolitanischen Komponisten, da es doch bekannt
genug ist, daß Corelli aus der römischen Schule war,
und er selbst an einem andern Orte (Tom. 5.) sagt,
daß Galuppi zu der venetianischen gehöre.

(**) Ein hinlänglicher Beweis, daß die neapolitanische
Sprache bloß ein Patois oder Provincialdialekt sey,
liegt darin, daß sie bloß geredet wird, und daß die
Eingebohrnen selbst, die eine gute Erziehung gehabt
haben, niemals darin zu schreiben wagen. (Doch hat
man eine neapolitanische Uebersetzung des Gierusa=
lemme liberata von Tasso.)

die Erfindung betrift, vortreflich ist. In ihrer Manier, sie auszuführen, herrscht ein Nachdruck und Feuer, dergleichen man vielleicht in der ganzen Welt nicht findet: sie ist so hitzig, daß sie beynahe zur Wuth übergeht; und diese Heftigkeit des Genies macht, daß ein neapolitanischer Komponist in einem Stücke, welches ruhig und in einem mäßigem Feuer anfängt, das Orchester, ehe es geendigt ist, in lichte Flammen setzt. D. Johnson sagt, daß Shakespear in der Tragödie allzeit der Gelegenheit etwas komisches anzubringen nachjagte; und die Neapolitaner können gleich muthigen Pferden den Zügel nicht leiden, und beschleunigen voller Unwillen ihren Lauf bis zur äussersten Schnelligkeit. Das Rührende und Anmuthige sucht man in den Conservatorien selten zu erreichen, und um die feinen ausgesuchten Manieren, wodurch einzelne Stellen nicht nur verändert, sondern auch verbessert werden, bemühen sich die meisten Spieler zu Neapel weniger, als in dem übrigen Italien.

Rom.
Sonntags, den 11ten November.

Nachdem ich mich ein bischen von meiner Reise aus Neapel ausgeruhet hatte, fieng ich meine Geschäfte zu Rom von neuem an.

Heute früh gieng ich in das Kloster der heil. Ursula, eine Nonne den Schleyer anziehen zu sehen. Die Gesellschaft war sehr zahlreich, und bestand

bestand hauptsächlich aus den vornehmsten Leuten in Rom, welche alle im völligen Putze erschienen. Ich stund dicht bey dem Altare, wo ich die ganze Ceremonie sehen, und alles hören konnte. Der Gottesdienst fieng mit Lesung der Messe an, worauf der Kardinal Rossi in einem prächtigen Anzuge erschien, unterdeß daß die Orgel gespielt, und die Messe gesungen ward. Sowohl die Vocal- als Instrumentalmusik ward von den Nonnen und Klosterfrauen, welche auf der Orgelgallerie stunden, gesungen. Die Komposition war schön, aber ward schlecht aufgeführt; die Orgel war schlecht, und für dieß Orchester zu stark; die besten Spielerinnen waren in dem Kloster mit der innern Ceremonie beschäftigt, und die äusserliche ward in der Kapelle verrichtet.

Als der Kardinal das Meßgewand angezogen hatte, ward die Novitiatin von einer der vornehmsten Damen zu Rom in die Kapelle, und in einem äusserst prächtigen Anzuge zum Altare geführt. Ihr schönes Haar war hellbraun, und über den ganzen Kopf en tête de mouton frisirt. Ihr Kleid war von dem reichsten blauen Silbertuch, das ich je gesehen habe, mit gestickten oder gar maßiven Blumen. Sie trug einen hohen Kopfputz und einen kostbaren Schmuck von Diamanten; dabey hatte sie einen großen Reifrock an, und die Schleppe ihres Kleides war vollkommen zwey Ellen lang. Sie schien mehr ein artiges junges Frauenzimmer, als eine Schönheit zu seyn.

Als sie zuerst heraus kam, sah sie sehr blaß aus, und mehr todt, als lebendig; sie machte eine sehr tiefe Verbeugung vor dem Kardinal, der in seiner Mitra und ganzen reichen Kleidung oben vor dem Altare saß, um sie zu empfangen. Sie fiel am Fuße des Altars auf die Knie, und blieb einige Zeit in solcher Lage, unterdeß daß die Ceremonie weiter fortgieng; sodann gieng sie zum Kardinal hinauf, der zu ihr sagte: Figlia mia, che domandate? Meine Tochter, was verlangen sie? Sie sagte, daß sie bäte, als Schwester des Ordens der heiligen Ursula aufgenommen zu werden. Haben sie wohl überlegt, sagte der Cardinal, was sie bitten? Sie antwortete ganz heiter, daß sie es gethan habe, und wisse, welchen Schritt sie thue. Darauf kniete sie noch einmal nieder, küßte des Kardinals Hände, und empfieng von ihm ein kleines Crucifix, welches sie gleichfalls küßte; darauf gieng sie wieder an den Fuß des Altars zurück, wo sie sich auf die Knie warf, unterdeß daß der Kardinal die Messe las, welche zugleich auf der Orgel gesungen ward. Hierauf folgte eine Predigt in italiänischer Sprache, und wie die vorbey war, führte der Kardinal die erwählte Nonne in das Kloster, wo man ihr allen ihren prächtigen Schmuck und weltliche Eitelkeiten auszog, und das Haar abschor. Sodann kam sie in ihrem geistlichen Anzuge an die Thür, um den weissen Schleyer zu empfangen, womit die Abtißinn sie in Gegenwart des Kardinals und der übrigen Zeugen bekleidete.

Nach

Nach diesem allen ward noch eine schöne Musik schlecht aufgeführt. Die Orgel, welche die Instrumentalbegleitung und Ritornelle spielte, überschrie die Violinen, und thät sehr schlechte Wirkung, ungeachtet sie gut gespielt ward.

Als die neue Schwester ihren Schleyer empfangen hatte, kam sie an die Thür des Klosters, um die Glückswünsche ihrer Freundinnen und der übrigen Gesellschaft zu empfangen. Doch gieng sie noch vorher mit einer brennenden Wachskerze im Kloster herum, alle Nonnen zu begrüssen, die gleichfalls Wachskerzen in ihren Händen hatten. Als sie mit niedergeschlagenem Schleyer an der Thür stund, trat ich mit den übrigen Zuschauern näher zu ihr, und fand, daß sie weit schöner war, als ich vorher gedacht hatte. Sie hatte einen lieblichen Mund, und die schönsten Zähne von der Welt, lebhafte funkelnde Augen und freye Gesichtszüge; man würde sie allenthalben für ein sehr schönes Frauenzimmer gehalten haben; allein so wie sie hier erschien, war sie eine Schönheit. Am Altare veränderte sich ihr Gesicht verschiedenemal, zuerst ward sie blaß, und dann roth, sie schien beängstigt, und war in Gefahr entweder in Thränen auszubrechen, oder ohnmächtig zu werden; doch ward ihr besser, ehe die Ceremonie vorbey war, und sie nahm an der Klosterthür gewissermassen eine heitere freudige Miene an, sprach mit verschiedenen von ihren Freundinnen und Bekannten, und schien der Welt heldenmüthig zu entsagen. — So endigte sich dieß Menschenopfer!

Nach Tische gieng ich in die Chiesa nuova, ein Oratorium in dieser Kirche zu hören, wo die heiligen Dramen zuerst entstanden sind. Es sind zwey Emporkirchen darin; auf der einen steht eine Orgel, und auf der andern ein Flügel. Die Kirchenmusik fieng auf der ersten mit den Frühmetten in vier Stimmen alla Palestrina an; darauf folgte ein Salve Regina, à voce sola, und darauf Gebete, nach welchen ein kleiner etwa sechsjähriger Knabe auf die Kanzel stieg, und eine Rede gleich einer Predigt hielt, die er auswendig gelernet hatte, und welche durch die Person, die den Vortrag unternommen hatte, würklich lächerlich ward. Nach dieser Predigt ward das Oratorium Abigail, welches Sgr. Casali gesetzt hatte, aufgeführt. Dieß Drama hatte vier Personen, und bestund aus zwey Theilen. Die beyden ersten Sätze der Anfangssymphonie gefielen mir ungemein, der letzte aber durchaus nicht. Es war, nach itziger Mode, eine Menuet, die in die gemeinste Gique ausartete. Diese Geschwindigkeit, womit die Menuetten aller neuern Symphonien vorgetragen werden, macht sie in einer Oper schon unangenehm; allein in der Kirche sind sie völlig unschicklich. (*) Das übrige von dieser Musik war

---

(*) Ueberhaupt giebt es viele so galante Symphonien, in welche eine Menuet hineinpaßte? Sticht sie nicht meistentheils gegen die übrigen Sätze zu sehr ab, als daß sie ein gutes Ganzes ausmachen könnte? Wenn dieß wahr ist, so muß man mit den neuern deutschen Komponisten noch unzufriedner seyn, die
sie

war ganz artig, ob man es gleich schon sonst gehört hatte; denn ob es gleich weder neuer Melodien noch neuer Modulationen sich rühmen konnte, so war doch nichts gemeines darin.

Sgr. Cristofero sang die Hauptstimme sehr schön in Guarducci's sanfter, feiner Manier. Er machte ein Paar vortrefliche Cadenzen, die aber fast zu lang waren; dieser Fehler aber ist durch ganz Rom und Neapel gewöhnlich, wo eine so weit getriebene Ueppigkeit in den Cadenzen aller Sänger herrscht, daß sie allemal langweilig und oft eckelhaft sind. Selbst die Cadenzen großer Sänger sollten abgekürzt werden, und die der Sänger von niedrigerm Range bedürfen nicht nur einer Verkürzung, sondern auch einer Verbesserung. Wenige auserlesene Noten, denen man viel Bedeutung und Nachdruck einprägte, sind das einzige, was eine Cadenz erwünscht machen kann, die nehmlich etwas Höheres, als man vorher in der Arie gehört hatte, enthalten soll, widrigenfalls sie lästig wird. Dieser Misbrauch im Cadenzenmachen, ist eben nicht alt; denn in einer Oper des ältern Scarlatti, welche er 1717 gesetzt hat, ist keine einzige Stelle, wo eine Cadenz ad libitum Statt fände.

Zwischen den beyden Theilen dieses Oratoriums hielt ein Jesuit von eben der Kanzel, wo

sie gar in ihre Quartetten und Trios mischen. Ein Misbrauch, worüber Kenner längst geklagt haben: nur Schade, daß der Modekomponist so wenig als der Modeliebhaber auf die Gründe der Kenner achtet.

das Kind aufgetreten war, eine Predigt. Ich blieb, um das letzte Chor zu hören, welches, ungeachtet es vom Papiere abgesungen ward, dennoch so leicht und unbedeutend war, als ein Opernchor, welches auswendig gelernt werden muß. Ein wahres Oratorienchor, nach händelischer Art mit Instrumenten begleitet, habe ich, so lange ich in Italien gewesen bin, nur selten gehört. Als diese Musik vorbey war, gieng ich, meiner Gewohnheit nach, in des Herzogs von Dorset Concert.

Montags, den 12ten.

Ich besuchte die päbstliche oder Sixtinische Kapelle, und da eben kein Gottesdienst gehalten ward, so erhielt ich Erlaubniß, allenthalben hinzugehen, welches ich aus verschiedenen Ursachen gern that. Erstlich, weil dieß der Ort war, wo das berühmte Miserere von Allegri aufgeführt wird; zweytens, weil hier die Kirchenmusik zuerst entstund, und zu ihrem höchsten Grade der Vollkommenheit gebracht ward; und drittens, wegen des wundernswürdigen Altarstücks. Dieß Gemählde vom jüngsten Gerichte ist das größte Werk des Michel Angelo, und vielleicht der Kunst überhaupt. Nichts kann schrecklicher und erstaunender seyn, als die Gedanken und Figuren, welche seine schwarze Einbildungskraft hervorgebracht hat: weder das Inferno des Dante, noch die Miltons Hölle kann etwas schrecli‐
chers

chers hervorbringen. Allein dieß erstaunliche Werk ist sehr verbleicht, und von der Decke, welches eben dieser Mahler verfertiget hat, ist an manchen Orten der Kalk ein Paar Fuß breit abgefallen. Die Wände hat von Pietro Perugino gemahlt, und dieß sind die besten Gemählde, welche ich von diesem berühmten Meister des göttlichen Raphael gesehen habe.

Ich gieng in das Orchester mit ehrfurchtsvoller Begierde, den Ort zu sehen, der den Werken des Palestrina heilig ist. Es scheint kaum groß genug für dreyßig Personen, welches die ordentliche Zahl der Sänger in der päbstlichen Kapelle ist, und doch werden bey hohen Festen noch Ueberzählige hinzugethan. Itzt war in dem Orchester nichts, als ein großer hölzerner Tisch für die Partitur des Kapellmeisters, und hinten und zur Seiten Marmorbänke. Es liegt rechter Hand, wenn man auf den Altar zugehet, dem päbstlichen Thron gegen über, welcher auf der andern Seite nahe am Altare liegt. An beyden Seiten der Kapelle sind abgesonderte Sitze für die Cardinäle, und Plätze zum Stehen für die fremden Abgesandten, noch innerhalb des Gitterwerks, das dem Altare gegen über ist. Andere Fremde werden niemals hineingelassen, ausser den Spielern, welche während des Gottesdienstes in das Orchester kommen dürfen. Die Balluftrade, welche vergoldet ist, scheint ein Drittheil der ganzen Kapelle einzunehmen, welche aber auch, so hoch und prächtig sie ist, sehr

bestäubt und lange nicht reparirt ist. Der Fuß-
boden ist von schöner mosaischer Arbeit in Marmor.

Von hier gieng ich in die paulinische Kapelle,
welche nur einmal des Jahrs gebraucht wird, da
sie mit vielen tausend Lampen erleuchtet ist.

Des Nachmittags hatte ich das Vergnügen,
meinen lieben Freund Santarelli zu sehen, der
nicht nur sehr geschäftig gewesen war, musikalische Merkwürdigkeiten für mich in meiner Abwesenheit von Rom, aufzusuchen, sondern auch
verschiedene Leute gebraucht hatte, sie abzuschreiben. Der Abt Elie hatte in der vatikanischen
Bibliothek eben das gethan, und der Cavalier
Piranesi, einige Engländer, die meine Freunde
waren, und verschiedene geschickte Antiquarien und
Künstler hatten fleißig auf dem basſi rilievi, und
den besten antiken Bildhauereyen alte musikalische
Instrumente aufgesucht, und für mich abzeichnen
lassen, damit sie bey meiner Rückreise zu Rom
fertig wären. Sgr. Santarelli hatte die Gütigkeit, mich nach des Cavaliers Battoni Hause zu
begleiten, wo seine Schülerinn Signorina Battoni mit aller Simplicität und wahrem Ausdrucke
der Leidenschaften einige Arien von Hasse, Galuppi, Tractta und Piccini sang.

Von hier gieng ich in ein großes Concert, welches in dem Hause des Rußischen Generals Schu=
walov war, und beynahe hätte ich hier geglaubt,
ich

ich wäre in London; denn drey oder vier Personen ausgenommen, bestund die ganze Gesellschaft,
welches etwa dreyßig Edelleute, Herren und Damen waren, aus Engländern. Die kleine Miniatrice Bicchelli sang daselbst, und noch eine andere
Sängerinn; die erste sang sehr gut, und die andere wird es mit der Zeit auch. Bey den Instrumenten war nichts merkwürdiges.

Donnerstags, den 13ten.

Ich hatte nur wenig Zeit übrig, in die kleine
schöne Kirche S. Andrea della noviciata zu
gehen, welche Bernini gebauet hat, und woselbst
Musik war, die Orisicchio gesetzt hatte, und Ni-
colai dirigirte; allein ungeachtet ich nur einige
Minuten blieb, hörte ich doch eine Symphonie
oder Overtur und ein Chor a due cori, welche
vortreflich waren. (*)

Freytags, den 16ten.

Als ich heute früh Sgr. Santarelli besuchte,
so fand ich einige von seinen Mitsängern in der
päbstlichen Kapelle, unter andern war Sgr. Pas-
quale Pisari da, der das Original einer Partitur
von einer Messe mit sechszehn obligaten Stimmen bey sich hatte, welche voller Kanons, Fugen
und

(*) Sgr. Orisicchio hat unter den römischen Kirchen-
komponisten soviel Ansehn, daß man bey jedem Feste,
wo er die Musik dirigirt, und eine Messe gesetzt hat,
gewiß eine Menge Zuschauer erwarten darf.

und Nachahmungen war. Nie habe ich eine gelehrtere, sinnreichere Komposition dieser Art gesehen. Palestrina schrieb nur für acht obligate Singstimmen, und wenige haben nur so vielstimmig mit Glück geschrieben; allein diese Zahl verdoppeln, das heißt, die Schwierigkeiten unendlich mehr als verdoppeln. So wie man über drey Stimmen hinaus ist, wird es immer schwerer eine neue hinzuzuthun; alles was man bey dieser Gelegenheit thun kann, besteht darin, daß man sich an eine simple Melodie und Modulation hält, und die Stimmen so viel möglich in der gegenseitigen, oder wenigstens in der ungleichen Bewegung zu erhalten sucht. In Sgr. Pisari's Komposition war alle Art von Erfindung glücklich angebracht. Bald antworten oder nachahmen sich die Stimmen je zwey und zwey; bald sind die Subjekte in einigen Stimmen umgekehrt worden, unterdeß daß die ordentliche Melodie in den übrigen fortgeht. Vor ein Paar Jahrhunderten wären dem Verfasser einer solchen Komposition Ehrensäulen errichtet worden; allein itzt würde es eben so schwer seyn, sechszehn Leute zu finden, die Geduld genug hätten, sie anzuhören, als so viele gute Sänger an einen Orte, die sie aufführen könnten. Ausser den Singstimmen hat diese Messe noch die Begleitung einer Orgel, welche oft ein ordentliches Subjekt, das von dem übrigen verschieden ist, ausführt. Der Grund des ganzen Werks ist canto fermo, welcher in einigen Sätzen ein Subjekt zur Nachahmung wird, und durch alle Stimmen

men fortgeht. Ueberhaupt muß man gestehen, daß die Komposition dieses Werks, welches aus vielen verschiedenen Sätzen bestehet, und ziemlich lang ist, allein schon die ganze Lebenszeit eines Menschen habe erfodern können, und daß der Verfasser mit Recht Lob und Bewunderung verdiene, sollten auch einige glauben, daß mehr Geduld, als Genie dazu gehöre.

Während dieses Besuchs, welches der letzte war, den ich bey Sgr. Santarelli abstattete, waren er und seine Collegen aus der päbstlichen Kapelle so gütig, verschiedene schöne Kompositionen von Palestrina, Benevoli und Allegri zu singen, um mir von der delikaten ausdrucksvollen Art, womit sie in der Kapelle Sr. päbstlichen Heiligkeit gesungen werden, einen rechten Begriff zu machen.

Des Nachmittags gieng ich in Sgr. Crispi's Accademia; ich kam zu spät, unterdeß daß einige neue Quartetten von seiner Arbeit gespielt worden; allein er war so gefällig, und bat die Musiker, noch einmal von vorne anzufangen, und so alle sechs durchzuspielen. Mir deucht, daß diese Stücke sehr viel Gutes haben, und seinen übrigen Werken weit vorzuziehen sind.

Sonntags, den 18ten.

Heute früh gieng ich mit Herrn Wysemann in die Kirche des heil. Johannes im Lateran, wel-

welches die älteste Kirche der Christenheit ist. (*)
Ich hörte hier die hohe Messe in der Colonnas
Kapelle, welche von zwey Chören gesungen, und
von Sgr. Colista, dem berühmten Organisten
dieser Kirche auf einer kleinen beweglichen Orgel
gespielt ward. Die Komposition war von Sgr.
Casali, Maestro di Capella, welcher auch ge=
genwärtig war und den Takt schlug. Nach gee=
digter Messe ward ich sowohl ihm als Sgr. Coli=
sta vorgestellt. Als ich leztern bat, mich die
große Orgel hören zu lassen, so bewilligte er mir
diese Bitte mit der Bedingung, daß Monsignor
il Prefetto der Kirche um Erlaubniß gebeten
würde; welche Ceremonie deswegen nöthig ist,
weil das Werk einmal durch die Bosheit oder Un=
wissenheit eines Fremden, der darauf spielte,
Schaden gelitten hatte. Sgr. Casali gieng so=
gleich zu ihm, und erhielt die Erlaubniß.

Sgr. Colista führte mich auf die große Or=
gel, machte mir das Gehäuse auf, und zeigte mir
den ganzen innern Bau dieses berühmten Werks.

Es

(*) Herr Wysemann ist ein würdiger englischer Musik=
lehrer, welcher bey allen Engländern zu Rom sehr
bekannt und beliebt ist. Er hat so lange daselbst
gewohnt, daß er beynahe seine Muttersprache ver=
gessen hat. Izt wohnt er in dem Palazzo Rafaele,
ausserhalb der Stadt, wo er während des Winters,
bis die Opern angehen, wöchentlich ein Concert
giebt. Hier wohnte der große Raphael, von welchem
daselbst noch einige Frescomalereyen übrig sind; der
verstorbene Herzog von York, der Erbprinz von
Braunschweig und verschiedene andere Fürstl. Perso=
nen haben hier den Großen in Rom Concerte gegeben.

Es ist eine zwey und dreyßigfüßige Orgel, und die größte in Rom. Sie ward 1549 gebauet, und ist seitdem zweymal ausgebessert worden; einmal 1600 von Luca Blasi Perugino; und zum zweytenmale vor einigen Jahren unter der Aufsicht des itzigen Organisten. Sie hat sechs und dreyßig Register, zwey Manuale, große Octave, und geht unten bis Contra: f, und oben bis dreygestrichen e. Sie hat auch ein Pedal, worauf Sgr. Colista sehr geschickt ist. Seine Art, dieß Instrument zu behandeln, scheint der wahre Orgelstyl, wiewohl sein Geschmack etwas altmodig ist. Ich muß gestehen, daß der Orgelstyl sich in Italien besser erhalten hat, als bey uns; weil der Flügel zu wenig gespielt und geachtet wird, als daß die Art, ihn zu spielen, sich der Orgel bemeistern könnte. Sgr. Colista spielte verschiedene Fugen, worin das Pedal oftmals das Thema recht meisterhaft mitspielte. Doch es scheint fast, als wenn jede musikalische Tugend an eine Ausschweifung gränzte; denn diese Spielart schließt alle Grazie, Geschmack und Melodie aus (*);

da-

(*) Man verstehe hier den Verfasser nicht unrecht. Seine Absicht kann nicht seyn, zu behaupten, daß die Orgel nach ihrer wahren gebundenen vollstimmigen Spielart, keine Grazie, Geschmack und Melodie zulasse; sonst würde er dieß Instrument nicht göttlich nennen, noch ihm Reichthum der Harmonie und Erfindung zu schreiben. War etwa Sgr. Colista einer von den finstern grillenhaften Orgelspielern, die mit ihren harmonischen Künsteleyen und schweren Vollstimmigkeit die Melodie so verdunkeln, daß sie alles Gefällige verliehrt? Alsdenn war es die Schuld des

dagegen die leichte, durchsichtige Manier des Flügels alles Sostenuto und allen Reichthum der Harmonie und Erfindung zerstört, deren dieß göttliche Instrument so vorzüglich fähig ist.

Es des Spielers, nicht der Spielart, welche die Orgel erfordert. Ich habe mehr als einmal Orgelfugen, Fantasien und Präludien gehört, die erhabene Affekte ausdrückten, und das Herz stark rührten; auch hat die Orgel sanftere zärtliche Regungen in mir hervorgebracht, wenn gehörig dazu registriret und gespielt ward; und doch brauchte der Organist sich nicht zu dem leichten Geschmacke einer italiänischen Claviersonate herabzulassen, oder eine Opernarie zu spielen. Es giebt ja mehr als einen Weg zum Herzen. Bach, Krebs, Sack und andere mehr können dieß beweisen, und haben mich von diesen Grundsätzen durch die That überzeugt. Der Beweis a priori für dieselben ist eben so leicht. Wenn die Orgel eine Folge von Tönen zuläßt, so muß sie auch Melodie zulassen, und ihre Vollstimmigkeit muß der Melodie nicht nothwendig schaden; sonst wäre alle vollstimmige Komposition verwerflich. Eben so wenig thut es die gebundene Schreibart; denn welche große Wirkung bringen nicht 3. E. Händels Oratorien hervor, und wer macht so viel Gebrauch von dieser Schreibart, als Händel? Die Orgel kann sich zu seinen Werken in Ansehung der Wirkung verhalten, wie jede Instrumental: zur Vocalmusik; sie kann mehr als Bewundrung der Kunst und neuer Einfälle erregen: sie kann rühren. Nur muß der Organist auch ein Mann von Genie und Gefühl seyn. Wenn sie es nicht immer thut, so geht es ihr, wie den übrigen Instrumen, deren Spieler heut zu Tage, so wie die meisten Instrumentalkomponisten nur glänzen, nicht aber fürs Herz arbeiten wollen. — Findet aber eine rührende affektvolle Spielart, so findet auch Grazie und Geschmack auf der Orgel Statt; nur nicht Geschmack und Grazie des Kleinen und Niedlichen, sondern des Erhabenen, Großen und Edeln. J. D. H.

Es ist sehr sonderbar, daß die Schwellung bis itzt in Italien ganz unbekannt geblieben ist, da man sie doch seit mehr als funfzig Jahren bey den englischen Orgeln angebracht hat, und da sie den Ausdruck so sehr befördert, und so angenehme Wirkung thut, daß man sie mit Recht für die beste Verbesserung halten mag, welche jemals an einem Clavierinstrumente ist gemacht worden. (*)

Die

(*) „Es ist einerley mit dem Anschlage (Beat) im „Einklange, in der Octave oder einem andern conso„nirenden Tone mit einer Note auf der Violine, „welcher die Stelle der alten Bebung (close-shake) „so glücklich ersetzt. Diese schöne Manier ist, wo „nicht ganz unbekannt, doch wird sie wenigstens von „allen Violinspielern, die ich auf dem festen Lande „gehört habe, ganz vernachläßigt: dahingegen die „Giardinische Schule in England sie häufig und „glücklich ausübt.„

In Deutschland ist diese Manier gar nicht unbekannt, wiewohl ich keinen eigenen Namen dafür kenne. Was der Verfasser unter dem alten close-shake, dessen Stelle sie glücklich ersetzen soll, eigentlich verstehe, habe ich nicht ausfindig machen können. Noch weniger haben mir englische und deutsche Musiker erklären können, wie die Schwellung in der Orgel damit verglichen werden könne. The Swell, die Schwellung, so wie sie in den englischen Orgeln, und in der neuen Orgel zu St. Michaelis in Hamburg angebracht worden, ist eine Erfindung, den Ton durch Bedeckung und Aufdeckung der Pfeifen schwächer und stärker zu machen. Diese Erfindung hilft einem wesentlichen Mangel der Orgel ab, die sonst keinen allmähligen Uebergang aus dem piano ins forte, und umgekehrt, hervorbringen konnte. Sie ist von dem Tremulante ganz unterschieden. Vielleicht versteht aber der Verfasser eben diesen unter der Schwellung, wovon er redet. J. D. U.

Die Tastatur der Orgel, welche unsre Orgelbauer so sehr verbessert haben, bleibt noch immer so schwer und lärmend, als sie vor Zeiten war; und ich muß bey dieser Gelegenheit bemerken, daß die meisten Orgeln, welche ich auf dem festen Lande angetroffen habe, unsre von Pater Smith, Byfield oder Snetzler gebauten Orgeln in keinem Stücke, als in der Größe übertreffen. Wie die Kirchen oftmals unermeßlich groß sind, so sind es auch die Orgeln; zwar wird der Ton durch den Raum und die Entfernung etwas gemildert und verfeinert; allein wenn man ihn in der Nähe hört, so klingt er rauh und lärmend. Ungeachtet die Anzahl der Register in diesen weitläuftigen Werken sehr groß ist, so sind sie doch weniger Verändrung fähig, indem es meistentheils Verdoppelungen unter einander im Einklange oder in der Octave sind, Z. E. die acht und vierfüßigen Duodena, Quintadena und Hohlflöten. Daher sind in unsern Orgeln nicht nur der Anschlag und Ton leichter und angenehmer, sondern auch die Register zu Nachahmungen übertreffen die in den auswärtigen Orgeln, welche ich gesehen habe, bey weiten.

Gleich nach dem Mittagsessen gieng ich in die Peters Kirche, wo eine große Funzione wegen ihres Einweihungs-Festes war. Kardinal York, von verschiedenen Bischöfen begleitet, verrichtete den Gottesdienst in der Vesper. Mazzanti und Cristofero sangen, ausser einigen Ueberzähligen

und

und dem ganzen Chore. Der fette Giovanni, welcher sowohl seines Violonschellspielens wegen berühmt ist, als auch weil er einer von den Kapellmeistern der Peterskirche ist, schlug den Takt. Die beyden obgemeldeten Sänger hatten die Soloparthien, welche sie ungemein schön sangen; die Chöre wurden von zwey Chören und zwey Orgeln vortreflich aufgeführt. Ein Theil der Musik war von Paléstrina, der andere von Benevoli; das übrige war neu, aber in einem ernsten, majestätischen Style geschrieben. Nie habe ich, ausgenommen in der päbstlichen Kapelle, eine Kirchenmusik besser aufführen hören. Es waren keine Instrumente dabey, als zwey Orgeln, vier Violonschelle, und zwey Violons. Die beyden Chöre sangen einige Fugen und einige dialogirte Nachahmungen, welche vortrefliche Wirkung thaten. Die Musik ward in der großen Canonical- oder Winterkapelle aufgeführt, in welcher die größte Orgel der Peterskirche steht. (*)

Cardinal York las des Morgens gleichfalls vor einer großen Versammlung die Messe.

Diesen Abend gieng ich, das Oratorium Jonathan zu hören, in die Chiesa nuova; allein da es weder gut gesetzt, noch gut gesungen war,
so

(*) Es sind keine andere Orgeln noch Chöre in der Peterskirche, als die in den Seitenkapellen; so daß der Raum zwischen dem westlichen Chore und dem großen Altare ein ganz freyer und offener Platz ist.

so gieng ich aus dieser Musik weg, um eine andere in der Kirche S. Girolamo della Carità zu hören, welche bloß aus drey Personen bestund. Dieß Oratorium hieß: das Urtheil des Salomo. Der Tenorist darin war vortreflich, er hatte vielen Geschmack und eine ausserordentliche Leichtigkeit in geschwinden Sätzen. Ein Castrat, welcher die Rolle der einen Mutter sang, hatte einen angenehmen Ton der Stimme und eine gefällige Manier. Die Geschichte scheint einer musikalischen Bearbeitung ungemein fähig zu seyn: der Ernst des Richters; die Gleichgültigkeit der falschen Mutter; die Zärtlichkeit der wahren sind jeder besondern musikalischen Farben und Ausdrucks fähig. Die Musik, welche ganz gut war, hatte einen jungen Komponisten zum Verfasser, der sich selbst dazu erboten hatte, um Gelegenheit zu haben, seine Talente zu zeigen. Er hieß Giuseppe Maria Magherini.

Dienstags, den 20sten.

Heute früh gieng ich in die berühmte rodinische Gallerie in dem verospischen Pallaste. Alle Beschreibungen von Rom sind voll vom Lobe dieser musikalischen Gallerie, oder wie man sie zu nennen pflegt, Gallerie der Instrumente; allein nichts beweist die Nothwendigkeit selbst zu sehen mehr, als diese Nachrichten. Die hiesigen Instrumente können seit vielen Jahren nicht mehr seyn gebraucht worden; allein wenn etwas einmal

als

als eine Merkwürdigkeit in eine Reisebeschreibung gerathen ist, so wird es von den Nachschreibern ohne weitere Untersuchung, beständig fort dafür ausgegeben.

Es befindet sich ein dem Ansehen nach sehr schöner Flügel daselbst, auf welchem aber kein Ton anspricht: er war vordem mit der Orgel mit zwey Spinetten und einem Virginal, die in demselben Zimmer stehen, verbunden; unten an dem Flügel ist ein Bratschen- und Violonschellung, den man mit dem Fuße anzieht, und vermittelst des ordentlichen Claviers spielt. Die Orgel ist vorn im Zimmer, nicht aber zur Seiten, wo Pfeiffen und Maschinen eingeschlossen zu seyn scheinen; allein weil der alte Cicerone eben gestorben war, so konnte es uns niemand aufschliessen oder erklären.

Mittwochs, den 21sten.

Heute früh gieng ich in das Kirchersche Museum, welches um die Mitte des vorigen Jahrhunderts von dem berühmten Pater Kircher, dem Verfasser der Musurgie und verschiedener andern sonderbaren und gelehrten Werke, ist gestiftet worden. Herr Morrison, der mir die Erlaubniß verschafft hatte, es zu sehen, war so gütig, mich dahin zu begleiten. Das Museum zeigte uns ein junger Jesuit aus Irland, Pater Plunket, der, wie mir deucht, auch ein junger Antiquar ist; allein Herr Morrison, der ohne

(*) S. Volkmann B. 2. S. 453.

Zweifel einer der besten, scharfsinnigsten Antiquaren zu Rom ist, half ihn bey manchen Dingen zurecht. Alte Gemählde, Urnen, Vasen, Juwelen, Gemmen, Cameen und andere Alterthümer giebt es hier in solcher Menge, daß ich zu Portici zu seyn glaubte; allein die Merkwürdigkeiten, welche ich hier vornehmlich sehen wollte, waren Pater Kirchers musikalische Instrumente und Maschinen, welche er in seiner *Musurgia* beschrieben hat. Sie sind itzt alle in Unordnung; allein ihre Einrichtung ist würklich merkwürdig, und ein Beweis, sowohl von der Erfindungskraft als dem Eifer dieses gelehrten Jesuiten bey seinen musikalischen Untersuchungen und Erfindungen.

Da ich itzt Rom zum zweytenmale besuchte, nahm ich auch die Schauplätze, deren sieben oder acht sind, in Augenschein; die vornehmsten sind: Argentina, Aliberti, Pordinone und Capranica: die ersten beyden sind sehr weitläuftig, und bloß ernsthaften Opern gewidmet. Das pordinonische Theater wird zu Lust- und Trauerspielen gebraucht; und das Capranica=Theater zu komischen Opern.

Die öffentlichen Schauspiele sind in Rom bloß in der Carnevalszeit erlaubt, welche vom siebenden Januar bis Aschermittwochen währet; auch darf nie ein Frauenzimmer die Bühne betreten, und die weiblichen Charaktere werden von Castraten, und zwar oftmals wegen der Schönheit ihrer

Stimme und Figur so gut vorgestellt, daß manche, die von diesem Verbote nichts wissen, dadurch hintergangen werden.

Rom ist der gefährlichste Posten für einen Komponisten, weil die Römer die eigensinnigsten Richter der Musik in Italien sind. Die Kabale und der Partheygeist sind hier auch weit stärker, als anderswo. Man glaubt gewöhnlich, daß ein Komponist oder Spieler, der in Rom glücklich ist, von der Strenge der Kritiker in andern Städten nichts zu fürchten habe. Im Anfange einer Oper währt das Geschrey und das Beyfallrufen oft eine lange Zeit, ehe man eine Note hören kann. Ein Lieblingskomponist wird mit jauchzendem Bravo! Signor Maestro, viva Signor Maestro! empfangen. Wenn die Zuschauer einen Komponisten verwerfen, so geschieht es ausdrüklich mit Ausnahme des Sängers, indem sie, wenn sie ausgezischt haben, rufen: Bravo pure il Guarducci; und im Gegentheil, wenn der Sänger bey der Ausführung einer Arie von einem guten Komponisten mißfällt, so ruft man, nachdem der Sänger ausgezischt worden: Viva! pure il Signor Maestro.

Ich verließ sehr ungern diese ehrwürdige Stadt, welche Fremden eben sowohl wegen des ungezwungenen gesellschaftlichen Umganges mit den Einwohnern und unter sich selbst, als wegen der unzähligen Merkwürdigkeiten, die darin zu sehen sind, ungemein angenehm ist.

Dieß ist die Nachricht von dem Zustande der Musik in den vornehmsten Städten Italiens. Es sind ausserdem noch manche Oerter, welche ich entweder nicht besuchen konnte, oder wo ich mich zu kurze Zeit aufhielt, als daß ich viel Nachrichten hätte sammlen können. Doch scheint folgendes noch merkwürdig zu seyn. In Loretto ist eine ansehnliche Musikschule; zu Siena sind merkwürdige Missalen; zu Pisa ist die Musik in einem blühenden Zustande; wie mir Herr Lidarti, der daselbst wohnt, erzählt hat; Sgr. Gualberto Brunetti ist Kapellmeister an der Domkirche, und Gherardeschi, Kenzini, Lidarti und Corrucci sind bekannte Komponisten in dieser Stadt.

In Perugia hat Sgr. Zanetti sich lange Zeit aufgehalten; allein er verlohr neulich seine Stelle als Kapellmeister der dasigen Hauptkirche, weil er auf dem Albertischen Theater als Sänger in einer Oper aufgetreten war, die er selbst gesetzt hatte, und zwar bloß, um die Stelle des ersten Tenoristen, der weggelaufen war, zu ersetzen, und zu hindern, daß das Stück nicht unaufgeführt bliebe. Er hat seitdem ein schönes Frauenzimmer geheyrathet, und wird vermuthlich dadurch für den Verlust seiner Stelle schadlos gehalten.

Zu Parma ist Sgr. Poncini Komponist bey der Hauptkirche, und Sgr. Colla bey dem Fürsten; Sgr. Ferrara, ein Bruder des berühmten Violonspielers und selbst ein ungemein geschickter Vio-

Ionschellist; imgleichen der berühmte Sänger Bastardella und Sgra. Roger, eine starke Flügelspielerinn, ehmalige Hofmeisterinn der Prinzeßinn von Asturien, werden alle von dem Hofe besoldet. Das Theater zu Parma ist das größte in Europa; es kann viertausend Menschen fassen, und unter der Bühne ist hinlänglich Wasser, einen großen Fluß oder eine Seeschlacht vorzustellen; doch ist seit dem Tode des vorigen Herzogs nicht darin gespielt worden. (*)

Als ich nach Genua kam, fand ich daselbst keine andere Musik, als ein Intermezzo, worin Piotti, ein junger Sänger, der eben von England zurückgekommen war, die erste Rolle hatte.

Vielleicht mögte man wegen der Menge musikalischer Institute und der aufgeführten Musiken, die Italiäner beschuldigen, daß sie die Musik, bis zur Ausschweifung liebten; allein wer sich nur kurze Zeit in einer von ihren Hauptstädten aufhält, wird bald merken, daß andere Künste und Wissenschaften nicht vernachläßiget werden: und wenn man auch selbst das Land durchreiset, so sieht man, (einen Theil des Kirchenstaats ausgenommen) daß die natürliche Fruchtbarkeit des Bodens nicht die einzige Ursache des Ueberflusses an Lebensmitteln ist; denn ich mögte behaupten, daß durch die ganze Lombardey und Toscana der Ackerbau so geschickt und lebhaft getrieben wird, daß ich nie, so viel ich mich erinnern kann, Ländereyen besser angebauet

(*) S. Volkmann B. 1. S. 322.

oder weniger habe braach liegen sehen. Die Armen werden freylich unterdrückt, und durch die harte Regierung entnervet; aber waren sie es weniger unter ihren gothischen Tyrannen, da Künste und Wissenschaften bey ihnen nicht nur vernachläßigt, sondern so gar ausgerottet wurden? Vielleicht mag die Kultur der Künste des Friedens eben so viel zu der Glückseligkeit der itzigen Einwohner Italiens, so wie der übrigen Welt, beytragen, als die Eroberung ganzer Königreiche ihre kriegerischen Vorfahren beglückte, welche alle ihre Zeit und Talente, so bald sie nicht beschäft waren, einsander die Hälse zu brechen, bloß dazu anwendeten, das menschliche Geschlecht auszuplündern und zu Sclaven zu machen.

Allein gegenwärtig wird die Musik in ganz Europa für ein Bedürfnis gehalten; und wenn man solche einmal haben muß, warum soll sie denn nicht auch vortreflich seyn? Man kann die vorzügliche Schönheit der italiänischen Musik wohl nicht füglich auf Rechnung der großen Anzahl künstlich gemachter Stimmen setzen, woran Italien, gar nicht zu seiner Ehre, einen solchen Ueberfluß hat; denn die Vokalmusik erscheint itzt in ihrem höchsten Punkte der Vollkommenheit, in den venetianischen Conservatorien, woselbst man nur natürliche, weibliche Stimmen zu hören bekommt. Das größte Verbrechen, dessen die Italiäner schuldig zu seyn scheinen, bestehet also darin, daß sie sich unterstanden haben, zu ihrer

sanft

fanftern Sprache eine Art von Musik zu erfinden, die delikater und verfeinerter ist, als der Ueberrest von Europa von der seinigen rühmen kann.

Es ist Zeit, meine Nachricht von dem gegenwärtigen Zustande der Musik in Italien zu schließen, wobey ich meine Besorgniß nicht verbergen kann, daß meine Leser solche für ein wenig weitschweifig halten werden, weil ich, nachdem ich mein Tagebuch wieder durchgesehen, zu meinem Misvergnügen bemerke, daß das Gewebe meiner Erzählung immer lockrer wird, je weiter ich in dieses Land hinein gekommen bin; denn in dem Verhältnisse, als ich mehr zu sehen und zu hören hatte, fehlte mir die Zeit zum Ueberlegen und Schreiben. Ich zweifle würklich, ob eine bloße Geschichtserzählung von musikalischen Ausführungen dem Leser ein sonderliches Vergnügen machen werde; denn diese sind sich einander so ähnlich, daß eine Beschreibung der einen, in vielen Umständen wenigstens, eine Beschreibung der andern ist; so daß eine umständliche Erzählung von Dingen, die vielleicht an sich selbst nicht einmal sehr anziehend sind, selbst Trotz der Abwechslung, langweilig seyn mag. Alles, was ich zu meiner Entschuldigung anzuführen habe, ist, daß meine Erzählungen getreu sind, und daß, wenn die Oerter, durch welche ich gereiset bin, mehr Unterhaltendes geliefert hätten, ich solches dem Publikum mitgetheilet haben würde.

Nach einer sehr beschwerlichen und gefährlichen Reise über die fürchterlichen Alpen, und durch Provence und Languedoc, während welcher ein unaufhörlicher Regen die Wege aufs äusserste verdarb, langte ich den 3. December, auf meiner Rückkehr zu Lyon an. Ich besuchte hier das Theater, und meine Ohren litten itzt mehr als jemals vom Anhören französischer Musik, nachdem ich an die vortreflichen italiänischen Arbeiten gewöhnt worden war. Nach der Eugenie, einem ganz artigen Drama, führte man eine Operette von der Komposition des Herrn Gretry auf: Silvain. In der Musik waren manche hübsche Stellen, sie ward aber so elend gesungen, mit einem so falschen Ausdrucke, mit einem so erzwängten Geschrey, mit einem solchen Getrillere, daß mir fast übel dabey ward.

Ich bemühte mich auf dem Wege, zu entdecken, durch was für Mittelstuffen die Franzosen zu diesem äussersten Verderben in ihrem musikalischen Ausdrucke gelangen; und ich finde, daß man solche nicht auf einmal antrift, wenn man von den Alpen kommt. In Provence und Languedoc sind die Liedermelodien der Landleute mehrentheils recht hübsch; ich beredete einige, an dem Orte, wo ich still hielt, mir etliche vorzusingen, welches sie mit einer natürlichen und ungekünstelten Art thaten. Ihre Gesangsweisen sind nicht so wild, als die Schottischen, wie sie denn auch nicht so alt sind; dennoch glaube ich fast, daß die Melodien

dien in Provence und Languedoc älter sind, als irgendwo andere, die noch vorhanden, und auf das System des Guido geschrieben sind.

Von Lyon reisete ich Nacht und Tag durch nach Paris, woselbst ich den 8. December eintraf. Allein, ich will meine Leser nicht länger mit Anmerkungen über die französische Musik aufhalten, deren Ausdruck von keinem andern Volke in Europa, als den Franzosen selbst, wie bekannt, leidlich gefunden wird. Gleichwohl ist es bey diesem scheinbar harten Urtheile billig, daß man einräume, daß die Franzosen die mechanischen Regeln des Contrapunkts ebenso lange gekannt haben, als irgend eine andere Nation in Europa; und daß sie gegenwärtig, durch Hülfe des Systems, und der Anweisung zum Generalbasse vom Herrn Rameau, recht gute Beurtheiler der Harmonie sind. So muß man auch einräumen, daß sie lange Zeit im Besitze der ungekünstelten und angenehmen provenzalischen und languedockischen Melodien gewesen sind, zu welchen sie noch täglich die artigsten Verse machen, um in Gesellschaften gesungen zu werden; in welchem geselligen Gesange sie den Vorzug vor allen andern Völkern auf dem Erdboden haben; und daß sie auch itzt das Verdienst haben, in ihren komischen Opern die Musik der italiänischen Burlette mit vielem Glücke nachzuahmen; wie auch, daß sie in der poetischen Komposition dieser musikalischen Lustspiele, nicht allein die Italiäner, sondern vielleicht alle übrigen Nationen, weit hinter sich zurücke lassen.

Wäh-

Während meines letzten Aufenthalts zu Paris, hatte ich die Ehre, mich mit verschiedenen Gelehrten von der ersten Klasse zu besprechen, deren offnes und höfliches Betragen gegen mich meinen aufrichtigen und öffentlichen Dank verdient; und ich kann dem Reize nicht widerstehen, zwey unter ihnen ganz vorzüglich zu nennen, nehmlich die Herren Didcrot und Rousseau. Mit dem Herrn Didcrot hatte ich das Glück öfters zu sprechen, und es freuet mich, zu finden, daß unter allen Wissenschaften, welche sein großes Genie und seine weitläuftige Gelehrsamkeit umfasset, keine ist, um die er sich angelegentlichere Mühe giebt, als um die Musik. Mademoiselle Didcrot, seine Tochter, ist eine der besten Flügelspielerinnen in Paris, und für ein Frauenzimmer besitzt sie ungewöhnlich viele Kenntniß von der Modulation; indessen, ob ich gleich das Vergnügen gehabt habe, sie verschiedene Stunden zu hören, so hat sie doch platterdings nichts von französischer Komposition gespielt, sondern alles war italiänische und deutsche Arbeit; und hieraus läßt sich leicht auf des Herrn Diderots Geschmack in der Musik schließen. Er nahm so warmen Antheil an meinem Vorsatze, die Geschichte seiner Lieblingskunst betreffend, daß er mich mit vielen von seinen eignen Handschriften beschenkte, welche einen Folianten über diese Materie ausmachen würden. Diese von einem solchen Schriftsteller, halte ich für unschätzbar. „Da, nehmen sie hin, (sagte er) ich weiß nicht, „was sie enthalten; ist etwas darin, das ihnen zu „ihrem

„ihrem Zwecke dienlich seyn kann, so brauchen sie
„es in ihrem Werke, als ob es ihr Eigenthum
„wäre; wo nicht, so werfen sie es ins Feuer.„
So redlicher Weise indessen diese Papiere in meine
Hände gekommen sind: so werde ich mich doch für
verbunden achten, nicht allein Herrn Diderot,
sondern auch dem Publikum Rechenschaft davon ab-
zulegen.

Meine Bekanntschaft mit dem Herrn Rousseau
zu Paris betrachtete ich als eine besonders glückliche Ergänzung meiner persönlichen Verbindung
mit dem gelehrten und witzigen Köpfen des festen
Landes. Ich war so glücklich, eine ziemlich lange Zeit mit ihm über die Musik zu reden; eine
Kunst, die von seiner Feder so viele Verschöne-
rungen erhalten hat, daß auch ihre trockensten
Theile unter seiner Bearbeitung, sowohl in der
Encyclopedie, als in seinem musikalischen
Wörterbuche, etwas Anziehendes erhalten haben.
Er überlas meinen Plan mit vieler Aufmerksamkeit, und sagte mir über jeden Artikel seine Meynung. Hierauf erkundigte er sich nach verschiedenen italiänischen Komponisten von seiner Bekanntschaft, und schien vielen Antheil an dem gegenwärtigen Zustande der Musik in Italien zu
nehmen, wie auch an allem dem, was ich als einen
Vorrath zu meinem künftigen Werke gesammlet
hatte.

Der

Der Leser dieses Tagebuchs wird nunmehr in den Stand gesetzet seyn, sich nicht allein einen Begriff von dem Zustande der Musik in den Ländern zu machen, durch welche ich gereiset bin, sondern auch von den Gelegenheiten, womit ich begünstiget worden, die Bibliotheken und Gelehrte über alles das zu Rathe zu ziehen, was in meiner künftigen Geschichte als das Zweifelhafteste und Merkwürdigste vorkommen kann. Ich habe einiger von den Materialien erwähnt, die ich zusammen gebracht habe, und zu diesen können noch die andern hinzu gerechnet werden, an denen ich schon manches Jahr in England gesammlet, und fast vier hundert Bände rarer Bücher über die Musik, die ich mir auswärts angeschaft habe. Gleichfalls habe ich in jeder großen Stadt, die ich auf dem festen Lande besucht habe, eine Correspondenz verabredet, vermittelst welcher ich hoffen kann, von Zeit zu Zeit mit den neuesten Nachrichten die Musik betreffend versorgt zu werden, wie auch mit solchen Entdeckungen, welche zur Aufklärung der Alten etwas beytragen können; und dabey bin ich überzeugt, daß kein Ort reichhaltiger an Männern von gesunder Gelehrsamkeit, oder Sammlern von seltnen Kompositionen, und guten und zu meinem vorhabenden Werke nöthigen Materialien ist, als mein Vaterland. Ich hoffe ergebenst, daß auch diese mich mit ihrem Rathe und Beytrage beehren werden.

Bey allen diesen Hülfsmitteln wird mich dennoch die Hochachtung gegen das Publikum, gegen die Kunst, von der ich schreibe, und auch gegen mich selbst abhalten, den Druck zu übereilen. Eine Geschichte, wie diejenige ist, die ich vorhabe, muß unvermeidlicher Weise ein Werk der Zeit seyn. Denn ausser der Arbeit, aus den seltensten und besten Büchern und Handschriften Auszüge zu machen, und mit den erfahrensten Künstlern und Theoretikern zu referiren, erfodert das Auswählen, Verbanen und in Ordnung bringen so verschiedner und zerstreuter Materien nicht bloß Muße und Arbeit; sondern eine so geduldige und anhaltende Anstrengung, wozu man sich ohne einen fast enthusiastischen Eifer schwerlich entschließen könnte. Es ist nicht die Geschichte einer Kunst in ihrem Stande der Kindheit, deren Aeltern noch am Leben sind, mit welcher ichs zu unternehmen gewagt habe: sondern einer Kunst von gleichem Alter mit der Welt, deren Alterthum ihre Abstammung eben so zweifelhaft macht, als die Entstehung der Sprache, oder die erste Artikulation der menschlichen Stimme.

Die Liebhaber der Kirchenmusik werden ohne Zweifel einige Lebensumstände derer Komponisten zu erfahren wünschen, deren Arbeiten so lange schon bey dem Gottesdienste der päbstlichen Kapelle den ersten Rang behaupten, wo man die Reinigkeit der Harmonie, die Schönheit des Gesanges, und die Feinheit des Vortrages zur höchsten Vollkommenheit gebracht hat. Um also die Neugierde derselben zu befriedigen, hat man folgende biographische Umstände dieser großen Meister der Harmonie gesammlet, vornehmlich aus dem Adami und Bontempi, sehr verdienten Schriftstellern, deren Werke nur in wenig Händen sind.

Giovanni Pierluigi da Palestrina war ein Schüler des Gaudimel, der aus der Franche Comté gebürtig war, und im Jahre 1572, bey der parisischen Bluthochzeit, zu Lyon ermordet, und sein Leichnam in die Rhone geworfen wurde. Die eigentliche Zeit der Geburt des Palestrina läßt sich nicht genau bestimmen, weil das Kirchenbuch in dem Brande von Palestrina, seiner Geburtsstadt, von der er auch den Namen führte, mit darauf gieng, als diese Stadt im Jahre 1557 von dem Herzoge von Alva zerstöret wurde: allein da man aus einem Buche des Torrigio, le grotte vaticane, so viel ersieht, daß er den 2. Febr. 1594 im sechs und funfzigsten Jahre seines Alters gestorben sey; so folgt, daß er im Jahre 1529 müsse gebohren seyn.

Seine Glücksumstände waren sehr dürftig; allein der Reichthum seines Genies machte ihn bald zu einem Wunder, nicht nur von Rom, sondern von ganz Europa. Hievon sind die zahlreichen Ausgaben seiner vielen vortreflichen Werke hinlängliche Beweise; denn diese waren mit so großer Einsicht und Genauigkeit

ge=

geschrieben, daß alle folgenden Meister sie als Muster der Vollkommenheit betrachteten.

Es gab schon manche vortrefliche Kontrapunktisten vor der Zeit dieses grossen Mannes, unter andern **Jusquin del Prato**, der auch zuweilen **Jacopo Pratense** heißt, und Erfinder der lebhaftesten Fugen und Versetzungen war, deren sich die Musik zu seiner Zeit rühmen konnte. Allein, obgleich diese vortreflichen Meister die Regeln der Komposition aufs genauste beobachteten, so bewog doch ihre unüberlegte Art, Melodien auf einen Text einzurichten, den Pabst Marcellus den Zweyten, die Musik von dem Gottesdienste gänzlich zu verbannen. Dieser Pabst hatte in allen Künsten einen sehr feinen Geschmack, und ob er gleich die Kirche nur zwey und zwanzig Tage regierte, so fing er doch schon während dieser Zeit mit allem Ernste an, Mißbräuche abzustellen, vornämlich diejenigen, welche in die Kirchenmusik eingeschlichen waren.

Allein zu eben der Zeit, da noch das Schicksal derselben zweifelhaft war, bat **Giovanni Pierluigi de Palestrina**, der damals nur sechs und zwanzig Jahr alt war, Seine Heiligkeit, ehe die Musik auf ewig von dem Gottesdienste ausgeschlossen würde, noch zu erlauben, daß eine Messe, welche er in dem wahren feyerlichen Kirchenstyl gesetzt hatte, in seiner Gegenwart aufgeführt würde. Diese Bitte wurde ihm gewährt, und so führte er am Ostersonntage 1555 die berühmte sechsstimmige Messe auf, welche Papæ Marcelli genannt wird, und so grossen Beyfall erhielt, daß die Musik dadurch wieder in die vormalige Gunst kam, und beym Gottesdienste wieder hergestellt wurde. Diese Messe wurde in der Folge herausgegeben, und dem Nachfolger des Marcellus, Paul dem Vierten, zugeeignet, der den **Palestrina** zum Komponisten der päbstlichen Kapelle machte.

Das Verdienst dieses grossen Meisters, die Kirchenmusik von ihrer gänzlichen Abschaffung gerettet zu haben, war für die ganze Tonkunst von solcher Erheblichkeit, daß sein Name von allen Musikern überhaupt, und vorzüglich von den Mitgliedern des Collegii zu Rom mit der größten Achtung verehrt wird, die sich insgesammt nach jenen bewundernswürdigen Mustern der Setzkunst gebildet haben, mit welchen er die päbstliche Kapelle versah, und wovon noch itzt weit mehrere gesungen werden, als von irgend einem andern Komponisten. Ein Originalbildniß dieses Vaters der Harmonie, als des Wiederherstellers und Wohlthäters der Musik, wird in den Archiven der päbstlichen Kapelle sorgfältig aufbewahrt.

Im Jahre 1562, im drey und dreyßigsten seines Alters, wurde Palestrina Maestro di Capella di St. Maria Maggiore, und 1571 folgte er dem Giovanni Animuccia in eben demselben Amte bey der Peterskirche. Dieser grosse Harmonist starb den 2 Februar 1594 unter der Regierung des Pabstes Klemens VIII, reich an Jahren und Ruhm, zum unaussprechlichen Leidwesen nicht nur der Tonkünstler, sondern auch aller damaligen Liebhaber der Musik. Bey seiner Beerdigung wurde eine öffentliche Musik mit drey Chören aufgeführt, und er wurde nach der Peterskirche, wo er vor dem Altar des heil. Simon und Juda begraben ward, nicht nur von allen Sängern der päbstlichen Kapelle, sondern auch von allen Musikern zu Rom, und von einer unzähligen Menge Volks begleitet. Sein Begräbniß in der Peterskirche war eine ihm vorzüglich verwilligte Ehre, wegen seiner ausserordentlichen Verdienste. Während der Procession wurde das Libera me, Domine, nach seiner eigenen Komposition, durch die Gassen gesungen. Ueber seinem Grabe liest man, auf einer Platte, folgende Inschrift:

JOHANNES PETRUS ALOYSIUS PRAENESTINUS, MUSICAE PRINCEPS.

Der Ehrwürdige Gregorio Allegri, aus Rom gebürtig, kam den 6 Dec. 1629 als ein Altist in die päbstliche Kapelle. Er studirte unter dem berühmten Nanini, in Gesellschaft mit dem Antonio Cifra und Pier Francesco Valentini. Nanini lebte noch zugleich mit dem Palestrina, und war dessen vertrautester Freund. Sie waren Mitschüler unter dem Gaudimel gewesen, der zu Rom eine Musikschule angelegt hatte, aus welcher eine grosse Anzahl vortreflicher Männer gekommen war. Allegri wurde für einen ausserordentlichen Meister der Harmonie gehalten. Viele von seinen Werken werden noch itzt in der päbstlichen Kapelle aufbewahrt und aufgeführt, vornähmlich das berühmte Miserere. Als Sänger hatte er nur geringe Fähigkeiten; indeß wurde er von allen Musikern seiner Zeit so sehr verehrt, daß ihn der Pabst, um ihn seinem Dienste ganz eigen zu machen, zu einem seiner Kapellsänger machte. Mit seinen ausserordentlichen Verdiensten verband er einen vortreflichen moralischen Charakter; denn er stand nicht nur den Armen aufs möglichste bey, die seine Thüre fast beständig besetzt hielten, sondern besuchte auch täglich die Gefängnisse in Rom, um den würdigsten und unglücklichsten Leuten, die er darinn antraf, seine Almosen mitzutheilen. „Dieß hat mich, sagt „der Verfasser, aus welchem diese Umstände genom„men sind, einer von Allegri's Schülern versichert, „ein Mann von der größten Zuverläßigkeit, der itzt „(1711) noch lebt.„ Er setzte viele Kirchenstücke, mit einer solchen herrlichen Simplicität und reinen Harmonie, daß sein Verlust von dem ganzen Collegium der Sänger in päbstlichen Diensten sehr empfunden und mit der größten Aufrichtigkeit beklagt wurde. Er starb den 18 Februar, und wurde in der Chiesa Nuova vor der Kapelle des heil. Filippo Neri, nicht weit von dem Altare der heil. Verkündigung begraben, wo ein Gewölbe für die verstorbenen Sänger der päbstlichen Kapelle befindlich ist, mit folgender Inschrift:

CANTORES PONTIFICII,
NE QUOS VIVOS
CONCORS MELODIA
IUNXIT
MORTUOS CORPORIS
DISCORS RESOLUTIO
DISSOLVERET
HIC UNA CONDI
VOLUERE.
ANNO 1640.

Tommaso Bai, Verfasser des Miserere, welches in der päbstlichen Kapelle am grünen Donnerstage gesungen wird, wurde zu Crevalcore, unweit Bologna, ungefähr in der Mitte des vorigen Jahrhunderts gebohren, und starb zu Rom, 1718. Er verdient sehr viel Lob wegen seiner Aufmerksamkeit auf die Prosodie, oder den richtigen Accent der Worte, die er mit einer solchen Genauigkeit auf Noten setzte, daß das Verhältniß der langen und kurzen Sylben dieses Psalms beym Absingen desselben eben so genau beobachtet wird, als es beym Herlesen nur immer geschehen kann. Die gedachte Komposition wurde in die Stelle einer andern von Alessandro Scarlatti aufgenommen, die sonst an diesem Tage gesungen zu werden pflegte, und ist

deswe-

deswegen merkwürdig, weil sie das einzige neue musikalische Werk ist, welches dieß ganze Jahrhundert hindurch die Ehre gehabt hat, bey dem Gottesdienste der päbstlichen Kapelle eingeführt zu werden.

Von der Art, wie das berühmte Miserere des Allegri aufgeführt wird, ist schon etwas in dem gegenwärtigen Zustande der Musik in Frankreich und Italien gesagt; auch von den Sängern in der päbstlichen Kapelle; und es wird leicht seyn, ihre Fähigkeiten, jeder Komposition bey diesem Gottesdienste Gerechtigkeit wiederfahren zu lassen, aus der Nachricht zu beurtheilen, welche Angellini Bontempi von ihrer Erziehung und Art zu studiren giebt. „Die Schüler der römischen Schule, sagt dieser Schriftsteller, waren verbunden, sich täglich eine Stunde in schweren Intonationen zu üben, um eine Leichtigkeit in der Ausführung zu erlangen; eine andre Stunde wandten sie zur Uebung des Trillers an, eine andre zu geschwinden Passagien, eine andre zur Erlernung der Literatur, und noch eine andre zur Bildung des Geschmacks und des Ausdrucks, alles in Gegenwart des Meisters, der sie anhielt, vor einem Spiegel zu singen, um jede Art von Grimasse oder unschicklicher Bewegung der Muskeln, entweder im runzelziehen der Stirne, oder im blinzen der Augenlieder, oder im verzerren des Mundes, zu vermeiden. Alles dieß war nur die Beschäfftigung des Morgens. Nachmittags wandten sie eine halbe Stunde auf die Theorie des Schalles, eine andre auf den einfachen Contrapunkt, eine Stunde auf die Erlernung der Regeln, welche ihnen der Meister von der Komposition gab, und auch die Ausübung derselben auf dem Papiere; eine andre auf die Literatur, und die übrige Zeit des Tages auf das Clavierspielen, auf die Verfertigung eines Psalms, einer Mottete, eines Liedes, oder irgend einer andern Arbeit, die dem Genie des Schülers gemäß

gemäß war; und die waren dieß gewöhnlichen Uebungen an denen Tagen, wo es den Studierenden nicht erlaubt war, die Schule zu verlassen. Wenn sie hingegen Erlaubniß hatten, auszugehen, so gingen sie oft vor die Porta Angelica unweit des Berges Marius, um gegen das Echo zu singen, und an den Antworten desselben ihre eigne Fehler kennen zu lernen. Zur andern Zeit wurden sie entweder in den Kirchen zu Rom zum Singen bey den öffentlichen Musiken gebraucht, oder es war ihnen wenigstens erlaubt, dahin zu gehen, um die vielen grossen Meister zu hören, welche unter der päbstlichen Regierung Urbans VIII. (von 1624 bis 1644) blühten. Wenn sie zurück in das Collegium kamen, wandten sie ihre Nebenstunden dazu an, nach diesen Mustern zu arbeiten, und dem Meister von dem, was sie gemacht hatten, Rechenschaft zu geben, der, seiner Seits, über die innersten und nützlichsten Geheimnisse der musikalischen Kunst Vorlesungen zu halten pflegte."

Aus diesem und vieler andern Schriftsteller Zeugnisse sieht man, daß die Harmonie in der päbstlichen Kapelle der Vollkommenheit am nächsten gebracht wurde. Denn so, wie in derselben keine Fehler durch künstliche Töne bedeckt wurden, so wurden auch keine Schönheiten versteckt oder verderbt; und jene kleinen gelegentlichen Schönheiten, für welche die Sprache der Töne keine Charaktere hat, und welche allein die Biegsamkeit der Stimmen ausdrücken kann, wurden nicht durch Instrumente gestört, deren Töne unwandelbar bestimmt sind. Man schätzte und belohnte die Würde der Schreibart an dem Komponisten, und Anstand und Simplicität an dem Ausüber, und gab der Eitelkeit und Thorheit nicht den mindesten Anlaß, durch eine unschickliche Prahlerey mit Talenten nach Beyfall zu streben, die auf einem Theater noch so sehr bezaubern mögen, aber für den erhabnen Inhalt des geistlichen

lichen Gesanges sich sehr übel schicken. Bey dem Vortrage der Musik in Stimmen, unter denen die Melodie auf gleiche Art vertheilt ist, muß der einzige Ehrgeitz eines Jeden auf die glückliche Ausführung des Ganzen gerichtet seyn. Der Starke sollte dem Schwachen aushelfen, der Geschwinde dem Langsamen; und so verschieden die Stimmen auch immer sind, so sollte doch das Ganze von einer anscheinenden Einheit nicht viel mehr unterschieden seyn, als die harmonischen Akkorde von einem einzelnen Tone, oder die prismatischen Farben von einem einzelnen Lichtstrahl verschieden sind, aus welchem sie entstehen, und welche, zusammengenommen, Eins ausmachen. Aristoteles beschrieb die Freundschaft, als eine Seele in zwey Leibern; und ein Chor sollte nichts anders zu seyn scheinen, als viele Töne, die aus einem Organe herkämen.

Register.

Accademia 64. 117.
 Accompagnement. S. Instrumentalbegleitung.
Actörs, italiänische, warum sie so schreyen. 149.
Albani, Kardinal Alexander. 195.
Allegri, Nachricht von seinem berühmten Miserere. 182. 203. 206. ff. 278. Sein Leben. 307. ff.
Amant, M. de St. Oper von ihm. 7.
Ambrosianischer Gesang. 53.
Ambrosianische Bibliothek. 58. 77.
Anneuse, Organist zu Lisle. 3.
Antoniuskirche zu Padua. 92.
Aprile, ein Sänger. 246.
Arctinus, Guido. 144.
Arnaud, der Abbé. 26.
Atilla, Komponist zu Venedig. 107. 128.
Baffa, Sgra. ein venetianisches Frauenzimmer von Adel, und geschickte Flügelspielerin. 125.
Baglioni, sechs Schwestern, Sängerinnen. 63. 77. 174. 180.
Balbastre, Organist zu Paris. 21.
Ballet, heroisches. S. Tanz.
Baretti, Sgr. von Turin. 50.
Barbella, Sgr. ein Geiger.
Bassi, Doctorin. 162.
Bastardella, Sänger. 295.
Baj. Sein Leben. 308. ff.
Beccaria, Pater. 50.
Benevenuto, Graf von. 42.
Benevoli Orazio. 181. 203.
Bernacchi. 154.
Bertoni, Komponist zu Venedig. 103. 141.
Betrachtungen, über das Veränderliche in der Musik. 18. Ueber die lyrische Poesie. 29. Ueber die laute lärmende Instrumentalbegleitung. 74.

Ueber

Register.

Ueber Dissonanzen. 111. Ueber die italiänischen Schauspiele ohne Musik. 148. Ueber geschwinde Menuetten. 276. Ueber lange Kadenzen. 277. Ueber das Orgelspielen. 285. Ueber der Italiäner allzu grosse Liebe zur Musik. 295.
Beyfall und Mißfallen, wiefern sie zu Rom eingeschränkt sind. 293. Zu Paris. 7.
Bezozzi, zu Paris. 12. 43.
Bezozzi's, zu Turin. 46. ff.
Bibliothek, des Kollegiums der vier Nationen zu Paris. 6. Königliche daselbst. 14. Zu Turin. 52. Ambrosianische. 58. 77. St. Markus. 139. Des Pater Martini. 144. Magliabecchi. 190. Vaticanische. 196. Königliche zu Neapel. 266.
Bicchelli. S. Miniatrice.
Bissioli, Matteo, ein Brescianer. 94. 98.
Boccherini. 26.
Bologna. 141. Nachricht von dem dasigen Theater. 147.
Bonaveri. 174.
Bonelli. 79.
Bonetto, ein Kastrat. 82.
Boscovich, Pater. 60.
Borghi, Komponist. 141.
Boulevard zu Paris. 5.
Brav'Orbi, oder blinde Geiger, zu Bologna. 164.
Buranello. S. Galuppi.
Bücher von der Musik, thun kein Genüge. S. die Vorrede.
Brescia. 80.
Breugel, ein Mahler. 59.
Brillon, Madame, eine geschickte Flügelspielerin. 25.
Cadenzen, lange, getadelt. 277.
Caffarelli, Sgr. 259. 265. 267.
Calascione. 223.

Register.

Calliot, ein vortreflicher Actör und Sänger zu Paris. 8.
Cambray. 4.
Campioni, Komponist zu Florenz. 184. 188.
Canto fermo. 1. 124. 204.
Caratoli, Sänger zu Mayland. 63.
Carminati, Violinist zu Lyon. 33.
Carneval. 43. 55. 292.
Caroli, Kapellmeister. 165. 167.
Casali, Kapellmeister zu St. Johann im Lateran zu Rom. 276.
Casati, ein Sänger zu Padua. 94.
Celestini, ein Violinist zu Rom. 193. 215.
Ceremonie der Einkleidung einer Nonne. 277.
Chiesa, ein Komponist. 78.
Chiesa Nuova, ein Oratorium daselbst. 289.
Chöre, französische und englische. 14. 278.
Ciprandi, ein Tenorist. 67.
Cirillo, Dr. 235.
Classische Auroren, in der Musik giebts keine. 19.
Coffeehäuser in dem Boulevard zu Paris. 5.
Colista, berühmter Organist zu Rom. 284.
Colombo, Pater. 89.
Comödie, französische zu Paris. 27. Italiänische, zu Brescia. 81. zu Turin. 43. zu Verona. 84. zu Florenz. 185. zu Neapel. 251.
Concert spirituel zu Paris. 11.
Conservatorien, zu Venedig. 118. 123. 131. 135. zu Neapel. 220. 224. ff. 230. ff. 244. 261.
Conti, Laura, Sängerin. 127.
Corbeli, Organist zu Mayland. 53.
Corri, römischer Komponist. 193.
Cotumacci, Kapellmeister des Conservatoriums St. Onofrio zu Neapel. 251.
Couperin, Organist zu Paris. 23.
Crispi, Komponist zu Rom. 194. 216. 283.

Cris

Register.

Cristofero, Sänger zu Rom. 194. f. 215. 277. 288.
Cubli, Antonia. 135.
De, Madame, Sängerin zu Mayland. 68.
Delcambre, Mademoiselle, französische Sängerin. 13.
Demofoonte, eine Oper, Probe derselben. 246. ihre Aufführung. 252.
Devillers, Organist zu Lisle. 2.
Diderot, Monf. 300.
Dothel. 184.
Dreyer, Pater, ein Sänger. 182.
Duomo, zu Mayland. 54. 73.
Durante. 236.
Echo, merkwürdiges bey Mayland. 69.
Elektricität. 50. 162.
Elie, Abbate. 196.
Errori, der Kavalier Guglielmi, Sänger zu Padua. 96.
Fabio, Concertmeister in der grossen Oper zu Neapel. 261.
Farinelli, Sgr. 141. 145. 165. Bauet ein Haus zu Bologna. 150. Flügelsammlung. 151. Grundriß seines Lebens. 152. ff.
Ferney, Gut des Hrn. von Voltaire. 36.
Feroce, Komponist. 177.
Ferrarese, la, eine Sängerin zu Venedig. 119. 127. 258.
Fibietti, Abate, ein Sänger. 177.
Fioroni, Kapellmeister zu Mayland. 54.
Figline, Jubelfest daselbst. 175. ff.
Florenz. 172. Ist früh wegen der Musik bekannt. 172. Bibliotheken daselbst. 190.
Flügel sind schlecht in Italien. 216. Farinelli hat seine nach den größten Mahlern genannt. 151.
Flügelspieler, elend in Italien. 216.
Französische Musik ist noch immer in ihrer Kindheit.

Register.

heit. 12. 16. Verfechter der italiänischen Musik. 20. 300.

Franzosen sind in frölichen, gesellschaftlichen, empfindsamen Liedern vortreflich. 299.

Fritz, Monſ. ein Violinist und Komponist zu Genf. 34.

Funzione, in der Peterskirche zu Rom u. ſ. w. 288. 194.

Furlanetti, Komponist zu Venedig. 101. 126. 128.

Gabrielli, Francesca, eine Sängerin zu Venedig. 119. 127. 258.

Galuppi, Komponist zu Venedig. 239. Kapellmeister der Incurabili. 108. 120. 123. Wird je älter je lebhafter. 123. Der Verfasser besucht ihn. 130. Seine Beschreibung von einer guten Musik. 131.

Garzanigo. 141.

Gassenmusik zu Brescia. 82. Venedig. 100. Neapel. 233.

Gasmann, Florian, ein Komponist. 55.

Garibaldi, ein Sänger. 63.

Gasparini, Don Quirico, Organist und Kapellmeister zu Turin. 42.

Genf. 34.

Genua. 295.

Gennaro Manni. S. Manni.

Gervais, Musik in der Kirche des heil. 23.

Geschmack, warum den neapolitanischen Musikern daran fehle. 244.

Giardini. 42. Seine Solos werden durch ganz Italien sehr geschäzt und viel gespielt. 261. Seine Schule. 287.

Gibello, Kapelmeister. 146. 167.

Giovanni e Paolo, Kirche zu Venedig. 105.

Giuseppe, Maria Magherini, ein römischer Komponist. 290.

Gon=

Register.

Gondelfahrer, zu Venedig, ihre Lieder 100.
Grassetto, Sänger zu Rom. 194. 227.
Gregorianischer, Gesang in Frankreich gewöhnlich. 1.
Grela, Sgr. Bibliothekar zu Turin. 52.
Gretry, ein französischer Komponist. 28. 31. Seine Oper Silvain. 298.
Griechische Kirche, zu Venedig. 102.
Guadagni, Sgr. Gaetano. 58. 94.
Guarducci, 184. 191.
Guglielmi, Sgra. Sängerin. 136.
Guglietti Tromba. Violinist zu Padua. 92.
Hasse, sein Miserere. 132. Arien von ihm. 156.
Händel, Vortreflichkeit seiner Chöre mit Instrumenten. 115. f. 125.
Jesuiten. 64.
Improvisatrice, Sgra. Maddalena Morelli, ihre ausserordentlichen Talente. 187.
Incurabili, Conservatorium der, zu Venedig. 107.
Instrumentalbegleitung, laute. 74. zu bunte. 229.
Intermezzo, zu Turin. 144. zu Genua. 295.
Johannis in Monte, Kirche zu Bologna, Nachricht von dem jährlichen musikalischen Wettstreite darin. 166. ff.
Jomelli. 164. 223. 237. ff. Seine neueste Oper. 246.
Italiäner, ihre Gütigkeit gegen den Verf. 199. Ihre Leidenschaft für die Musik wird vertheidigt. 295.
Jubilée. 3.
Kapelle, päbstliche. 203. 279. 310.
Kirchenstyl, der wahre. 106. 310.
Kircher, Pater. 71. 164. 291.
Kirchersche Museum, Museo Kirkeano. 291.

Register.

Knaben, wo sie kastrirt werden, ist nicht ausgemacht. 126. ff.
Lampugnani. 71.
Lande, Herr de la, seine Nachricht von Tartinis Traum. 87. von der italiänischen Oper. 20. 253 ff.
Lanzi, Petronio. 166.
Laura. S. Bassi.
Laudisti, oder Psalmsänger. 173. 185.
Laurentiuskirche zu Venedig. 114. 116.
L' Atilla S. Atilla.
Leo, der Zehnte, seine Regierung ist den Künsten in Italien vortheilhaft. S. die Vorrede.
Leo, Komponist. 218.
Leoni, Clavicembalist zu Lyon. 33.
Liedersänger, zu Mayland. 76. zu Neapel. 222. 233.
Ligniville, Marchese von, 189.
Linley. 184. 187.
Lisle. 1.
Locatello, Sgr. Domenico, Organist zu Padua. 97.
Locchini, Kapellmeister zu Venedig. 96.
Lotti, Venetianischer Komponist. 100. 106.
Lucchini, Violinspieler zu Mayland. 57. 65.
Luini Bonetto, der Sänger. 82.
Lyon. 32.
Lyrische Poesie, Betrachtung darüber. 29.
Magherini, Kirchenkomponist. 290.
Manni Gennaro. 221. 259.
Markus, Kirche dieses Heiligen zu Venedig. 102. 120. 128. Bibliothek. 139.
Marco, Piazza di S. 104. 110.
Malerey und Bildhauerarbeiten, des Verf. Aufmerksamkeit darauf, ist ihm zu seinen musikalischen Untersuchungen nützlich. 120.
Manzoli, Sgr. 183.

Register.

Marcello. 100. 113. 117.
Marchesini, ein Sänger zu Mayland. 67.
Marenza. 203.
Maria Maddalena Kloster. 73.
Marsili, Dr. 94.
Martini, Sgr. Battista San, Komponist zu Mayland. 53. 67. 73. 217. Abate, ein grosser Gelehrter zu Venedig. 113. Pater. 141. 171. seine Geschichte der Musik. 139. 142. sein liebenswürdiger Charakter. 143. seine unermessliche Bibliothek. 144. ein grosser Komponist von Kanons. 172.
Masi, Kapellmeister. 195.
Mattei, Camilla, eine Sängerin zu Padua. 96.
Marucci, Organist. 175.
Mayland. 53.
Mazzanti, ein sehr geschmackvoller Sänger zu Rom. 211. 215. 288.
Menagatto, Sgr. ein venetianischer Priester und Komponist. 110.
Mendicanti, Conservatorium der, zu Venedig. 103. Nachricht von dem Concerte daselbst. 135.
Merula. 59.
Metastasio, der beste lyrische Dichter. 157.
Miniatrice, la Bichelli, Sängerinn zu Rom. 216. 281.
Moliere, und Marivaux. 27.
Moncigny, Komponist zu Paris. 31.
Montefiascone. 191.
Montesquieu, S. d. Vorrede.
Monza, Komponist zu Mayland. 65. 78.
Moschetti, Carlo, Sänger zu Brescia. 80.
Mozart, der kleine Deutsche. 170.
Muris, Mste. seiner Werke. 144.

Register.

Musik, wird itzt weit mehr kultivirt, als irgend vormals. S. die Vorrede. Nutzen derselben in England zum gemeinen Besten. S. d. Vorrede. Woher ihre Abwechslungen entstehen. 18. In den Strassen zu Brescia. 82. Zu Venedig. 100. Zu Neapel. 233. Wie sie nach und nach schlechter wird, so wie man aus Italien nach Frankreich kömmt. 298.

Musikanten, reisende. 49. 100. 150.

Nasci, Concertmeister. 262.

Nardini, erster Schüler des Tartini. 88. 184. 187.

Nazari, Violinist zu Venedig. 116. 129.

Neapel. 218.

Neapolitanische Musik, Beobachtungen darüber. 222. 271.

Nicolini. 191.

Niccolai, Violinist zu Rom. 215.

Nonne, der heil. Ursula, thut ihre Gelübte zu Rom. 272.

Nonnen, ihre Musik zu Mayland. 73. 75. Achte, werden eingekleidet zu Florenz. 183. Notendruck. 140.

Oltrocchi, Sgr. 77.

Onofrio, Conservatorium. 261.

Oper, zu Paris. 14. Zu Mayland. 72. 76. Zu Florenz. 174. 180. Zu Venedig. 105. 140. Zu Neapel. 246. 252. Zu Padua. 96.

Oper, komische, zu Paris. 6. 31. 44. 299. Italiänische. 43. 55. 63. 76. 174. 180. 219. 228. Zu London. 57.

Oratorium. 18. 276. 289. ff. Das erste zu Rom. 276.

Orgel, zu Lisle. 3. Zu Notre Dame. 10. St. Rocque. 21. St. Gervais. 23. In der Domkirche zu Mayland. 53. Zu Brescia. 81. In der St. Antoniuskirche zu Padua. 93. 97. In der

Register.

der Kirche S. Giovanni e Paolo zu Venedig. 105. Der Gesuati. 122. Zu Florenz. 175. In der Kirche St. Johannes im Lateran zu Rom. 217. 284.

Orgeln, in Italien mangelhaft im Tone und Anschlage. 228. auf dem festen Lande, mit den englischen verglichen. 228.

Organisten, verschiedne gute in Italien, vornehmlich aber unter den Mönchen und Ordensgeistlichen. 217.

Orgitano, Musikmeister zu Neapel. 241.

Orisichio, Kirchenkomponist zu Rom. 281.

Ortolani, Sängerinn. 108.

Ospidaletto, Conservatorium zu Venedig. 120. 126.

Ottani, Komponist. 169.

Ottane, Sänger. 43.

Päbstliche, Kapelle. S. Kapelle.

Padua. 86.

Paesiello. 229. 232.

Pagin, Mr. Violinist. 25.

Palestrina, 203. 211. 282. Sein Leben, 304.

Paris. 5. 300.

Parma. 294.

Pasqua Roßi, eine Sängerinn. 108. 129.

Pasquali Pisari, Komponist und Sänger. 281.

Pasqualini, Violinist. 72.

Pellegrini. 80.

Pergolese. 218.

Peterskirche, erleuchtet. 195.

Philharmonische, Gesellschaft, ihr jährliches Musikfest zu Bologna. 166. 171.

Philidor, Madame. 13.

Piantanida, Violinist zu Bologna. 167.

Piccini. 55. 107. 174. 180. 219. 223. ff. 229. 236. 239.

Pietà, Conservatorium der, zu Venedig. 101. 118. Zu Neapel. 228.

Register.

Pilgrimme. 85.
Piraneſi. 200.
Plein Chant. 1. 2. 33.
Poeſie der franzöſiſchen komiſchen Opern übertrift die italiäniſche. 44
Porpora. 152.
Portici, Muſeum zu 248.
Potenza. 96.
Präneſtinus. S. Paleſtrina.
Probe einer Oper von Jomelli zu Neapel. 246.
Preville, Aktör zu Paris. 27.
Proſer. 10.
Pugnani. 42. 49.
Rameau. 16. 22. 299.
Raymond. 69.
Recitative, begleitete. 214.
Rinaldo di Capua, ein neapolitaniſcher Komponiſt. 212.
Rizio, David. 52.
Rom. 193. 272. Der gefährlichſte Poſten für die Komponiſten und Virtuoſen. 293.
Roſſi, Abate, Flügelſpieler. 216.
Rota, Sängerin. 108. 129.
Rouſſeau, Mr. 28.
Rouſſier, der Abt. 28.
Royer, franzöſiſcher Opernkomponiſt. 16.
Sacchi, Peter. 79.
Sacchini, Komponiſt. 114. 116. 127. 239.
Sänger auf den Gaſſen zu Mayland. 76.
Santarelli, päbſtlicher Kapellmeiſter. 200. 280.
Santi Apoſtoli, groſſe Funzione in der Kirche der. 194.
Sarti. 118.
Scarlatti, Aleſſandro. 214. 218. 239. 277.
——— Domenico. 151. 161. 218. 252.
Scherli, Leopoldo Maria. 82.
Schobert. 26.

Schwei-

Register.

Schwellung, in den französischen und italiänischen Orgeln ist keine. 287.
Serbelloni, ein Kastrat. 78.
Serpent, ein Instrument, welches in den französischen Kirchen gebräuchlich ist. 2.
Senesino. 162.
Serre, Monſ. 35.
Siena. 191. 294.
Simonetta, Pallaſt, Echo daſelbſt. 69.
Sirmen, Virtuoſin. 136. 187.
Spiele zu Figline. 175.
Summariſche Nachricht von dem itzigen Zuſtande der Muſik in verſchiedenen Städten. 294.
Symphonien, die von Bach und Abel werden in Italien ſehr geſchätzt. 64. 69.
Tallis, iſt nicht der Erfinder der engliſchen Geſänge. 1. 11.
Tanzen und Singen zugleich. 20.
Tanz in der italiäniſchen Oper beſchrieben. 55. 260.
Tänzer, Namen derſelben auf dem groſſen Theater zu Neapel. 260. zu Mayland. 55.
Tarantel, Nachricht davon. 235.
Tartini, Grundriß ſeines Lebens. 86. 121.
Taxis, Graf von Thurn und. 89. 121. 134.
Teuber, eine deutſche Sängerin. 258.
Teſtori, Sgr. Carlo, Verfaſſer eines muſikaliſchen Buchs. 52.
Theater, italiäniſches zu Paris. 6. 31. zu Turin. 44. 48. Mayland. 56. Breſcia. 81. Verona. 83. Venedig. 100. 140. Padua. 96. Bologna. 147. Florenz. 185. Parma. 295. Rom. 292. Neapel. 239. 247. 256.
Todiniſche Gallerie. 290.
Tomaſino. S. Linley.
Torno, Abate, Sänger. 137.
Torre, Pater de la. 256.

Tozzi,

Register.

Tozzi, Sgr. 246. 258.
Tractta. 64. 68.
Tragödie, eine italiänische zu Bologna. 147.
Traum, Tartini's. 87.
Traversa, Violinist zu Paris. 13.
Tromba. S. Guglietti.
Tuillerien zu Paris. 15.
Turin. 41.
Triulzi, Don. 78.
Vallori, Kapellmeister zu Padua. 89. 94.
Dandini, Antonio. 94.
Vaticanische Bibliothek. 196.
Venedig. 99. Die Musik wird hier mehr als irgendwo kultivirt, und warum.
Venetianer, fangen um Mitternacht an zu leben. 110.
Vercelli. 52.
Verona. 83.
Veronese, Paul, sein berühmtes Gemählde von der Hochzeit zu Cana. 164.
Vicenza. 85.
Vinci, Leonardo da. 218. 59. 79.
Voltaire. 36. 41.
Unterredungen, mit dem Abbé Arnaub zu Paris. 26. Abbé Roussier. 28. Herrn von Voltaire. 39. Monf. Serre. 35. Pater Beccaria. 50. Pater Boscovich. 60. Sgr. Galuppi. 130. Abate Martini. 113. Grafen von Thurn und Taxis. 134. Pater Colombo. 97. Sgr. Valloti. 94. Pater Martini. 143. 172. Atilla. 107. Sgr. Farinelli. 165. Mit der Doctorin Laura Bassi. 162. Rinaldo di Capua. 212. Sgr. Piccini. 223. Sgr. Jomelli. 237. Padre de la Torre. 266. Sgr. Santarelli. 200. 280. Diderot. 300. Rousseau. 301.
Werbung, geistliche. 85.

Register.

Wettstreit, musikalischer, zu Bologna. 166.
Wynn, Flügelspielerin 125.
Wysemann, Herr. 283.
Zanetti, zu Perugia. 294.
Zanotti, der Abbate. 168.
Zarlino. 190.
Zocchi, Sgra. Sängerin zu Venedig. 133.
Zuccherini, Violinist. 68.

Druckfehler.

S. 3. Z. 22. lies: Inneuste, statt: Imreuse.
— 8. — 9. l. wahrem italiänischen Ausdrucke.
— — — 22. l. ausserordentlich.
— — — 23. l. launigte.
— 9. — 1. l. Frohnleichnamstag.
— 10. — 2. l. Conformist.
— — — 20. l. Echoregistern.
— 11. — 1. l. doch gleich, statt: doch bald.
— 12. — 14. l. Ausdrucke, st. Ausdrücke.
— 17. — 25. l. verderbten, st. verdorbnen.
— 18. — 8. l. Flecno's, st. Slacno's.
— 20. — 6. l. welchen, st. welche.
— 22. — 7. l. Grundlage, st. Grundlege.
— 47. — 7. l. beyder, st. bey den.
— 50. — 9. l. Aufwartungen, st. Aufmerkungen.
— 54. — 12. l. sinnreichen Contrapuncts.
— 63. — 18. l. Garibaldi.
— 79. — 9. l. Dinci, st. Dieci.
— 83. — 5. l. Colonna, st. Collonna.
— 88. letzte Z. l. B. 3. S. 663. st. B. 32. S. 363.
— 91. — 5. l. aus, st. in.
— 94. — 1. l. Gaetano, st. Guatano.
— 97. — 8. fehlt eine.
— — — 10. l. schlug, st. führte.
— — — 19. l. Valloti, st. Valotti.
— 98. — 13. l. Antonio Dandini.
— 100. — 8. l. Lotti, st. Lotto.
— 104. — 19. l. Violonschelle, st. Violonschells.
— 108. — 21. l. Rossi, st. Rosso.
— 116. — 1. streiche solche aus.
— 117. — 12. l. Marcello, st. Maciello.
— — — 28. l. Jdee, st. Ode.
— 125. u. 133. Z. 18. l. Paffa, st. Baffa.
— 133. — 23. l. der, st. die.
— 143. — 7. l. worin er aber, st. aber er.
— 163. — 23. l. errichtet.
— 167. — 3. von unten, l. Antonio, st. Art.
— 197. Note 3. 4. l. 1719. bis 1728.
— 215. — 14. l. Bicchelli.

www.ingramcontent.com/pod-product-compliance
Lightning Source LLC
Chambersburg PA
CBHW031855220426
43663CB00006B/633